高职高专物业管理专业规划教材

物业设施设备承接查验实务

裴艳慧　李学忠　主　编
张雪玉　刘　燕　副主编
孙喜平　王寿轩　刘一平　主　审

中国建筑工业出版社

图书在版编目（CIP）数据

物业设施设备承接查验实务/裴艳慧，李学忠主编. —北京：中国建筑工业出版社，2017.2

高职高专物业管理专业规划教材

ISBN 978-7-112-21770-0

Ⅰ.①物… Ⅱ.①裴… ②李… Ⅲ.①物业管理-设备管理-高等职业教育-教材 Ⅳ.①F293.33

中国版本图书馆 CIP 数据核字（2018）第 009460 号

本书是在《物业管理条例》及《物业承接查验办法》的基础上，参考了中国物业管理协会《物业承接查验操作指南》，根据物业服务企业的管理职责，紧扣物业承接查验重点，针对房屋共用部位及共用设施、电气系统、空调系统、电梯系统、消防系统、给水排水系统和弱电系统承接查验的依据、准备工作、方法、查验标准、问题处理办法等进行了阐述，并通过习题检验知识的掌握程度、通过实训检验技能的熟练程度，具有较强的指导性和可操作性。

本书既可以作为物业管理专业学生的学习用书，也可以作为物业服务从业人员实际工作的指导用书。

为更好地支持相应课程的教学，我们向采用本书作为教材的教师提供教学课件，有需要者可与出版社联系，邮箱：kejian_cabp@126.com。

* * *

责任编辑：张　晶　牟琳琳
责任校对：李欣慰

高职高专物业管理专业规划教材
物业设施设备承接查验实务
裴艳慧　李学忠　主　编
张雪玉　刘　燕　副主编
孙喜平　王寿轩　刘一平　主　审

*

中国建筑工业出版社出版、发行（北京海淀三里河路 9 号）
各地新华书店、建筑书店经销
北京红光制版公司制版
北京市书林印刷有限公司印刷

*

开本：787×1092 毫米　1/16　印张：15　字数：374 千字
2018 年 3 月第一版　2018 年 3 月第一次印刷
定价：**35.00 元**（赠课件）
ISBN 978-7-112-21770-0
（31613）

前　言

　　物业承接查验是物业公司进驻项目的第一项工作，该项工作完成的好坏将直接关系到后期物业管理工作能否顺利进行，其重大意义不言而喻。如何做好承接查验工作，督促建设单位执行保修义务，提高房屋建设质量，维护业主利益，是需要物业公司认真研究和探讨的问题。

　　物业承接查验工作时间紧，技术含量高，涉及专业范围广，一般大中型物业公司可以整合全公司的技术力量进行承接查验，小型物业公司可以聘请专业技术人员或外包给专业的工程维修公司进行。

　　物业公司在承接查验前，通常要成立专门的承接查验小组，查验小组的成员由各专业人员组成，查验小组的组长由公司总工程师（工程总监）担任。小组的主要任务是查看施工图纸，翻阅设计洽商，了解系统原理，特别是新产品新技术在楼宇中的应用。同时要深入施工现场，了解设备配置和调试情况，编制设备设施明细表，印制承接查验表格，招聘值班运行人员，为正式承接查验做好准备。

　　承接查验通常分三个阶段进行：静态查验，动态查验和系统查验。静态查验是根据现场编制的设施设备明细表逐台设备进行核对，核对内容包括设备名称、数量、规格型号、安装地点以及外观质量等，特别是设备数量要统计准确，不少设备体积小价格高，丢失后损失大，不可马虎从事，例如弱电系统中的音响和视频监控设备。静态查验工作通常在1~3天内即可完成，统计完毕后应请建设单位签字认可，查验出来的问题书面告之建设单位。静态查验是一个重要阶段，该阶段的完成在某些方面意味着物业接管了设备，一些建设单位就会立即撤离人员，物业公司不得不派人进入现场，做好楼宇看护、成品保护以及运行维修工作。动态查验就是对设备进行通电实验，包括电机、风机、水泵、照明等，管道阀门要检查连接、密封和保温以及排水的通球试验等，总之一切可以通电运行的设备都要通电查验，查验要逐台运行。动态查验工作通常在1~3个月之内完成，最长也不要超过一年。这段时间设施设备还在质量保修期内，出现问题一般厂家或安装单位会派人维修或更换，物业公司可以充分利用这段时间认真进行检查。第三个阶段就是系统查验，通常我们会按照房屋共用部位及共用设施、电气系统、空调系统、电梯系统、消防系统、给水排水系统以及弱电系统等7大系统进行查验，例如供配电系统要进行全负荷实验，空调系统要进行温湿度测试，水量和风量要进行平衡实验等，其中弱电系统要放在最后进行，具体查验的项目、内容和标准在本书中有详细的阐述。该阶段的查验工作技术含量高，不少检查工作需要使用仪器仪表进行测试，通常物业公司不具备这方面的设备和人员，就需要查看安装单位的调试报告，同时采用人为主观评定的办法反过来验证调试报告的真实性，以防止个别人员在调试报告上作弊。

　　该书是由内蒙古建筑职业技术学院与均豪不动产管理股份有限公司联合编写，专任教师具备多年的理论与实践教学工作经验，企业编写者有着长期从事楼宇设施设备的运行、维修和管理的工作经历，参加过诸多项目的承接查验工作，有丰富的实践经验和扎实的理论基础，同时也是中国物业管理协会编制的《物业承接查验操作指南》和《物业设施设备管理指南》的副总编，长期担任全国物业承接查验专业岗位师资的培训工作，授课的学生近万人，授课时间达 8 年之久，曾获得中国物业管理协会授予的撰写和教学杰出贡献奖。

本书由内蒙古建筑职业技术学院孙喜平、均豪不动产管理股份有限公司刘一平、北京国基伟业物业管理有限公司王寿轩联合主审，三位主审均为教材的编写提供了宝贵的修改意见。

本书由内蒙古建筑职业技术学院裴艳慧、均豪不动产管理股份有限公司李学忠担任主编，由内蒙古建筑职业技术学院张雪玉、刘燕担任副主编，均豪不动产管理股份有限公司尹广宇、北京铭泰设备维修有限公司内蒙分公司郑强担任参编。全书由裴艳慧负责统稿。

该书的出版希望能给物业管理的同行们在承接查验工作中予以帮助，同时也希望给即将走上物业管理岗位的同学们提供一本实用的教学课本。

编 者

2018 年 1 月

目　　录

1 概　　述

【能力目标】

1. 能够按要求做好物业设施设备承接查验的准备工作；
2. 能够编写物业设施设备承接查验方案。

【知识目标】

1. 熟悉物业设施设备承接查验的依据；
2. 熟悉物业设施设备承接查验主体和内容；
3. 掌握物业设施设备承接查验的程序；
4. 了解物业设施设备承接查验的责任。

【引例】

关于严格执行承接查验程序的重要性

某住宅小区入伙后，就频频发生电梯事故。小区业主徐先生反映说，其所住单元 12 层共 36 户居民共用一部电梯，正式投入使用以来，动不动就有居民遭遇"坠梯"，被困在电梯中。因为电梯上没有中文标识、没有安全检验合格的标志、没有生产厂家名称，只有一个厂家商标，居民怀疑该电梯是"三无"产品。于是，在与为该小区提供物业管理的 A 物业服务公司多次沟通未果的情况下，将其投诉到小区所在区的特种设备监督检验所。

特种设备监督检验所在调查中发现，该电梯的确没有经过安全检验，没有电梯运行合格证，要求 A 物业服务公司立即办理。但 A 物业服务公司认为，该小区为新建小区，刚刚办理入伙，电梯处于保修期间，应由开发建设单位负责办理。开发建设单位指出，该小区入伙前，A 物业服务公司已进行了承接查验并履行了相关手续，有关电梯的相关资料，包括电梯运行合格证等都已移交给了 A 物业服务公司，因此，自己不应承担责任。A 物业服务公司解释说，在进行电梯查验时，开发商并没有移交电梯运行合格证，而是说正在办理中，会很快送来的。双方为此发生争执，互推责任，问题迟迟得不到解决。

就在 A 物业服务公司与开发建设单位互推责任期间，该小区电梯再次发生坠梯，并致使业主李先生腰部受伤，共花费医疗费用 7594 元。李先生找到 A 物业服务公司，要求其对这起事故负责，并承担赔偿责任。A 物业服务公司认为开发建设单位没有办理电梯运行合格证，责任应由开发商承担。但开发建设单位坚持称包括电梯运行合格证在内的电梯全部资料都已移交给 A 物业服务公司，并拿出当时的交接清单及遗留问题登记表，均证实其所言为实。A 物业服务公司承接查验小组人员，因为办理承接手续时只考虑与开发建设单位的关系，确实没有在遗留问题登记表上记录此事，此时也只能无言以对了。

【解析】

面对电梯故障，开发建设单位、物业服务企业各自应该承担什么责任呢？一般来讲，电梯在保修期内出现质量问题，开发商有责任彻底维修好或更换电梯。对于过了保修期后，电梯依然存在的保修期内遗留问题，开发商依然有维修或更换责任。但是，对于电梯的维修责任，不管是否在保修期内，物业服务企业都有不可推卸的责任，因为他们是电梯日常运行情况的维护监督方。

【点睛】

从本案案情看，A物业服务公司由于在承接查验过程中，没有在遗留问题登记表中记录开发建设单位没有移交电梯运行合格证，因而就失去了证明自己没有得到电梯运行合格证的有力证据，难以证明频发的电梯故障是由电梯质量问题引发的，甚至是因开发建设单位不具备电梯运行合格证，电梯是在不具备使用条件的情况下运行，电梯故障应由开发建设单位承担主要责任。

在这里，暂且不去讨论A物业服务公司与开发建设单位应怎样分担责任，而是要通过本案例深刻认识到严格履行承接查验程序的重要性。如果A物业服务公司在承接查验中能够认真履行必要的程序、手续，在遗留问题登记表中记录开发建设单位没有移交电梯运行合格证的情形，并由开发建设单位相关人员签字，其情况肯定不会是现在这样的被动，也能很好地规避了管理中一些不该出现的风险，与开发建设单位一定会有一个明确的责任划分。

通过此案例，作为物业管理人员，需要认识到的是，物业的承接查验，实际是一种责任转移的形式，不仅法律意义重大，而且直接关系到对物业建设与开发质量的确认，以及今后物业管理工作能否正常开展。通过各方规范的物业承接查验，可以分清责任、避免矛盾与纠纷，维护各方合法权益。因此，要做好前期物业管理，确保物业使用的百年大计和业主的根本利益，就必须严格执行物业的承接查验。

（来源：物业管理案例分析与技巧训练（第2版））

1.1　物业设施设备承接查验的含义

1.1.1　物业设施设备承接查验的定义

物业设施设备承接查验，简称物业承接查验，是履行前期物业服务合同的一个主要内容和关键环节，是物业管理的基础工作，直接关系到物业管理工作今后能否正常进行，以及使用和管理过程中出现质量问题时责任的确定。为了规范物业承接查验行为，明确开发建设单位、业主、物业服务企业的责、权、利，维护业主的合法权益，减少物业管理矛盾和纠纷，促使开发建设单位提高建设质量，住房和城乡建设部于2010年10月印发了《物业承接查验办法》（建房〔2010〕165号）（以下简称《办法》），将《物业管理条例》的有关规定进行细化、补充和完善，增强了物业承接查验制度的可操作性，明确了建设单位、物业服务企业和业主在物业承接查验活动中的权利义务。

根据《办法》第二条的规定，物业承接查验是指承接新建物业前，物业服务企业和建设单位按照国家有关规定和前期物业服务合同的约定，共同对物业共用部位、共用设施设备进行检查和验收的活动。同时，按照《办法》第四十五条的规定，前期物业服务合同终止后，业主委员会与业主大会选聘的物业服务企业承接查验活动，可以参照《办法》执行。

《物业管理条例》规定物业服务企业承接物业时，应当对物业共用部位、共用设施设备进行查验，并与建设单位或业主委员会办理物业承接验收手续。物业的承接查验是物业管理的前提条件，也是物业管理工作真正开展的首要环节。

1.1.2　物业设施设备承接查验的意义

承接查验是在竣工验收合格的基础上，以主体结构安全和满足使用功能为主要内容的再检验。承接查验后，就要由物业服务企业依据前期物业服务合同履行物业运行、维护和保养的责任，因此，要搞好前期物业管理，就必须严格认真地进行物业的承接查验。有些企业认识不到物业设施设备承接查验的重要性，在承接查验时，很难真正地把好查验关，使得承接查验形同虚设。从而导致出现物业质量问题时，产品质量责任、施工安装质量责任、管理维护责任不清，业主和物业企业的合法权益得不到有效保护。因此，重视和加强物业设施设备承接查验具有以下几方面的意义。

1. 为物业管理工作奠定基础

物业服务企业通过物业设施设备承接查验，可以摸清物业设施设备的性能特点，便于掌握第一手资料，有利于管理方案的制定，有利于物业管理工作的顺利开展。同时实行物业承接查验制度，可以弥补前期物业管理期间业主大会缺位的弊端，加强物业建设与物业管理的衔接，是保障开展物业管理的必备条件。而在新老物业服务企业交接时进行承接查验，有利于界定物业共用部位和共用设施设备的管理责任。

2. 确保物业设施设备的使用安全

物业服务企业通过物业设施设备承接查验，可以及时发现物业共用部位、共用设施设备的质量缺陷和隐患，促使建设单位提高建设质量，加强物业建设与管理的衔接。通过及时返工、维修，确保物业设施设备的安全，满足业主正常的使用需要。

3. 明确交接双方的权利和义务

物业服务企业在承接物业项目时对共用部位、共用设施设备以及档案资料认真清点验收，共同确认交接内容和交接结果，有利于明确各方的责任权利，实现权利和义务的转移。对维护建设单位、业主和物业服务企业的正当权益，避免因物业质量问题导致的矛盾和纠纷，都具有重要的保障作用。

1.1.3　物业设施设备承接查验与工程竣工验收的区别

物业竣工验收是指一项物业建筑生产的最后一个阶段。物业所属的工程项目经过建筑施工和设备安装之后，达到了该项目设计文件所规定的要求，具备了使用或投产的条件，称之为竣工。工程项目竣工后，需经建设单位或专门组织的验收委员会对竣工项目进行查验，在认为工程合格后办理工程交付手续，建筑商把物业交给建设单位，这一交接过程称之为竣工验收。物业设施设备承接查验与工程竣工验收在验收主体、性质、目的、对象及阶段等方面均有区别，具体见表1-1。

物业设施设备承接查验与工程竣工验收的区别　　　　　　　表1-1

区　别	竣工验收	承接查验
主体	房地产开发建设单位和城市建设行政主管部门	前期物业服务合同双方当事人
性质	为了检验房地产建设工程项目是否达到了规定设计文件和建筑施工安装所规定的要求	为了主体结构安全与满足使用功能的再检验

续表

区 别	竣工验收	承接查验
目的	工程项目建成后，建设单位为了使物业取得进入市场的资格，对物业是否合格进行质量验收	物业管理单位为分清管理责任，对即将进行管理的物业进行管理验收，不仅要进行质量再检验，还要对有关的管理资料、管理责任进行验收
对象	项目是否符合规划设计要求以及对建筑施工和设备安装质量进行全面检验	对物业共用部位、共用设施设备的承接查验
阶段	此验收在先，标志着物业可以交付使用	此验收在后，标志着物业正式进入物业管理阶段

1.1.4 物业设施设备承接查验的依据和原则

1. 物业设施设备承接查验的依据

实施物业设施设备承接查验，主要依据下列文件：

(1) 物业买卖合同；

(2) 临时管理规约；

(3) 前期物业服务合同；

(4) 物业规划设计方案；

(5) 建设单位移交的图纸资料；

(6) 建设工程质量法规、政策、标准和规范。

对新建物业的承接验收，其交接双方是物业服务企业与开发商，其承接查验行为以前期物业服务合同为依据。前期物业服务合同所规定的物业管理服务内容，就是物业服务企业对新建物业承接查验的范围与内容。

对原有物业的承接验收，其交接双方是物业服务企业与业主或业主委员会，其承接查验行为以物业服务合同为依据。物业服务合同所规定的物业管理服务内容，就是物业服务企业对原有物业承接查验的范围与内容。

2. 物业设施设备承接查验的原则

《物业承接查验办法》第三条规定：物业承接查验应当遵循诚实信用、客观公正、权责分明以及保护业主共有财产的原则。承接查验仅限于物业共有部分，不包括业主的专有部分。重点查验物业共用部位、共用设施设备的配置标准、外观质量和使用功能；对移交的资料进行清点和核查，重点核查共用设施设备出厂、安装、试验和运行的合格证明文件。在完成承接查验后，整个物业就移交给物业服务企业管理。

1.2 物业设施设备承接查验的组织实施

1.2.1 物业设施设备承接查验的主体

物业服务企业一定要重视物业的承接查验，这既包括与开发商新建物业的承接查验，也包括与业主或业主委员会原有物业的承接查验。物业承接查验涉及的主体主要包括建设单位、物业服务企业、业主大会和业主委员会。

1. 新建物业共用部位、共用设施设备承接查验的主体

新建物业，即建设单位已完成竣工验收的建设项目。建设单位选聘物业服务企业的，应当在首位业主入住之前与物业服务企业办理物业承接查验手续，并将承接查验记录作为

物业管理档案。新建物业的交接人为建设单位，承接查验发生在建设单位与物业服务公司之间，承接查验主要侧重在对物业的产权情况、质量状况的检验接收。

交验方：物业的建设单位；

接管方：物业服务企业。

2. 新建物业购买人的专有部分物业承接查验的主体

交验方：物业的建设单位；

接管方：物业专有部分的购买人。

3. 物业服务机构更迭时物业共用部位、共用设施设备承接查验的主体

原有物业，即指已取得房屋所有权证（不动产权证），并已投入使用的房屋。原有物业交接人为业主委员会。业主委员会选聘物业服务企业的，应当在原物业服务合同终止后，组织新老物业服务企业共同进行物业承接查验活动，由原物业服务企业向业主委员会办理物业移交手续，再由业主委员会与新物业服务企业办理物业承接手续。原有物业的承接查验较之新建物业的承接查验涵盖的内容更多，工作难度更大。

交验方：业主或业主委员会；

接管方：新的物业服务企业。

1.2.2　物业设施设备承接查验的条件

1. 物业设施设备承接查验的前提条件

无论是新建物业的承接查验，还是原有物业的承接查验，所要具备的最主要前提条件是物业服务企业通过参与招标投标活动，与建设单位、业主或业主委员会签订了前期物业服务合同或物业服务合同，取得了对该项目物业的委托管理权；建设单位、业主或业主委员会与具有承接查验能力的单位签订物业承接查验委托协议。

2. 新建物业设施设备承接查验的条件

（1）建设工程竣工验收合格，取得规划、消防、环保等主管部门出具的认可或者准许使用文件，并经建设行政主管部门备案；

（2）供水、排水、供电、供气、供热、通信、公共照明、有线电视等市政公用设施设备按规划设计要求建成，供水、供电、供气、供热已安装独立计量表具；

（3）教育、邮政、医疗卫生、文化体育、环卫、社区服务等公共服务设施已按规划设计要求建成；

（4）道路、绿地和物业服务用房等公共配套设施按规划设计要求建成，并满足使用功能要求；

（5）电梯、二次供水、高压供电、消防设施、压力容器、电子监控系统等共用设施设备取得使用合格证书；

（6）物业使用、维护和管理的相关技术资料完整齐全；

（7）法律、法规规定的其他条件。

3. 物业服务机构发生更迭时，新的物业服务企业必须在下列条件均满足的情况下实施承接查验：

（1）房屋所有权、使用权清楚；土地使用范围明确；

（2）物业的产权单位或业主大会与原有物业服务机构完全解除了物业服务合同；

（3）物业的产权单位或业主大会同新的物业服务企业签订了物业服务合同。

1.2.3　物业设施设备承接查验的内容

1. 新建物业设施设备承接查验的主要内容

（1）物业资料

办理物业承接查验时，建设单位应当向物业服务企业移交下列资料：

1）竣工总平面图，单体建筑、结构、设备竣工图，配套设施、地下管网工程竣工图等竣工验收资料；

2）共用设施设备清单及其安装、使用和维护保养等技术资料；

3）供水、供电、供气、供热、通信、有线电视等准许使用文件；

4）物业质量保修文件和物业使用说明文件；

5）承接查验所必需的其他资料。

（2）物业共用部位

按照《物业管理条例》的规定．物业服务企业在承接物业时，应对物业共用部位进行查验。主要内容包括：

1）主体结构及外墙、屋面；

2）共用部位楼面、地面、内墙面、顶棚、门窗；

3）公共卫生间、阳台；

4）公共走廊、楼道及其扶手、护栏等。

（3）共用设施设备

物业的共用设施设备种类繁多，各种物业配置的设备不尽相同，共用设施设备承接查验的主要内容有：低压配电设施，柴油发电机组，电气照明，插座装置，防雷与接地，给水排水，电梯，消防水系统，通信网络系统，火灾报警及消防联动系统，排烟送风系统，安全防范系统，采暖和空调等。

（4）园林绿化工程

园林绿化分为园林植物和园林建筑。物业的园林植物一般有花卉、树木、草坪、绿（花）篱、花坛等，园林建筑主要有小品、花架、园廊等。这些均是园林绿化的查验内容。

（5）其他公共配套设施

物业其他公共配套设施查验的主要内容有：物业大门、值班岗亭、围墙、道路、广场、社区活动中心（会所）、停车场（库、棚）、游泳池、运动场地、物业标识、垃圾屋及中转站、休闲娱乐设施、信报箱等。

2. 物业服务机构更迭时物业设施设备承接查验的主要内容

为了使物业的移交能够顺利进行，接管单位必须对原物业的状况及存在问题进行查验和分析，为物业移交和日后管理提供依据，对发现需要整改的内容需及时与移交单位协调处理。物业服务机构更迭时的承接查验不同于新建物业的承接查验，二者进行承接查验的内容和重点都有一定区别。物业服务机构更迭时物业查验的基本内容有以下几个方面。

（1）物业资料情况

物业资料情况除上文所列的新建物业设施设备承接查验所涉及的相关资料外，还要对原管理机构在管理过程中产生的重要质量记录进行检查。

（2）物业共用部位、共用设施设备及管理现状

查验物业共用部位、共用设施设备及管理现状的主要项目内容有：

　　1) 建筑结构及装饰装修工程的状况；

　　2) 供配电、给水排水、消防、电梯、空调等机电设施设备；

　　3) 安保监控、对讲门禁设施；

　　4) 清洁卫生设施；

　　5) 绿化及设施；

　　6) 停车场、门岗、道闸设施；

　　7) 室外道路、雨污水井等排水设施；

　　8) 公共活动场所及娱乐设施；

　　9) 其他需了解查验的设施、设备。

　　(3) 各项费用与收支情况，项目机构经济运行情况

　　各项费用与收支情况、项目机构经济运行情况包括物业服务费、停车费、水电费、其他有偿服务费的收取和支出，维修资金的收取、使用和结存，各类押金、欠收款项、待付费用等账务情况。

　　(4) 其他内容

　　1) 物业管理用房；

　　2) 产权属全体业主所有的设备、工具、材料；

　　3) 与水、电、通信等市政管理单位的供水、供电等的合同、协议。

1.2.4　物业设施设备承接查验的方式

　　物业设施设备承接查验，是在物业建设单位竣工验收的基础上，对建设单位移交的物业资料，有关单项验收报告，以及对物业共用部位、共用设施设备、园林绿化工程和其他公共配套设施的相关合格证明材料，对物业共用设施设备是否按规划设计要求建设完成等进行核对查验。承接查验还应对设施设备进行调试和试运行，督促建设单位及时解决发现的问题。

　　查验的相关资料由建设单位提供，物业服务企业主要是进行必要的复核。物业服务企业应督促建设单位尽快安排验收。建设单位无法提供相关合格证明材料，物业存在严重安全隐患和重大工程缺陷，影响物业正常使用的，物业服务企业可以拒绝承接物业。

　　物业管理的承接查验主要以核对的方式进行，既根据合同约定和规划设计批准文件及引用的法规、规范和标准，以及物业共用设施设备清单对物业共用部位、共用设施设备进行现场核对，确保设施设备的名称、型号、规格、数量和安装位置符合规划设计批准与物业买卖合同约定的配置要求。在现场检查、设备调试等情况下还可采用观感查验、使用查验、检测查验和试验查验等具体方法进行检查。

　　1. 观感查验

　　观感查验是对查验对象外观的检查，一般采取目视、触摸等方法进行。

　　2. 使用查验

　　使用查验是通过启用设施或设备来直接检验被查验对象的安装质量和使用功能，以直观地了解其符合性、舒适性和安全性等。

　　3. 检测查验

　　检测查验是通过运用仪器、仪表、工具等对检测对象进行测量，以检测其是否符合质量要求。

4. 试验查验

试验查验是通过必要的试验方法（如通水、闭水试验）测试相关设施设备的性能。

1.2.5　物业设施设备承接查验的准备

1. 人员准备

物业的承接查验是一项技术难度高、专业性强、对日后的管理有较大影响的专业技术性工作。物业服务企业在承接查验前就应根据承接物业的类型、特点，建立由不同专业人员组成的验收小组，制订和安排物业的验收计划，还应对验收组成员根据分工进行必要的培训，提出要求，掌握标准，及时发现可能造成的隐患或妨碍今后日常维修维护的问题，列出遗漏工程项目，从物业管理角度提出相应的整改意见。通常由物业服务企业和建设单位各抽调数名工程技术人员（包括土建与安装专业）及管理人员组成物业承接查验小组，建设单位亦可指派工程施工总承包单位、主要设备供货厂家、工程监理单位参加，同时可以邀请业主代表和房地产行政主管部门参加。由建设单位和物业服务企业双方共同推选物业承接查验组长、副组长，制定岗位职责与分工，规范物业承接查验工作。小组成员人数可根据接管物业的规模而定，通常为5~8人，由相关专业工程师牵头组成不同的专业小组，按专业进行承接查验。

2. 资料准备

在物业的承接查验中，应做必要的查验记录，在正式开展承接查验工作之前，应根据实际情况做好资料准备工作。

（1）承接查验相关的技术标准和规范。

（2）图纸。该物业的设计图和施工图纸。

（3）针对该物业承接查验的内容事先设计一些常用记录表格，主要包括：

1）物业资料查验移交表，见表1-2；未移交资料汇总表，见表1-3；

2）物业设施设备现场查验记录表，参见各专业系统现场查验记录表；

3）设施设备系统现场查验问题汇总表，见表1-4；

4）物业设施设备现场查验问题处理跟踪表，见表1-5；

5）物业设施设备查验最终遗留问题汇总表，见表1-6；

6）物业项目移交表，见表1-7。

物业资料查验移交表　　　　　　　　　　　　　　　表1-2

物业项目：＿＿＿＿＿＿＿＿＿　移交日期：＿＿＿＿年＿＿＿＿月＿＿＿＿日　编号：＿＿＿＿＿

建设单位：＿＿＿＿＿＿＿＿＿　物业服务企业：＿＿＿＿＿＿＿＿＿

序号	资料名称	编码	册数	备注
1				
2				
3				
4				
5				
6				
交方	签字（盖章）：		日期：	
接方	签字（盖章）：		日期：	

未移交资料汇总表　表 1-3

序号	资料名称	未移交资料名称	补交时限	备注
1	竣工图、竣工验收资料	1		
		2		
		3		
2	共用设施清单及其安装、使用和维护保养等技术资料	1		
		2		
		3		
3	供水、供电、供气、供热、通信、有线电视等准许使用文件	1		
		2		
		3		
4	物业报修资料文件和物业使用说明文件	1		
		2		
		3		
5	承接查验所必需的其他资料	1		
		2		
		3		

建设单位：

签字（盖章）：　　日期：

物业服务企业：

签字（盖章）：　　日期：

设施设备系统现场查验问题汇总表　表 1-4

物业项目：＿＿＿＿＿＿＿＿＿　查验日期：＿＿＿＿＿＿＿＿＿　编号：＿＿＿＿＿＿＿＿＿

建设单位：＿＿＿＿＿＿＿＿＿　物业服务企业：＿＿＿＿＿＿＿＿＿

序号	设施设备名称	查验内容	配置标准	查验结果	存在的问题	备注
1		数量				
		位置				
		外观质量				
		使用效果				
		检测数据				
		试验结果				
2		数量				
		位置				
		外观质量				
		使用效果				
		检测数据				
		试验结果				

续表

序号	设施设备名称	查验内容	配置标准	查验结果	存在的问题	备注
3		数量				
		位置				
		外观质量				
		使用效果				
		检测数据				
		试验结果				
4		数量				
		位置				
		外观质量				
		使用效果				
		检测数据				
		试验结果				

查验人：　　　　　　　　　记录人：　　　　　　　　　负责人：

物业承接查验问题处理跟踪表 表 1-5

项目：_____　专业：_____　编号：_____

序号	问题项目与内容	解决时限与标准
1		
2		
3		
4		
5		
6		
7		

物业服务企业	签字（盖章）：	日期：
建设单位	签字（盖章）：	日期：
复验结果	签字（盖章）：	日期：
备注		

物业承接查验最终遗留问题汇总表 表 1-6

项目：_____　专业：_____　编号：_____

序号	问题项目与内容	解决方案
1		
2		
3		
4		
5		

建设单位：

　　　　　　　　　　　　　　　　　　　　签字（盖章）：　　　　　日期：

物业服务企业：

　　　　　　　　　　　　　　　　　　　　签字（盖章）：　　　　　日期：

备注：

物业项目移交表   表 1-7

物业项目：_____ 移交日期：___年___月___日 编号：_____

建设单位：_____ 物业服务企业：_____

序号	移交内容	移交方式
1		
2		
3		
交方		签字（盖章）： 日期：
接方		签字（盖章）： 日期：

3. 设备、工具准备

在物业承接查验中要采取一些必要的检验方法来查验承接物业的质量情况。应根据具体情况提前准备好所需要的检验设备和工具，主要包括：压力表、温度计、超声波流量计、电压表、电流表、兆欧表、试压泵、钢卷尺、直尺、高低压电工工具、水暖工工具、梯子、安全帽、移动照明灯等；

4. 进行现场初步勘察

根据设计图和施工图纸，派验收小组的工程技术人员到物业现场进行初步勘察，熟悉现场验收的主要项目和重点，掌握和明确验收的主要内容。最后，要与开发商协商好交接双方的人员、验收各分类项目的时间、注意事项等，统一思想、统一验收标准，明确验收程序，明确交接双方的责、权、利。

应用案例 1-1

【案情介绍】

北京市昌平区某住宅小区是开发商新开发的项目，作为建设单位的开发商依法聘请了 F 物业公司进驻本小区提供物业管理服务。物业公司为了全面了解小区物业情况，以便更好地为小区业主服务，一直要求开发商将相关的物业资料移交过来，及时进行承接验收；而开发商一直没有答复。经过多次催促未果，物业公司向小区业主们说明了此事，也向有关部门反映了情况。为了维护自身权益，小区业主把作为建设单位的开发商告到人民法院。

本案中，建设单位是否应当将相关资料移交给物业公司？

【解析】

为了分清建设单位、物业服务企业及业主之间的权、责、利，防止纠纷，顺利开展物业管理服务，我国《物业管理条例》第 28 条规定："物业服务企业承接物业时，应当对物业共用部位、共用设施设备进行查验。"《物业管理条例》第 29 条规定："在办理物业承接验收手续时，建设单位应当向物业服务企业移交下列资料：①竣工总平面图，单体建筑、结构、设备竣工图，配套设施、地下管网工程竣工图等竣工验收资料；②设施设备的安装、使用和维护保养等技术资料；③物业质量保修文件和物业使用说明文件；④物业管理所必需的其他资料。物业服务企业应当在前期物业服务合同终止时将上述资料移交给业主委员会。"《物业管理条例》第 59 条规定："违反本条例的规定，不移交有关资料的，由县级以上地方人民政府房地产行政主管部门责令限期改正；逾期仍不移交有关资料的，对建设单位、物业服务企业予以通报，处 1 万元以上 10 万元以下的罚款。"

本案中，法院经审理认为，作为建设单位的开发商没有移交相关的物业资料，此举显然违反了我国《物业管理条例》第 29 条的规定，应依照《物业管理条例》第 59 的规定，承担行政责任；给相关主体造成损失的，还应依法承担民事赔偿责任。

【点评】

物业的有关资料对于物业管理来讲具有重要意义。物业的有关资料是物业使用和维护所必需的基础资料，这些资料和相关的物业应当是一体的，其所有权应当属于全体业主。在业主大会成立以前，前期物业服务企业承担着物业管理区域的维修和养护责任，因此，建设单位应当将有关资料先移交给物业服务企业，由其代管。前期物业服务合同或物业服务合同终止后，物业服务企业应当将这些资料给业主委员会，业主委员会在业主大会选聘新的物业服务企业后，需要向新的物业服务企业提供这些资料，以便于其提供物业服务。由于这些资料是开展物业管理，对物业进行维修养护所必需的，如果掌握资料的一方拒不移交，将会给对方造成许多障碍。所以，《物业管理条例》特别规定了拒不移交的行政责任。

1.2.6 物业设施设备承接查验的程序

1. 确定物业承接查验方案

在物业服务企业与建设单位、业主或业主委员会签订前期物业服务合同或物业服务合同之后，物业服务企业应在合同中规定的承接物业日期之前，及时组建承接查验小组，了解物业的基本情况，并着手制订承接查验方案。物业服务企业制订承接查验实施方案，能够让承接查验工作按步骤有计划地实施。

方案主要内容包括：

（1）与建设单位确定的承接查验项目、内容、标准、方法、时间与进度、问题的收集与处理、工具与器材、参加人员、记录人、负责人等，并编制物业设施设备现场查验计划与进度，见表 1-8；

（2）要求建设单位在承接查验之前提供移交物业详细清单、建筑图纸、相关单项或综合验收证明材料；

（3）物业承接查验的工作原则、组织机构及人员分工、工作计划、注意事项、接管验收记录、工作的准备、工作流程、承接查验内容、承接查验方法、承接查验范围和标准等。

物业设施设备现场查验计划表　　　　　　　　　　　　　　表 1-8

物业项目：＿＿＿＿＿＿＿＿＿＿　　编号：＿＿＿＿＿＿＿＿＿＿＿

建设单位：＿＿＿＿＿＿＿＿＿＿　　参加人员：＿＿＿＿＿＿＿＿＿

物业服务企业：＿＿＿＿＿＿＿＿　　参加人员：＿＿＿＿＿＿＿＿＿

序号	计划时间	查验项目	查验内容	检查人	记录人	负责人
1						
2						
3						
4						
5						
6						

编制：　　　　　日期：　　　　　审核：　　　　　确认：

2. 移交有关图纸资料

现场查验 20 日前，建设单位、业主或业主委员会应当向物业服务企业移交资料。移交资料前，建设单位、业主或业主委员会应认真填写《物业资料移交清单》。物业服务企业接收到建设单位、业主或业主委员会移交的《物业资料移交清单》与物业资料后，应认真核实。未能全部移交《物业承接查验办法》所规定资料的，建设单位、业主或业主委员会应当列出未移交资料的详细清单并书面承诺补交的具体时限。建设单位应当向物业服务企业移交的资料见"1.2.3 物业设施设备承接查验的内容"。

物业服务企业应当对建设单位移交的资料进行清点和核查，重点检查共用设施设备出厂、安装、试验和运行的合格证明文件。

双方应按照规定进行物业资料的查验，查验结果填入表 1-2，即《物业资料查验移交表》，完成物业资料的查验移交工作。

物业资料移交后，物业服务企业参加物业承接查验的工程技术人员应全面阅读物业清单、物业竣工图纸与资料和设备使用说明书，全面了解物业工程内容和引用的标准与规范，并根据物业资料将物业设施设备的配置和建设标准填入各专业《现场查验记录表》和《现场查验汇总表》的配置标准一栏中，为现场查验做充分准备。

物业服务企业对接收到的物业资料应按规定进行分类建档，永久保存，认真管理。

3. 查验共用部位、共用设施设备

接到建设单位、业主或业主委员会承接查验的通知后，承接查验小组核对所接收的资料，具备条件的，应在 15 日内签发查验复函并约定查验时间。根据承接查验方案的时间进程安排，组织好现场查验。

现场查验时，建设单位、业主或业主委员会应当委派人员参与，与物业服务企业共同确认现场查验的结果。也可以邀请业主代表以及物业所在地房地产行政主管部门参加，或聘请相关专业机构协助进行。物业承接查验的过程和结果可以公证。

现场查验主要根据前述承接查验的依据，综合运用核对、观察、使用、检测和试验等方法，重点查验物业共用部位、共用设施设备的配置标准、外观质量和使用功能。承接查验时，不但要注意检查物业质量，还应该认真清点物业内的各种设施设备、公共物品、图纸资料、绿化、杂品等数量、类型。现场查验应当形成书面记录，应由查验记录人将查验情况认真填入各专业现场查验记录表，然后汇总填入表 1-4，即各专业《设施设备系统现场查验问题汇总表》。查验记录应当由建设单位和物业服务企业参加查验的人员签字确认，统一归档保存。

4. 解决查验发现的问题

现场查验中，物业服务企业应当将物业共用部位、共用设施设备的数量和质量不符合合同约定和有关文件规定的情形，由物业现场查验小组将查验中发现的问题分类填入表 1-5，即《物业承接查验问题处理跟踪表》，书面通知建设单位，建设单位签收后应当及时责成责任人解决，完成后，组织查验的双方人员进行复验，直至合格。

对于一时无法返修的项目或缺少的资料要确定今后维修期限或移交时限，并将遗留问题记入表 1-6，即《物业承接查验最终遗留问题汇总表》，双方协商解决方案，并在签订《物业承接查验协议》时明确约定。属于无法返修的项目，应与建设单位协商达成一致意见，形成备忘录。

5. 确认现场查验结果，签订物业承接查验协议

建设单位应当委派专业人员参与现场查验，与物业服务企业共同确认现场查验的结果，签订物业承接查验协议。物业承接查验协议应当对物业承接查验基本情况、存在问题、解决方法及其时限、双方权利义务、违约责任等事项作出明确约定。物业承接查验协议作为物业服务合同的补充协议，与物业服务合同具有同等法律效力。

6. 办理物业交接手续

建设单位、业主或业主委员会应当在物业承接查验协议签订后 10 日内向物业服务企业移交物业服务用房及其他物业共用部位、共用设施设备。交接工作应当形成书面记录。交接记录应当包括移交资料明细、物业共用部位、共用设施设备明细、交接时间、交接方式等内容。双方签署物业《物业项目移交表》，即表 1-7，交接记录应当由建设单位、业主或业主委员会和物业服务企业共同签章确认。分期开发建设的物业项目，可以根据开发进度，对符合交付使用条件的物业分期承接查验。建设单位与物业服务企业在承接最后一期物业时，办理物业项目整体交接手续。

物业交接后 30 日内，物业服务企业应向物业所在地的区、县（市）房地产行政主管部门办理备案手续。办理备案手续需提交（前期）物业服务合同、管理规约、物业承接查验协议、建设单位移交资料清单、查验记录、交接记录，以及其他与承接查验有关的文件。

物业共用部位、共有设施设备办理正式移交前，应由建设单位负责管理；移交后则由物业服务企业进行使用和管理。

物业承接查验费用的承担，由建设单位和物业服务企业在前期物业服务合同中约定。没有约定或者约定不明确的，由建设单位承担。

物业承接查验档案属于全体业主所有。前期物业服务合同终止，业主大会选聘新的物业服务企业的，原物业服务企业应当在前期物业服务合同终止之日起 10 日内，向业主委员会移交物业承接查验档案。

应用案例 1-2

【案情介绍】承接查验不可掉以轻心

A 公司建设了一座涉外商务大厦，由于当时 A 公司自身并不具备直接管理大厦的经验和能力，便招标了 F 公司作为专业机构负责该项目的物业管理工作。由于 F 公司是以低价中标，因而财务压力很大，在实际管理运作中经常偷工减料，对管理成本进行非正常压缩，造成客户大量投诉，大厦形象受到影响。随即 A 公司决定提前一年终止委托合同，自己组建机构接管。项目交接时双方分别就项目现状进行了逐项检查和记录，在检查到空调机组时，因正值冬季，环境温度无法达到开机条件，在粗略看过机房后，接收人员便在"一切正常"的字样下签了名。

春夏之交，在进行空调运行准备过程中发现，前管理公司对机组的维护保养工作做得很差，竟然在过去的一年里从未给机组加过油，有的机头已不能启动，需要更换部分零件。F 公司要求 A 公司支付双方约定的提前终止委托管理的补偿费用，而 A 公司则认为 F 公司在受委托期间未能正常履行其管理职责，造成设备受损，补偿费用要扣除相当部分。这时 F 公司的律师拿着有 A 公司工作人员"一切正常"签字的交接验收记录的复印件向 A 公司提出了法律交涉。

1. 你认为 A 公司在这场"物业管理机构更迭"的移交工作中存在什么问题？

2. 如何避免这样的事情发生？

【解析】

1. 在物业管理机构更迭的移交工作中，各项费用和资产的移交、共用配套设施和机电设备的接管、承接时的物业管理运作衔接是物业管理工作移交中的重点和难点，承接单位应尽量分析全面，考虑周到，以利交接和今后工作的开展。从案情介绍我们知道，A 公司在物业管理方面不具备很多经验和能力，A 公司的失误在于空调机组验收时没有进行开机运行，如果当时不具备开机条件，则应标注存疑，而不能草率签字。

2. 在这种情况下，A 公司应聘请专业机构或专家来指导移交文件的起草和指导移交工作的进行，特别是接管验收记录，对双方都十分重要，要谨慎签署。对遗留问题要签署"遗留问题备忘录"，这时的签字可能是"一字千金"的。

1.2.7　物业设施设备承接查验所发现问题的处理办法

发生物业工程质量问题的原因主要有以下几个方面：设计方案不合理或违反规范造成的设计缺陷；施工单位不按规范施工或施工工艺不合理甚至偷工减料；验收检查不细、把关不严；建材质量不合格；建设单位管理不善；气候、环境、自然灾害等其他原因。对于承接查验中所发现的问题，一般的处理程序如下：

1. 收集整理存在问题

（1）收集所有的《物业查验记录表》；

（2）对《物业查验记录表》内容进行分类整理，将承接查验所发现的问题登记造表；

（3）将整理好的工程质量问题提交给建设单位确认，并办理确认手续。

2. 处理方法

工程质量问题整理出来之后，由建设单位提出处理方法。在实际工作过程中，物业服务企业在提出质量问题的同时，还可以提出相应的整改意见，便于建设单位进行针对性整改。

从发生原因和处理责任看，工程质量问题可分为两类：

第一类是由施工单位引起的质量问题。若质量问题在保修期内发现或发生，按原建设部《房屋建筑工程质量保修办法》规定，由建设单位督促施工单位负责。

（1）影响房屋结构安全和设备使用安全的质量问题，必须约定期限由建设单位负责进行加固补强维修，直至合格。影响相邻房屋的安全问题，由建设单位负责处理。

（2）对于不影响房屋和设备使用安全的质量问题，可约定期限由建设单位负责维修，也可采用费用补偿的办法，由接管单位处理。

（3）发现影响相邻房屋的安全问题，由建设单位负责处理。因施工原因造成的质量问题，应由施工单位负责，按照约定期限进行加固补强返修，直至合格，并按双方商定的时间组织复验。

（4）房屋查验交付使用后，如发生隐蔽性重大质量事故，应由接管单位会同建设、设计、施工等单位，共同分析研究，查明原因。如属设计、施工、材料的原因由建设单位负责处理；如属使用不当、管理不善的原因，则应由接管单位负责处理。

第二类是由于规划、设计考虑不周而造成的功能不足、使用不便、运行管理不经济等问题。这类问题应由建设单位负责作出修改设计，改造或增补相应设施。

3. 跟踪验证

为使物业工程质量问题得到及时圆满地解决，物业服务企业要做好跟踪查验工作。物业服务企业应安排专业技术人员分别负责不同专业的工程质量问题，在整改实施的过程中进行现场跟踪，对整改完工的项目进行验收，办理查验手续。对整改不合要求的工程项目则应继续督促建设单位处理。

1.2.8 物业设施设备承接查验的责任

自物业交接之日起，物业服务企业应当全面履行前期物业服务合同约定的、法律法规规定的以及行业规范确定的维修、养护和管理义务，承担因管理服务不当致使物业共用部位、共用设施设备毁损或者灭失的责任。

物业服务企业应当将承接查验有关的文件、资料和记录建立档案并妥善保管。物业承接查验档案属于全体业主所有。物业服务合同终止，业主大会选聘新的物业服务企业的，原物业服务企业应当在前期物业服务合同终止之日起 10 日内，向业主委员会移交物业承接查验档案。

物业服务企业擅自承接未经查验的物业，因物业共用部位、共用设施设备缺陷给业主造成损害的，物业服务企业应当承担相应的赔偿责任。

物业交接后，建设单位未能按照物业承接查验协议的约定，及时解决物业共用部位、共用设施设备存在的问题，导致业主人身、财产安全受到损害的，应当依法承担相应的法律责任。

物业交接后，发现隐蔽工程质量问题，影响房屋结构安全和正常使用的，建设单位应当负责修复；给业主造成经济损失的，建设单位应当依法承担赔偿责任。

物业承接查验协议生效后，当事人一方不履行协议约定的交接义务，导致前期物业服务合同无法履行的，应当承担违约责任。

物业服务企业与建设单位恶意串通、弄虚作假，在物业承接查验活动中共同侵害业主利益的，双方应当共同承担赔偿责任。对于物业承接查验活动，业主享有知情权和监督权，建设单位和物业服务企业应当将物业承接查验备案情况书面告知业主。

物业承接查验中发生的争议，可以申请物业所在地房地产行政主管部门调解，也可以委托有关行业协会调解。物业所在地房地产行政主管部门应当及时处理业主对建设单位和物业服务企业承接查验行为的投诉。

1.2.9 物业设施设备承接查验应注意的问题

1. 物业服务企业在承接查验工作中应注意处理好几个关系：物业服务企业与建设单位、物业服务企业与业主、物业服务企业与监理公司、物业服务企业与项目总承包商、物业服务企业与项目工程分包方的关系等。物业服务企业在接管验收阶段难免会与他们发生矛盾，如何妥善解决是工作中的难点。

2. 物业服务企业在承接查验工作中，还要从物业的使用及维护角度进行验收，看其是否能够满足业主的需求，存在的设计缺陷如何整改？物业服务企业不能只提问题，还要拿出让建设单位接受的方案，为今后减少业主在使用中的纠纷打下基础。

3. 物业服务企业的承接查验工作是在工程竣工验收以后进行的，通过政府主管部门验收后，工程已经由总承包商移交给项目的建设单位了。因此物业服务企业在承接查验工作中提出的问题如何让建设单位接受，如何整改并加以解决，都会直接影响今后物业管理工作的运行。

4. 物业服务企业应该高度重视文件资料的接管工作，为今后的工作做好准备，并争取得到建设单位的支持，明确物业今后的评优是建设单位品牌的延续，将为建设单位今后的销售起到积极的促进作用。

5. 物业服务企业应该高度重视设备设施的保修合同，它将直接影响物业服务企业的管理水平及运行成本。

6. 业主在物业承接查验中具有知情权、监督权。

小　结

本章主要介绍了物业设施设备承接查验的基础知识。物业设施设备承接查验是物业服务企业和建设单位或业主委员会，依据相关原则，共同对物业共用部位、共用设施设备等范围进行检查和验收的活动。物业设施设备承接查验通常按照确定物业承接查验方案，移交有关图纸资料，查验共用部位、共用设施设备，解决查验发现的问题，确认现场查验结果，签订物业承接查验协议，办理物业交接手续的步骤进行。

拓　展　阅　读

为了让读者更好地理解和掌握本章知识，下面附一个拓展阅读材料，读者可扫描下方二维码阅读。

物业承接查验办法

习　题

一、单项选择题

1. 物业设施设备承接查验，是指承接物业前，物业服务企业和建设单位或业主委员会按照国家有关规定和物业服务合同的约定，共同对（　　）进行检查和验收的活动。承接查验原来称为接管验收。

　　A. 物业共用部位、共用设施设备　　B. 物业专有部分

　　C. 建筑物　　　　　　　　　　　　D. 相关场地

2. 新建物业共用部位、共用设施设备承接查验的主体是（　　）。

　　A. 物业的建设单位与物业服务企业

B. 物业服务企业与物业专有部分的购买人

C. 物业的建设单位与物业专有部分的购买人

D. 物业服务企业与业主委员会

3. 新建房屋承接查验,接管单位按承接查验条件和应提交的资料逐项进行审核,对具备条件的应在( )内签发查验复函通知并约定验收时间。

A. 10 日   B. 15 日

C. 20 日   D. 30 日

4. 新建物业承接检验过程中,物业服务企业对物业进行查验之后将发现的问题提交( )处理。

A. 监理单位   B. 业主

C. 建设单位   D. 项目负责人

5. 物业服务企业应当自物业交接后 30 日内,持承接查验有关的资料及文件向物业所在地的区、县(市)的( )办理备案手续。

A. 房地产行政主管部门   B. 建设行政主管部门

C. 安全监督局   D. 社区居委会

二、多项选择题

1. 物业承接查验应当遵循的原则有( )。

A. 诚实信用   B. 客观公正

C. 权责分明   D. 强制实施

E. 保护业主共有财产

2. 物业承接查验的依据有( )。

A. 物业买卖合同   B. 临时管理规约

C. 前期物业服务合同   D. 物业规划设计方案

E. 建设单位移交的图纸资料

3. 下列属于物业服务企业承接查验内容的是( )。

A. 建筑物的基础、承重墙体、柱、梁、楼板等

B. 电梯、水泵、水箱、避雷设施、消防设备楼道灯等设备

C. 道路、绿地、人造景观、围墙大门、化粪池机械停车场等共用设施

D. 依法移交有关单位的供水、供电、供气、供热、通信和有线电视等共有设备设施

E. 物业管理用房

4. 下列属于承接查验前建设单位向物业服务企业移交的资料有( )。

A. 物业买卖合同

B. 共用设施设备清单及其安装、使用和维护保养等技术资料

C. 供水、供电、供气、供热、通信有线电视等准许使用文件

D. 物业质量保修文件和物业使用说明文件

E. 绿化外包合同

5. 物业承接查验的主要步骤包括( )。

A. 签订物业服务合同

B. 查验共用部位、共用设施设备;解决查验发现的问题

C. 确认现场查验结果，签订物业承接查验协议

D. 确定物业承接查验方案

E. 移交有关图纸资料

三、简答题

1. 物业项目承接查验与工程竣工验收的区别是什么？

2. 物业项目承接查验的原则有哪些？

3. 请简述物业项目承接查验的内容。

4. 物业项目承接查验的程序是什么？

5. 请简述物业项目承接查验中物业服务企业的责任。

四、实训题

【实训情境设计】

假设你公司即将对某新建住宅小区进行承接查验工作，请你根据已学知识，编写一份物业承接查验方案。

【实训任务要求】

1. 将全班同学分成若干小组，组建承接查验小组，每组选派组长一名，实训采用小组长负责制。

2. 由指导教师指定承接查验的物业项目，小组人员提前到物业现场进行初步勘察，熟悉小区实际情况。

3. 组长进行任务分解，确定分工，共同编写物业承接查验方案。

4. 提交《物业承接查验方案》，小组长负责在课堂上汇报分析该物业承接查验方案，每个小组汇报时间不超过 10min。

【实训提示】

1. 参考教材"1.2　物业设施设备承接查验的组织实施"。

2. 分析提纲：

（1）与建设单位确定承接查验的日期、进度安排；

（2）要求建设单位在承接查验之前提供移交物业详细清单、建筑图纸、相关单项或综合验收证明材料；

（3）物业承接查验的工作原则、工作的准备、组织机构及人员分工、工作计划、注意事项、接管验收记录、工作流程、承接查验内容、承接查验方法、承接查验范围和标准等。

【实训效果评价】

物业设施设备承接查验方案实训效果评价表　　　　　　　　表 1-9

评价项目	分值	得分	备注
准备工作	20		
方案制定	30		
方案实施	30		
结果汇报	20		
实训效果总体评价	100		

2 房屋共用部位及共用设施的承接查验

【能力目标】
1. 能够按要求进行房屋共用部位和共用设施的承接查验工作；
2. 能够设计承接查验表格并能够对查验问题进行汇总和跟踪处理。

【知识目标】
1. 了解房屋共用部位和共用设施查验的依据和准备工作的内容；
2. 熟悉房屋共用部位和共用设施的查验范围；
3. 掌握房屋共用部位和共用设施查验的方法及标准；
4. 掌握遗留问题处理的方式方法。

【引例】

关于"房屋承接查验不到位，物业被判赔偿 13 万余元"案例的分析

2006 年 8 月 2 日晚，沈阳市 8 岁男孩宋某随父母到沈河区某小区 28 楼老师家补课，在补课后，孩子在走廊玩耍，不慎从窗口坠楼身亡。宋某的父母将为该楼提供服务的辽宁某物业公司告上法庭，要求赔偿死亡赔偿金、丧葬费和精神抚慰金共计 21 万余元。在庭审时，宋某父母认为当时楼梯间的所有窗户都是打开的，窗户与楼层地面之间的距离太小，没有设置警示性标志，也没采取任何防护性措施。物业公司则辩称，自己在管理上并无不当，原告所提都是设计的原因。

法院查明，宋某当时坠下的消防窗未达到国家规定的强制性标准，物业在入驻小区之前，应按规定对房屋共用部位及共用设施进行承接查验，并对不符合国家标准的问题进行记录和处理。物业公司疏于查验或应该知道存在安全隐患，却没有在适当的区域设置警示标志或防护措施，应对男童的坠楼死亡承担相应的赔偿责任。男童父母作为监护人，在孩子坠楼死亡这一过程中，疏于监护，也有一定责任。法院最后判决，物业公司赔偿宋某父母死亡赔偿金和丧葬费的 60%，分别为 10.9 万余元和 3000 元，另外赔偿宋某父母精神损害抚慰金 2 万元。

【案例分析】

承接物业前，物业服务企业和建设单位或业主委员会应按照国家有关规定和物业服务合同的约定，共同对物业共用部位、共用设施设备进行检查和验收的活动。物业承接查验存在的问题一定要有记录，有甲方承担责任的承诺。物业交接双方通过承接查验，共同确认交接内容和交接结果，明确各方的责任权利，实现权利和义务的转移。对维护建设单位、业主和物业服务企业的正当权益，避免因物业质量问题导致的矛盾和纠纷，都具有重要的保障作用。

案例中：

1. 物业承接查验的性质不是对物业内在质量和安全性能的确认，而是："《物业承接查验办法》第十八条 现场查验应当综合利用核对、观察、使用、检测、试验等方法，重点查验物业共用部位、共用设施设备的配置标准、外观质量和使用功能"，因此，建筑的设计、施工质量应在竣工验收时由专业质检部门检验、确认。所以，该问题主要应由建设、设计、施工、质检等单位负责；

2. 建筑物的安全标识应由建设单位在物业交付之前就进行完善，物业服务企业只是在查验时未发现该安全隐患，并未设安全标识，只应该承担次要责任。赔偿主要应该由物业的建设单位负责。

2.1 房屋共用部位及共用设施承接查验的依据和准备工作

2.1.1 房屋共用部位及共用设施概述

1. 房屋共用部位

共用部位是指住宅主体承重结构部位（一般包括建筑物的基础、承重墙体、柱、梁、楼板、屋顶）及外墙、门厅、楼梯间、走廊、楼道、扶手、护栏、电梯井道、架空层及设备间等。

2. 房屋共用设施

共用设施是指住宅小区或单幢住宅内，建设费用已分摊入住房销售价格的共用设施，一般包括道路、绿地、人造景观、围墙、大门、信报箱、宣传栏、路灯、排水沟、渠、池、污水井、化粪池、垃圾容器、污水处理设施、机动车（非机动车）停车设施、休闲娱乐设施、消防设施、安防监控设施、人防设施、垃圾转运设施以及物业服务用房等。

3. 房屋共用部位及共用设施现场查验范围的分项划分

房屋共用部位查验范围分项划分见表2-1。

房屋共用部位查验范围分项划分表   表2-1

序号	分部	子分部工程	分项工程
1	房屋结构	基础	混凝土结构，砌体结构，劲钢（管）混凝土结构，钢结构
		承重墙体	混凝土结构，钢结构，砌体结构等
		柱	
		梁	
		楼板	
		屋顶及外墙	
		门厅	
		楼梯间	
		走廊	
		楼道	
		电梯井道	
		架空层、避难所及设备间	

续表

序号	分部	子分部工程	分项工程
2	房屋装饰装修	地面	石材面层和地面砖面层，实木地板面层，复合地板面层，木、竹地板面层，地毯面层
		抹灰	一般抹灰，装饰抹灰，清水砌体勾缝
		门窗	木门窗，金属门窗，塑料门窗，特种门（防火门、防盗门、自动门、全玻璃门、旋转门、金属卷帘门等）
		吊顶	暗龙骨吊顶，明龙骨吊顶
		轻质隔墙	板材隔墙，骨架隔墙，活动隔墙，玻璃隔墙
		饰面板（砖）	饰面板，饰面砖
		幕墙	玻璃幕墙，金属幕墙，石材幕墙
		涂饰	水性涂料涂饰，溶剂型涂料涂饰，美术涂饰
		裱糊与软包	裱糊（壁纸、墙布），软包
		细部	护栏，扶手，门窗套，窗台板和散热器罩，窗帘盒，花饰
3	房屋屋面	卷材防水屋面	保温层，找平层，卷材防水层，细部构造
		涂膜防水屋面	保温层，找平层，涂膜防水层，细部构造
		刚性防水屋面	细石混凝土防水层，密封材料嵌缝，细部构造
		瓦屋面	平瓦屋面，油毡瓦屋面，金属屋面，细部构造
		隔热屋面	架空屋面，蓄水屋面，种植屋面

房屋共用设施查验范围分项划分见表 2-2。

房屋共用设施查验范围分项划分表　　　　　　　　　　　　表 2-2

序号	分部	子分部	分项
1	室外建筑、环境	道路	沥青面层，水泥混凝土面层，砖（料石）面层，预制混凝土砌块面层等
		绿地	中心绿地，宅旁和庭院绿地，组团绿地，道路绿地，专用绿地
		人造景观	水景观，硬质景观，庇护性景观，照明景观
		围墙	砖砌围墙，混凝土围墙
		大门	单、双开门，折门，推拉门，自动门
		排水沟	钢筋混凝土结构，砌石砌体结构
		渠	现浇钢筋混凝土，砌体结构
		池	现浇混凝土结构，装配式混凝土结构，预应力混凝土结构，砌体结构，塘体结构
		污水井	钢筋混凝土结构，砖石砌体结构
		化粪池	钢筋混凝土结构，砖石砌体结构
		垃圾收集站	钢筋混凝土结构，砖石砌体结构
		停车棚	砖石砌体结构，钢结构
		人防设施	人防门（防护门、防护密闭门、密闭门、挡窗板、防爆波悬板活门）、通风设备（自动排气阀门、自动及手动密闭阀门、排烟道、送风机、排风机、除湿机、两用风机、过滤吸收机、测压装置）、暖卫设备（暖气、给水、排水、厕所、污水泵、洗消间淋浴喷头）、电器设备（照明、电表、发电机及配电柜）、其他（战备水箱、专用货梯、警报站点）
		保安亭	砖石砌体结构等

续表

序号	分部	子分部	分　项
2	室外安装	信报箱	不锈钢等
		宣传栏	不锈钢等
		路灯	高杆路灯，庭院灯，草坪灯等
		污水处理设备	进水闸池，沉砂池，调节池，生物反应池，沉淀池，二次沉淀池，暖气池，中水池等
		停车设施	停车标志，交通标线，停车棚等
		垃圾容器	固定式垃圾箱，可移动式垃圾箱
		休闲娱乐设施	儿童游乐场地设施，健身游戏活动设施，健身设施
		消防设施	灭火器，消火栓，消防沙箱，消防水泵接合器等
		安防监控设施	防盗报警，视频监控，周界防范，出入口控制，电子巡更，停车库（场）管理系统等
3	物业服务专用房	建筑面积、楼层、门窗	

2.1.2　房屋共用部位及共用设施现场查验的依据

对物业项目的共用部位及共用设施进行承接查验，主要的参考依据如下：

1. 物业规划设计方案；

2. 建设单位移交的图纸资料；

3.《物业承接查验办法》；

4.《房屋接管验收标准》；

5.《建筑地基基础设计规范》GB 50007—2011；

6.《混凝土结构设计规范（2015 年版）》GB 50010—2010；

7.《室外排水设计规范》GB 50014—2006；

8.《建筑设计防火规范》GB 50016—2014；

9.《木结构工程施工及验收规范》GB 50206—2012；

10.《屋面工程质量验收规范》GB 50207—2012；

11.《电气装置安装工程 电气设备交接试验标准》GB 50150—2016；

12.《建筑给水排水及采暖工程施工质量验收规范》GB 50242—2002；

13.《危险房屋鉴定标准》JGJ 125—2016。

2.1.3　房屋共用部位及共用设施现场查验的准备工作

1. 查验项目

（1）共用部位查验项目：一般包括建筑物的基础、承重墙体、柱、梁、楼板、屋顶以及外墙、门厅、楼梯间、走廊、楼道、扶手、护栏、电梯井道、架空层及设备间等；

（2）共用设施查验项目：一般包括道路、绿地、人造景观、围墙、大门、信报箱、宣传栏、路灯、排水沟、渠、池、污水井、化粪池、垃圾容器、污水处理设施、机动车（非机动车）停车设施、休闲娱乐设施、消防设施、安防监控设施、人防设施、垃圾转运设施以及物业服务用房等。

2. 组织准备

（1）组建承接查验小组。

由物业服务企业管理部牵头，组织工程部、环境管理部、秩序维护部、客服部等有关人员参加。各部门应选派既精通业务，又责任心强的技术人员参加，并且一般要有不同专业特长的工程技术人员参加。规模一般为 5～8 人。

（2）指定负责人：指定本项目的负责人担任此次承接查验工作的小组负责人。

3. 资料准备

（1）验收文件：国家有关技术标准及规范。

（2）竣工图、竣工报告。

（3）共用设施设备清单及其安装、使用和维护保养等技术资料。

（4）供水、供电、供气、供热、通信、有线电视等准许使用文件。

（5）物业质量保修文件和物业使用说明书。

（6）承接查验所必需的其他资料。

（7）表格：在物业的承接查验中，应做必要的查验记录，在正式开展承接查验工作之前，应根据实际情况做好资料准备工作，制订查验工作流程和记录表格。工作流程一般有《物业承接查验工作流程》《物业查验的内容及方法》《承接查验发现问题的处理流程》等；承接查验的常用记录表格有《工作联络登记表》《物业承接查验记录表》《物业工程质量问题统计表》等。

4. 查验工具和仪器仪表准备

在物业承接查验中要采取一些必要的检验方法来查验承接物业的质量情况，应根据具体情况提前准备好所需的检验设备和工具。例如根据项目的规模及验收时分组情况，准备下列物品及工具，数量自定。

捣棍（小锤）、卷尺、靠尺、电笔、万用表、绝缘摇表、接地电阻测试仪、红外测温仪、电子测漏仪、网络测试仪，梯子、PVC 吹烟管、电吹风、塑料水桶、写字夹板、塑料扎带、不干胶贴、签字笔（圆珠笔）等。

5. 进行现场初步勘察

根据设计图和施工图，派接管验收小组的工程技术人员到物业现场进行初查，为接管验收工作的开展打下基础。

2.2　房屋共用部位承接查验的实施

2.2.1　房屋结构现场查验的内容、标准与方法

1. 房屋结构部分涵盖的内容：基础、承重墙体、柱、梁、楼板、屋顶及外墙、门厅、楼梯间、走廊、楼道、电梯井道、架空层、避难层及设备间（层）。

2. 房屋结构现场查验的标准及方法：

（1）观察质量

无倾斜，变形，剥落，开裂，非收缩性裂纹，无筋外露，无湿渍等。

（2）房屋防水现场查验

1）对房顶、外墙的查验，宜在雨天或雨后进行观察，若有渗漏部位，划出标记，做

好记录；

2）对卷材、涂膜防水层，宜直接观察有无裂缝、翘边、龟裂、剥落、腐烂、积水及细部节点部位损坏等现象，发现前述现象，宜在雨后观察或蓄水检查防水层大面及细部节点部位渗漏情况；

3）对刚性防水层，宜直接观察有无开裂、起砂、酥松、起壳，密封材料剥落，排气管、女儿墙等部位防水层破损等现象，宜在雨后观察或蓄水检查防水层大面及细部节点部位渗漏情况；

4）对瓦件，宜直接观察有无裂纹，瓦面、接缝及细部节点部位损坏等现象，宜在雨后观察瓦件及细部节点部位渗漏情况；

5）对清水、抹灰、面砖与板材等墙面，宜直接观察有无裂缝、接缝、空鼓、剥落、酥松及细部节点部位损坏等现象，宜在雨后观察和淋水检查墙面及细部节点部位渗漏情况。

6）对厕浴间及楼地面，宜直接观察有无裂缝、积水、空鼓及细部节点部位损坏等现象，并宜在蓄水后检查楼地面、厕浴间墙面及细部节点部位有无渗漏情况。

7）对地下室墙地面、顶板，宜观察有无裂缝、蜂窝、麻面及细部节点部位损坏等现象，对现有慢渗或渗漏水点不明显的部位，宜辅以撒水泥粉来确定漏水点。

3. 建筑变形观测查验

查看建设单位移交的有关委托测量单位的项目委托书、合同书及技术设计书以及测量单位提供的经检查验收合格的阶段性成果或建筑变形测量全部完成后所提供的验收合格的综合成果。

当查验期（或在试用期）发现建筑本身、周边建筑及地表出现异常如裂缝、塌陷和滑坡等情况，必须立即报告建设单位。

2.2.2　房屋屋面现场查验的内容、标准与方法

1. 房屋屋面部分分为：卷材防水屋面、涂膜防水屋面、刚性防水屋面、瓦屋面、隔热屋面。

2. 房屋屋面现场查验的标准及方法：

（1）卷材铺贴方法和搭接顺序应符合设计要求，搭接宽度正确，接缝严密，不得有皱折、鼓泡和翘边现象。

（2）涂膜防水层的厚度应符合设计要求，涂层无裂缝、皱折、流淌、鼓泡和露胎体现象。

（3）刚性防水层表面应平整、压光，不起砂，不起皮，无开裂；分隔缝应平直，位置正确。

（4）平瓦屋面的基层应平整、牢固，瓦片排列整齐、平直，搭接合理，接缝严密，不得有残缺瓦片。

（5）架空屋面查隔热制品的质量无断裂和露筋等缺陷，蓄水屋面蓄水至规定高度查有无渗漏现象，种植屋面挡墙泄水孔的留设需符合设计要求，并不得有堵塞及渗漏现象。

2.2.3　房屋装饰装修部分现场查验内容、标准与方法

1. 房屋装饰装修部分涵盖的内容：墙面、顶棚抹灰、门窗、吊顶、轻质隔墙、饰面板（砖）、幕墙（玻璃、金属和石材）、涂饰、裱糊与软包、细部、地面铺装等。

2. 房屋装饰装修部分现场查验的标准及方法：

（1）墙面、顶棚抹灰的现场查验

墙面、顶棚抹灰的现场查验一般采用观察、手摸和尺量查验的方法，具体查验内容及标准如下：

1）一般抹灰的质量查验应符合下列规定：

①适用于石灰砂浆、水泥砂浆、水泥混合砂浆、聚合物水泥砂浆和麻刀石灰、纸筋石灰、石膏灰等一般抹灰的质量验收。一般抹灰分普通抹灰和高级抹灰；

②一般抹灰的表面质量查验：普通抹灰表面应光滑、洁净、接搓平整，分隔缝应清晰。高级抹灰表面应光滑、洁净、颜色均匀、无抹纹，分隔缝和灰线应清晰美观。检验方法：观察；手摸检查；

③护角、孔洞、槽、盒周围的抹灰表面整齐、光滑；管道后面的抹灰表面应平整。检查方法：观察；

④抹灰分隔缝的设置应符合设计要求，宽度和深度应均匀，表面应光滑，棱角应整齐。检验方法：观察；尺量检查；

⑤有排水要求的部位应做滴水线（槽）。滴水线（槽）应整齐顺直，滴水线应内高外低，滴水槽的高度和深度均不应小于10mm。检验方法：观察；尺量检查。

2）装饰抹灰（适用于水刷石、斩假石、干粘石、假面砖等装饰抹灰工程）的质量验收。

装饰抹灰的表面质量应符合下列规定：

①水刷石表面应石粒清晰、分布均匀、紧密平整、色泽一致，应无掉粒和接搓痕迹；

②斩假石表面剁纹应均匀顺直、深浅一致，应无漏剁处；阳角处应横剁并留出宽窄一致的不剁边条，棱角应无损坏；

③干粘石表面应色泽一致，不漏浆、不漏粘，石粒应粘结牢固、分布均匀，阳角处应无明显黑边；

④假面砖表面应平整、沟纹清晰、留缝整齐、色泽一致，应无掉角、脱皮、起砂等缺陷。检查方法：观察；手摸检查。

装饰抹灰分格条（缝）的设置应符合设计要求，宽度和深度应均匀，表面应平整光滑，棱角应整齐。一般采用观察检查的方法。

3）清水砌体勾缝工程（适用于清水砌体砂浆勾缝和原浆勾缝工程）的质量验收。

①清水砌体勾缝应无漏勾。勾缝材料应凝结牢固、无开裂。检验方法：观察；

②清水砌体勾缝应横平竖直，交接处应平顺，宽度和深度应均匀，表面应压实抹平。检验方法：观察；尺量检查；

③灰缝应颜色一致，砌体表面应洁净。检验方法：观察。

（2）门窗的现场查验

门窗的现场查验一般采用观察、手摸、手扳、开启和关闭查验的方法。查验的基本项目包括门窗安装牢固，配件齐全、安装位置正确，开关灵活，关闭严密、无倒翘；玻璃表面洁净，中空玻璃内外表面应洁净、内层不得有灰尘和水蒸气。

1）木门窗的查验

①木门窗表面应洁净，不得有刨痕、锤印；

②木门窗的割角、拼缝应严密平整。门窗框、扇裁口应顺直，刨面应平整；

③木门窗上的槽、孔应边缘整齐，无毛刺；

④木门窗与墙体间缝隙的填嵌材料应符合设计要求，填嵌应饱满。寒冷地区外门窗（或门窗框）与砌体间的空隙应该填充保温材料。查验方法：轻敲门窗框检查；检查隐蔽工程验收记录和施工记录；

⑤木门窗批水、盖口条、压缝条、密封条的安装应顺直，与门窗结合应牢固、严密。查验方法：观察；手扳检查。

2）金属门窗的查验

①金属门窗表面应洁净、平整、光滑、色泽一致，无锈蚀。大面应无划痕、碰伤。漆膜或保护层应连续；

②金属门窗框与墙体之间的缝隙应填嵌饱满，并采用密封胶密封。密封胶表面应光滑、顺直，无裂纹。查验方法：观察；轻敲门窗框检查；检查隐蔽工程验收记录；

③金属门窗扇的橡胶密封条或毛毡密封条应安装完好，不得脱槽。查验方法：观察；开启和关闭检查；

④有排水孔的金属门窗，排水孔应畅通，位置和数量应符合设计要求。

3）塑料门窗的查验

①塑料门窗表面应洁净、平整、光滑，大面应无划痕、碰伤；

②塑料门窗扇的密封条不得脱槽。旋转窗间隙应基本均匀；

③玻璃密封条与玻璃及玻璃槽口的接缝应平整，不得卷边、脱槽；

④排水孔应畅通，位置和数量应符合设计要求。

4）特种门的查验

①特种门的表面应洁净，无划痕、碰伤；

②带有机械装置、自动装置或智能化装置的特种门，其机械装置、自动装置或智能化装置的功能应符合设计要求和有关标准的规定。查验方法：启动机械装置、自动装置或智能化装置，观察查验；

③特种门的安装必须牢固。预埋件的数量、位置、埋设方式、与框的连接方式必须符合设计要求。查验方法：观察；手扳检查；检查隐蔽工程验收记录；

④特种门的配件应齐全，位置应正确，安装应牢固，功能应满足使用要求和特种门的各项性能要求。查验方法：观察；手扳检查；检查产品合格证书、性能检测报告和进场验收记录。

5）门窗玻璃的查验

①玻璃表面应洁净，不得有腻子、密封胶、涂料等污渍。中空玻璃内外表面均应洁净，玻璃中空层内不得有灰尘和水蒸气；

②门窗玻璃不应直接接触型材。单面镀膜玻璃的镀膜层应在最外层，镀膜层应朝向室内；

③腻子应填抹饱满、粘结牢固；腻子边缘与裁口应平齐。固定玻璃的卡子不应在腻子表面显露。

（3）吊顶的现场查验

吊顶的现场查验一般采用观察、手扳、尺量查验和查隐蔽工程验收记录的方法。具体查验内容及标准如下：

1）吊顶饰面材料的查验

表面应洁净、色泽一致，无翘曲、裂缝及缺损，压条平直、宽窄一致；饰面板上的灯具、喷淋头、风口篦子等设备位置合理、美观，交接吻合、严密；金属吊顶、龙骨的接缝均匀一致，角缝吻合，表面平整，无翘曲，锤印；木质吊杆、龙骨应顺直，无劈裂、变形。饰面材料选安全玻璃或有可靠安全措施等。

2）暗龙骨吊顶的查验

①饰面材料表面应洁净、色泽一致，不得有翘曲、裂缝及缺损。压条应平直、宽窄一致；

②饰面板上的灯具、感烟探测器、洒水喷头、风口篦子等设备的位置应合理、美观，与饰面板的交接应吻合、严密；

③金属吊杆、龙骨的接缝应均匀一致，角缝应吻合，表面应平整，无翘曲、锤印。木质吊杆、龙骨应顺直，无劈裂、变形。

3）明龙骨吊顶的查验

查验内容与暗龙骨吊顶的查验内容①、②款相同，不同的是，金属龙骨的接缝应平整、吻合、颜色一致，不得有划伤、擦伤等表面缺陷。木质龙骨应平整、顺直，无劈裂。

（4）轻质隔墙的查验

轻质隔墙的查验一般采用观察、手摸、手扳、尺量查验和用轻敲检查及检查隐蔽工程验收记录的查验方法。具体查验内容及标准如下：

1）轻质隔墙的表面应平整光滑、色泽一致，洁净、无裂缝，接缝应均匀、顺直；隔墙上的孔洞、槽、盒应位置正确、套割方正、边缘整齐。

2）板材隔墙的查验

①隔墙板材安装应垂直、平整、位置正确，板材不应有裂纹或缺损；

②板材隔墙表面应平整光滑、色泽一致，洁净，接缝应均匀、顺直。查验方法：观察；手摸检查；

③隔墙上的孔洞、槽、盒应位置正确、套割方正、边缘整齐。

3）骨架隔墙的查验

①骨架隔墙表面应平整光滑、色泽一致，洁净、无裂缝，接缝应均匀、顺直；

②骨架隔墙上的孔洞、槽、盒位置应正确、套割吻合、边缘整齐；

③骨架隔墙内的填充材料应干燥，填充应密实、均匀、无下坠。查验方法：轻敲检查；检查隐蔽工程验收记录。

4）活动隔墙的查验

①活动隔墙表面应色泽一致、平整光滑、洁净，线条应顺直、清晰；

②活动隔墙上的孔洞、槽、盒应位置正确、套割吻合、边缘整齐；

③活动隔墙推拉应无噪声。查验方法：推拉检查。

5）玻璃隔墙的查验

①玻璃隔墙表面应色泽一致、平整洁净、清晰美观；

②玻璃隔墙接缝应横平竖直，玻璃应无裂痕、缺损和划痕；

③玻璃板隔墙嵌缝及玻璃砖隔墙勾缝应密实平整、均匀顺直、深浅一致。

（5）饰面板（砖）的查验

饰面板（砖）的查验一般采用观察或尺量查验和小锤轻击或查隐蔽验收记录的方法，具体查验内容和标准如下：

1）饰面板表面应平整、洁净、色泽一致，无裂缝和缺损，安装须牢固，嵌缝密实、平直，石材表面应无泛碱等污染，饰面板孔洞应套割吻合、边缘整齐。

2）饰面板的查验

①饰面板安装工程的预埋件（或后置埋件）、连接件的数量、规格、位置、连接方法和防腐处理必须符合设计要求。后置埋件的现场拉拔强度必须符合设计要求。饰面板安装必须牢固。查验方法：手扳检查；检查进场验收记录、现场拉拔检测报告、隐蔽工程验收记录和施工记录；

②饰面板表面应平整、洁净、色泽一致，无裂痕和缺损。石材表面应无泛碱等污染；

③饰面板嵌缝密实、平直，宽度和深度应符合设计要求，嵌填材料色泽应一致；

④采用湿作业法施工的饰面板工程，石材应进行房间被涂处理。饰面板与基体之间的灌注材料应饱满、密实。查验方法：用小锤轻击检查；检查施工记录；

⑤饰面板上的孔洞应套割吻合，边缘应整齐。

3）饰面砖粘贴的查验

①饰面砖表面应平整、洁净、色泽一致，无裂痕和缺损；

②满粘法施工的饰面砖工程应无空鼓、裂缝。查验方法：用小锤轻击检查；

③阴阳角处搭接方式、非整砖使用部位应符合设计要求；

④墙面突出物周围的饰面砖应整砖套割吻合，边缘应整齐。墙裙、贴脸突出墙面的厚度一致；

⑤饰面砖接缝应平直、光滑，填嵌应连续、密实；宽度和深度应符合设计要求；

⑥有排水要求的部位应做滴水线（槽）。滴水线（槽）应顺直，流水坡向应正确，坡度应符合设计要求。查验方法：观察；用水平尺查。

（6）幕墙（玻璃、金属和石材）的查验

幕墙（玻璃、金属和石材）的查验一般采用观察、手扳、手摸查验；开启、关闭淋水查验；查隐蔽工程验收记录等查验方法。具体查验内容及标准如下：

1）玻璃幕墙（适用于建筑高度不大于150m、抗震设防烈度不大于8度的框玻璃幕墙、半隐框玻璃幕墙、明框玻璃幕墙、全玻璃幕墙及点支撑玻璃幕墙工程的质量验收）的查验

①玻璃幕墙表面应平整、洁净；整幅玻璃的色泽应均匀一致；不得有污染和镀膜损坏；

②玻璃幕墙应无渗漏。查验方法：在易渗漏部位进行淋水检查；

③玻璃幕墙开启窗的配件应齐全，安装应牢固，安装位置和开启方向、角度应正确；开启应灵活，关闭应严密。查验方法：观察；手扳检查；开启和关闭检查；

④明框玻璃幕墙的外露框或压条应横平竖直，颜色、规格应符合设计要求，压条安装应牢固。单元玻璃幕墙的单元拼缝或隐框玻璃幕墙的分格玻璃拼缝应横平竖直、均匀一致。查验方法：观察；手扳检查；检查进场验收记录；

⑤玻璃幕墙的密封胶条应横平竖直、深浅一致、宽窄均匀、光滑顺直。查验方法：观

察；手摸检查；

⑥玻璃幕墙一笔节点的遮封装修应牢固、整齐、美观。查验方法；观察；手扳检查；

⑦玻璃幕墙的防雷装置必须与主体结构的防雷装置可靠连接。查验方法：观察；检查隐蔽工程验收记录和施工记录。

2）金属幕墙的查验

①金属板表面应平整、洁净、色泽一致；

②金属幕墙的压条应平直、洁净，接口严密，安装牢固。查验方法：观察；手扳检查；

③金属幕墙的密封胶缝应横平竖直、深浅一致、宽窄均匀、光滑顺直；

④金属幕墙上的滴水线、流水坡向应正确、顺直。查验方法；观察；用水平尺检查；

⑤金属幕墙应无渗漏。查验方法：在易渗漏部位进行淋水检查；

⑥金属幕墙的防雷装置必须与主体结构的防雷装置可靠连接。查验方法：观察；检查隐蔽工程验收记录和施工记录。

3）石材幕墙的查验

①石材幕墙表面应平整、洁净，无污染、缺损和裂痕，颜色和花纹应协调一致，无明显色差，无明显修痕；

②石材幕墙的压条应平直、洁净，接口严密，安装牢固。查验方法：观察；手扳检查；

③石材接缝应横平竖直、宽窄均匀；阴阳角石板压向应正确，板边合缝应顺直；凸凹线出墙厚度应一致，上下口应平直；石材面板上洞口、槽边应套割吻合，边缘应整齐；

④石材幕墙的密封胶缝应横平竖直、深浅一致、宽窄均匀、光滑顺直；

⑤石材幕墙上的滴水线、流水坡向应正确、顺直。查验方法：观察；用水平尺检查；

⑥石材幕墙应无渗漏。查验方法：在易渗漏部位进行淋水检查；

⑦石材幕墙的防雷设置必须与主体结构的防雷装置可靠连接。查验方法：观察；检查隐蔽工程验收记录和施工记录。

（7）涂饰的现场查验

涂饰的查验一般采用观察、手摸和用尺量查验的查验方法，具体查验内容及标准如下：

1）水性涂料涂饰和溶剂型涂料涂饰的查验

①涂饰均匀、粘结牢固，无漏涂、透底、起皮和掉粉；

②图层与其他装修材料和设备衔接处应吻合，界面清晰；

③表面洁净，无流坠现象。

2）美术涂饰（使用于套色涂饰、滚花涂饰、仿花纹涂饰等室内外美术涂饰的质量验收）的查验

①美术涂饰工程应涂饰均匀、粘结牢固，不得漏涂、透底、起皮、掉粉和反锈。查验方法：观察；手摸检查；

②美术涂饰的套色、花纹和图案应符合设计要求；

③美术涂饰表面应洁净，不得有流坠现象；

④仿花纹涂饰的饰面应具有被模仿材料的纹理；

⑤套色涂饰的图案不得移位，纹理和轮廓应清晰；

（8）软包的现场查验

裱糊与软包的查验一般采用观察、手摸和用尺量查验的查验方法，具体查验内容及标准如下：

1）裱糊的查验

①裱糊后各幅拼接应横平竖直，拼接处花纹、图案应吻合，不离缝，不搭接不显拼缝。查验方法：观察查验，拼缝检查距离墙面 1.5m 处正视；

②裱糊后的壁纸、墙布表面应平整、色泽一致，不得有波纹起伏、气泡、裂缝、皱折及斑污，斜视时应无胶痕，查验方法：观察；手摸检查；

③复合压花壁纸的压痕及发泡层应无损坏；

④壁纸、墙布与各种装饰线、设备线盒应交接严密；

⑤壁纸、墙布边缘应平直整齐，不得有纸毛、飞刺；

⑥壁纸、墙布阴角处搭接应顺光，阳角处应无接缝。

2）软包工程（适用于墙面、门等软包工程的质量验收）的查验

①软包工程表面应平整、洁净、无凹凸不平及皱折，图案应清晰、无色差。整体应协调美观；

②单块软包面料不应有接缝，四周应绷压密室。查验方法：观察；手摸查验；

③软包边框应平整、顺直、接缝吻合。

（9）细部的现场查验

细部（适用于护栏扶手；窗帘盒、窗台板、散热器罩等）的查验一般采用观察、手摸和用尺量查验的查验方法，具体查验内容及标准如下：

1）护栏和扶手的查验

①护栏高度、栏杆间距、安装位置必须符合设计要求。护栏安装必须牢固。查验方法：观察；尺量检查；手板检查；

②护栏玻璃应使用公称厚度不小于 12mm 的钢化玻璃或钢化夹层玻璃。当护栏一侧距楼地面高度为 5m 以上时，应使用钢化夹层玻璃。查验方法：观察；尺量检查；检查产品合格证书和进场验收记录；

③护栏和扶手转角弧度应符合设计要求，接缝应严密。表面应光滑，色泽一致，不得有裂缝、翘曲及损坏。查验方法：观察；手摸检查；

2）窗帘盒、窗台板和散热器罩的查验

①窗帘盒、窗台板和散热器罩表面应平整、洁净、线条顺直、接缝严密、色泽一致，不得有裂缝、翘曲及损坏；

②窗帘盒、窗台板和散热器罩与墙面、窗框的衔接应严密，密封胶缝应顺直、光滑。

（10）地面铺装的现场查验

地面铺装的查验项目一般包括木质地板、地毯和地面镶贴石材、地面砖。

①木质地板的查验一般采用观察、查隐蔽验收记录、行走、耳听查验的查验方法，具体查验标准和方法为：查隐蔽验收记录检查木搁栅、毛地板及地板的含水率及木搁栅的固定；基层板（毛地板）的铺设质量，用行走、耳听及查隐蔽验收记录的方法全检；木地板的铺设质量，用行走、观察、耳听及查隐蔽验收记录的方法全检；用观察检查木地板及漆

板表观现象等；

②地毯的查验一般采用观察、查隐蔽验收记录和手摸查验的查验方法，具体查验标准和方法为：用观察及查隐蔽验收记录查地毯的下衬铺垫及地毯拼缝质量，观察、手摸查表观现象，用观察方法查地毯同其他面层连接处、收口处和墙边、柱子周围的质量；

③地面镶贴石材、地面砖的查验一般采用观察、小锤轻击、泼水和尺量查验的查验方法，具体查验标准和方法为：查验镶贴表观质量，查验板块面层在外观质量缺陷以目测高度为 1.5m 左右俯视地坪；查验镶贴面砖空鼓情况，查空鼓检查按梅花形布点，用小锤轻击，检查数量为板块一半，阳角处全书检查；用坡度尺、泼水查验地砖镶贴的地面有排水要求的，高差应不小于 10mm；地漏位于最低点，地漏完成面标高比周边装饰完成面低5～10mm 等。

2.2.4　设备房的查验内容、标准与方法

设备房一般包括高低压变配电房、发电机房、智能化系统机房、电梯机房、水泵房。

1. 高低压变配电房的查验内容、标准与方法

高低压变配电房的查验一般采用观察查验的查验方法，具体包括房屋结构和房屋装饰装修部分的查验。

（1）房屋结构部分的查验

房屋结构部分的基本查验项要求为无倾斜、变形、剥落、开裂、非收缩性裂纹，无筋外露，无湿渍等。

重点查验项要求：

1）若配变电所设置在建筑贴邻设有厕所、浴室、厨房或其他经常积水场所，应查验隔邻做防水处理施工、试验及验收记录，现场无湿渍现象。

2）配变电所设置在建筑地下层的，应查验有无加设机械通风、去湿设备或空气调节设备。当地下只有一层时，应查验有无预防洪水、消防水货积水从其他渠道淹渍配变电所的措施。措施有效。

3）查验配变电所的电缆沟和电缆室，防水、排水措施。

4）查验配变电所有无采取屏蔽、降噪声措施（当配变电所与上、下或贴邻的居住、办公房间仅有一层楼板或墙体相隔时，规范规定应采取屏蔽、降噪措施）。

（2）房屋装饰装修部分的查验

房屋装饰装修部分的基本查验项按房屋装饰装修的查验内容、标准与方法及设计要求进行查验。

重点查验项要求：

1）查验防火门出厂合格证。

2）查验变压器室、配电装置室、电容器室门的开启方向，通向配变电所室外的门应向外开启，由较高电压等级通向较低电压等级房间的门，向较低电压房间开启。

3）查验变压器室、配电装置室、电容器室等设置的防止雨、雪和小动物进入屋内的设施，质量应可靠。

4）查验变压器室、配电装置室、电容器室、控制室内有无与其有关的管道和线路通过，若有则写入查验结论。

5）查验配变电所的通风窗，是否采用非燃烧材料。查验方法：查窗材料合格证及进

场安装验收记录。

6）查验控制室和配电装置室的采暖装置，是否有防止渗漏措施，规范规定室内不应有法兰、螺纹接头和阀门等。

2. 发电机房的查验内容、标准与方法

发电机房一般采用观察查验的方法，具体包括房屋结构和房屋装饰装修部分的查验。

（1）房屋结构部分的查验

房屋结构的基本查验项要求无倾斜、变形、剥落、开裂、非收缩性裂纹，无筋外露，无湿渍等。

重点查验项要求：

1）查验机组基础有否采取减震措施或测试减震措施的效果。对机组设置在主体建筑内或地下层的，查验防止与房屋产生共振的措施效果。查验方法：运行电机组测试。

2）查验柴油机基础有否设防油浸的设施（可设置排油污垢槽），查验机房内管沟和电缆沟内有否按0.3%的坡度施工，排水、排油措施是否符合设计要求。

3）查验发电机房采取的机组消声及机房隔声综合治理措施的效果。查验方法：运行发电机组测试。

4）查验设置在建筑物内的柴油发电机房（含锅炉房），其进入建筑物内的燃料供给管道应符合：进入建筑物前和设备房内，管道上有否装置自动和手动切断阀；储油间的油箱（应密闭）设置的通气管有否设置带阻火器的呼吸阀，油箱的下部有否设置防止油品流散的设施。

（2）房屋装饰装修部分的查验

房屋装饰装修部分基本查验项，按房屋装饰装修的查验内容、标准与方法及设计要求进行查验。

重点查验项要求：

1）查验发电机房的标识牌和安全标识；查验管道识别色标识（可燃液体的基本识别色为棕色；水为鲜绿色）、识别符号（物质流向的标识，可在管道上画箭头表示，也可在管道上系挂标识牌）和安全标识。查验方法：观察查验。

2）查验发电机房的门是否为甲级防火门，并向外开启，以及采取隔声措施效果；发电机间与控制室、配电室之间的门和观察窗有否采取防火、隔声措施，门是否为甲级防火门，并开向发电机间。

3）查验排烟管道的设置达到的环境保护要求。查验方法：查验环保评估验收记录和运行发电机组测试。

3. 智能化系统机房的查验内容、标准与方法

智能化系统机房的查验一般采用观察、尺量查验的查验方法，具体包括房屋结构和房屋装饰装修部分的查验。

（1）房屋结构部分的查验

房屋结构的基本查验项要求无倾斜、变形、剥落、开裂、非收缩性裂纹，无筋外露，无湿渍等。

重点查验项要求：

1）查验系统的机房铺设的架空地板或网格地板或地面线槽是否采用防静电、防尘材

料；机房净高不宜小于 2.50m。

2）查验电气竖井、智能化系统竖井是否符合：智能化系统竖井和电气竖井（规范规定宜分别设置）的地坪或门槛是否高出本层地坪 0.15～0.30m；查验高层建筑电气竖井在利用通道作为检修面积时，竖井的高度是否大于 0.80m；智能化系统竖井在利用通道作为检修面积时，高层建筑和多层建筑的竖井是否分别大于 0.60m 和 0.35m。

（2）房屋装饰装修部分的查验

房屋装饰装修部分基本查验项，按房屋装饰装修的查验内容、标准与方法及设计要求进行查验。

重点查验项要求：

1）查验机房室内是否满足冬天不宜低于 18℃，夏天不宜高于 27℃；室内湿度满足冬天宜大于 30%，夏天宜小于 65%。

2）查验防雷配置措施（其措施应采取防直击雷、防感应雷、防雷击电磁脉冲等）和有否做等电位联结。查验方法：查有关项工程质量验收记录等。

4. 电梯机房的查验内容、标准与方法

电梯机房一般采用观察查验的方法，具体包括房屋结构和房屋装饰装修部分的查验。

（1）房屋结构部分的查验

房屋结构的基本查验项要求无倾斜、变形、剥落、开裂、非收缩性裂纹，无筋外露，无湿渍等。

重点查验项要求：

1）电梯曳引机上方的结构上应具有相应的起重吊钩，并做有明显标示。

2）对消防电梯的查验，消防电梯的设置应符合下列规定：消防电梯间应设前室，其面积：居住建筑不应小于 4.5㎡；公共建筑不应小于 6㎡。当与防烟楼梯间合用前室时，居住建筑不应小于 6.00㎡；公共建筑不应小于 10.00㎡；消防电梯间前室宜靠外墙设置，在首层应设置直通室外的出口或经过长度不超过 30m 的通道通向室外；消防电梯井、机房与相邻其他电梯井、机房间，应采用耐火极限不低于 2h 的隔墙隔开，当在隔墙上开门时，应设甲级防火门。

（2）房屋装饰装修部分的查验

房屋装饰装修部分基本查验项，按房屋装饰装修的查验内容、标准与方法及设计要求进行查验。

重点查验项要求：

1）消防电梯间前室的门，应采用乙级防火门或具有停滞功能的防火卷帘。

2）消防电梯轿厢内应设专用电话，并应在首层设供消防员专用的操作按钮。

3）消防电梯间前室门口宜设挡水设施。

4）消防电梯的井底应设排水设施，排水井容量不应小于 2m³，排水泵的排水量不应小于 10L/s。

5）消防电梯间前室应设消火栓。

5. 水泵房的查验内容、标准与方法

水泵房一般采用观察查验的方法，具体包括房屋结构和房屋装饰装修部分的查验。

（1）房屋结构部分的查验

房屋结构的基本查验项要求无倾斜、变形、剥落、开裂、非收缩性裂纹，无筋外露，无湿渍等。

重点查验项要求：

1）查验水泵房（包括空调机房、换热站等）的设置应符合以下要求：应预留大型设备的进入口；有条件时，在机房内适当位置预留吊装设施，便于今后维修和更换；设备布置应保证操作方便（阀门等操作面以及需要观测的显示仪表面，应用不小于400mm的间距；高达设备周围宜有不小于700mm的通道），并有检修空间；查验设备台座有否设置减震措施和机房内采用消声措施的效果。

2）空调机房和通风机房的隔墙及隔墙上的门应满足防火规范规定。

3）查验水泵房内的生活饮用水水池、水箱的池（箱）体应采用独立结构形式，不得利用建筑物的本体结构作为水池和水箱的壁板、底板及顶板。生活饮用水池（箱）的材质、衬砌材料和内壁材料不得影响水质。

（2）房屋装饰装修部分的查验

房屋装饰装修部分基本查验项，按房屋装饰装修的查验内容、标准与方法及设计要求进行查验。

重点查验项要求：

1）查验水泵房的标识牌和安全标识；查验管道识别色标识（给水的基本识别色为艳绿色；排水为黑色）、识别符号（水的流向的标识，可在管道上画箭头表示，也可在管道上系挂标识牌）和安全标识。查验方法：观察查验。

2）查验水泵房的地面（宜用压光水泥地面）及设置冲洗地面的上下水设施；查验水泵设备周界、所设地漏或排水明沟的坡度和排水通畅；机房内应设有集水井，并安装有排水设备，以便排除积水。查验方法：冲水试验，观察查验。

3）查验房间通风换气的效果（当室内只设置送风口或只设置排风口时，应能保证关门时室内空气可以流动，可以利用门上百叶窗等满足空气流动的要求。

4）查验消防水泵放应设不少于两条的供水管与环状管网连接。

5）查验每组消防水泵，吸水管不应少于两条，当其中一条损坏或检修时，其余吸水管应仍能通过全部水量。

2.3　房屋共用设施承接查验的实施

房屋共用设施主要包括：室外建筑环境设施（道路、人造景观、绿地、围墙、大门、排水沟、渠、池、污水井、化粪池、垃圾收集站、停车棚、人防设施和保安亭）、室外安装设施（信报箱、宣传栏、路灯、污水处理设施、停车设施、垃圾容器、休闲娱乐设施、消防设施和安防监控设施）和物业服务用房。

2.3.1　室外建筑环境设施现场查验内容、标准与方法

1. 道路

道路具体包括机动车行道，非机动车道，人（步）道，附属构筑物（雨水口与雨水支管、护坡、隔墙墩、隔离栅、护栏等），查验方法一般采用观察法。

道路面层外观质量查验标准为：

（1）沥青路面层应平整、坚实、接缝紧密，不应有明显轮迹、推挤、裂缝、脱落、烂边、油斑、掉渣等现象，不得污染其他构筑物；

（2）面层与路缘石、平石及其他构筑物应接顺，不得有积水；

（3）水泥混凝土路面层板面平整、密实、边角应整齐、无裂缝，并不应有石子外露和浮浆、脱皮、踏痕、积水等现象；

（4）伸缩缝垂直、直顺、缝内没有杂物；

（5）料石面层和预制混凝土砌块面层路面应平整、稳固、无翘动（料石铺砌人行道面层还应缝宽均匀、无翘边、翘角）、缝线直顺、灌缝饱满，无反坡积水现象等；

（6）雨水口位置正确，安装不得歪扭，砌筑勾缝应顺直、坚实、不得漏勾、脱落，内、外壁抹面平整光洁；

（7）井框、井箅子应完整、配套，安装要平稳牢固，隔离墩安装牢固、位置正确、线形美观，墩表面整洁等。

2. 人造景观

人造景观具体包括水景景观（动态水景、动态水景）、硬质景观（雕塑小品、台阶坡道、硬质铺地、环境设施等）、庇护性景观（亭、廊、棚架、膜结构）、照明景观（道路、草坪、标志、雕塑小品等），查验方法一般采用观察法。

人造景观设施的查验标准为：

（1）水景景观应无渗漏、池壁表面应无裂缝和缺损，色泽一致，面层粘贴须牢固、无空鼓，接缝应平直、光滑，动态水景流水循环设施应符合设计要求；

（2）硬质景观、庇护性景观构筑物无沉降、裂缝和缺损，亭廊、棚架外观无倾斜、变形、剥落、开裂、非收缩性裂纹，无筋外露，无湿渍等。棚架、围栏、座椅安装牢固，表面做防腐防锈及面漆洁净，无裂纹等；

（3）照明景观效果、开关符合设计要求等。

3. 绿地

绿地包括中心绿地、宅旁和庭院绿地、组团绿地、道路绿地、专用绿地等。查验方法一般采用观察法。

绿地的查验标准为：

（1）基本查验内容：绿地整洁、表面平整，种植的植物整形修剪应符合设计要求，花卉种植地应无杂草、无枯黄，各种花卉生长茂盛；草坪无杂草、无枯黄；乔、灌木要保证成活等。

（2）绿化验收资料齐全（建设单位提供），具体包括：

1）土壤及水质化验报告；

2）工程中间验收记录；

3）附属设施用材合格证或试验报告；

4）竣工图和绿化工程竣工验收单。

（3）绿化工程竣工验收时间应符合下列规定：

1）新种植的乔木、灌木、攀缘植物，应在一个年生长周期满后方可验收；

2）地被植物应当年成活后，郁闭度达到80%以上进行验收；

3）花坛种植的一、二年生花卉及观叶植物，应在种植15天后进行验收；

4）春季种植的宿根花卉、球根花卉，应在当年发芽出土后进行验收。秋季种植的应在第二年春季发芽出土后进行验收。

（4）绿化工程质量验收应符合下列规定：

1）乔、灌木的成活率应达到95％以上，珍贵树种和孤植树应保证成活；

2）强酸性土、强碱性土或干旱地区，各类树木成活率不应低于85％；

3）花卉种植地应无杂草、无枯黄，各种花卉生长茂盛，种植成活率应达到95％；

4）草坪无杂草、无枯黄，种植覆盖率应达到95％；

5）绿地整洁、表面平整；

6）种植的植物材料的整形修剪应符合设计要求；

7）绿地附属设施工程的质量验收应符合《建筑工程施工质量验收统一标准》GB 50300—2013的有关规定。

4. 围墙

围墙包括混凝土花格围墙、砖（石）砌体围墙、金属、植篱等。查验方法一般采用观察法。

围墙的查验标准为：

（1）构筑物无沉降、裂缝和缺损；

（2）饰面砖表面应平整、洁净，色泽一致，无裂缝和缺损，粘贴须牢固，无空鼓、裂缝，接缝应平直、光滑，填嵌连续、密实；

（3）饰面砖应整砖套割吻合，边缘整齐；墙裙、贴脸突出墙面的厚度应一致；

（4）金属表面应洁净、平整、光滑、色泽一致，无锈蚀等。

5. 大门

大门包括单双开门、折门、推拉门、自动门等。查验方法一般采用观察法和开关实验。

大门的查验标准为：

（1）构筑物无沉降、裂缝和缺损；

（2）门窗安装牢固、面层平整、洁净；

（3）开关灵活、配件安装正确及牢固；

（4）金属门面层做防腐防锈及面漆洁净，无裂纹；

（5）自动门的功能应符合设计要求等。

6. 排水沟

排水沟包括排水和截水沟。查验方法为观察及试通水试验法。

排水沟的查验标准为：

沟底平整，无反坡、凹兜，边墙应平整直顺、勾缝密实，与排水构筑物衔接顺畅，沟内无建筑垃圾、排水顺畅，沟盖板完整齐全等。

7. 渠

渠包括明渠和暗渠。查验方法为观察及试通水试验法。

渠的查验标准为：

明渠护栏完整、面层整洁，安全标识清晰、合理布置，水质清净。

8. 池

池包括水景池，游泳池，生活、消防水池。查验方法一般采用观察法。

池的查验标准为：

（1）饰面砖表面应平整、洁净、色泽一致，无裂缝和缺损，粘贴须牢固，无空鼓、裂缝，接缝应平直、光滑，填嵌连续、密实，池体无渗漏、滴水现象；

（2）水池浮球阀、溢水报警和泳池水质循环设施功能应符合设计要求等。

9. 污水井

污水井包括雨、污水井。查验方法一般采用观察法。

污水井的查验标准为：

无裂纹及破损，井体无渗漏，无建筑垃圾，排水通畅、无堵塞外溢现象等。

10. 化粪池

化粪池包括混凝土池、砌体池、钢质池。查验方法一般采用观察法。

化粪池的查验标准为：

池体表面无裂纹、无渗漏，进粪口、清渣口、处分口盖完好及密封，粪封管、过粪管及进、出水口的设置安装应符合设计要求等。

11. 垃圾收集站

垃圾收集站包括垃圾房、垃圾池。查验方法一般采用观察法。

垃圾收集站的查验标准为：

门、墙体表面面砖完好，池盖完整密闭、池壁无裂缝，地面池底的排水坡向正确等。

12. 停车棚

停车棚包括机动车棚、非机动车棚。查验方法一般采用观察法。

停车棚的查验标准为：

棚架外观无倾斜、变形，棚架表面洁净、光滑、色泽一致，无锈蚀，棚顶安装牢固、无渗漏，地面平整、无裂缝等。

13. 人防设施

人防设施包括人防门、暖卫设备、电器设备等。查验方法一般采用观察法。

人防设施的查验标准为：

查看人民防空办公室批准的人防工程许可文件和颁发的人防工程竣工验收备案表，各设施符合设计要求等。

14. 保安亭

保安亭包括砖砌体保安亭、塑钢（可移动）保安亭等。查验方法一般采用观察法。

保安亭的查验标准为：

门窗、墙身、屋顶、地面、插座等完好，无渗漏。

2.3.2 室外安装设施现场查验内容、标准与方法

1. 信报箱

信报箱包括普通钢质信报箱、不锈钢信报箱。查验方法一般采用观察法。

信报箱的查验标准为：

外观平整、光滑、色泽一致，无锈蚀，门锁完好，无渗漏等。

2. 宣传栏

宣传栏包括不锈钢宣传栏、墙面宣传栏。查验方法一般采用观察法。

宣传栏的查验标准为：

外观平整、光滑、色泽一致，玻璃洁净、无裂纹，推拉橱窗安装牢固，开关轻便。

3. 路灯

路灯包括高杆路灯、庭院灯、草坪灯等。查验方法一般采用观察法和开关电源查验法。

路灯的查验标准为：

灯杆、灯罩外观洁净、光滑、色泽一致，无锈蚀，安装牢固，亮度、控制符合设计要求。

4. 污水处理设施

污水处理设施包括进水闸池、沉砂池、调节池、生物反应池、气池、中水池、泵房等。查验方法一般采用观察法。

污水处理设施的查验标准为：

池体表面无裂纹、无渗漏，盖板完整无缺损，设施功能符合设计要求，泵房门窗、墙体、屋顶完好，无渗漏，地面平整，排水坡向正确等。

5. 停车设施

停车设施包括出入口道闸、收费岗亭、道路指引及交通标识、限速带、停车限位器（停车挡轮杆、定位器）等。查验方法一般采用观察法和开关道闸查验法。

停车设施的查验标准为：

（1）开关自动控制功能正常；

（2）道路指引、交通标识、设置及标识正确标识牌安装牢固；

（3）道闸外观平整、光滑，黑黄颜色清晰；限速器及限位器设置合理，安装牢固；

（4）岗亭门窗等完好。

6. 垃圾容器

垃圾容器包括固定式垃圾箱、可移动式垃圾箱。观察沉淀池、二次沉淀池、曝气池。查验方法一般采用观察沉淀池、二次沉淀池、曝气池的方法。

垃圾容器的查验标准为：

垃圾箱外观平整洁净，设置合理，固定式安装牢固等。

7. 休闲娱乐设施

休闲娱乐设施包括儿童游乐场地设施、健身游戏活动设施、健身设施。查验方法一般采用观察法。

休闲娱乐设施的查验标准为：

各设施安装牢固、表面整洁、无毛刺，安全使用指南书写工整、字迹清晰、设置明显等。

8. 消防设施

消防设施包括室外消火栓、消防水泵结合器等。查验方法一般采用观察法。

消防设施的查验标准为：

外观整洁、配件齐全、标识清晰，有使用指南图解。

9. 安防监控设施

安防监控设施包括视频安防监控系统、出入口控制系统、入侵报警系统、电子巡查系统、停车库（场）管理系统。查验方法一般采用观察法。

安防监控设施的查验标准为：

监控点数量、监控荧屏等功能符合设计要求，监控影像资料、报警记录留存按 30 天配置等。

10. 物业服务用房

物业服务用房一般采用观察法进行查验。

物业服务用房的查验标准为：

门窗、墙身、屋顶、地面、插座等完好，房屋、卫生间无渗漏，卫生间坐便器等设施安装牢固、配件齐全、自动冲水等使用功能及配置符合设计要求。

2.3.3 现场查验记录

1. 承接查验工作联络登记（表 2-3）

承接查验工作联络登记表　　　　　　　　　　表 2-3

序号	姓名	职务	负责的工作	座机	手机	E-mail

2. 房屋共用部位查验记录（表 2-4）

房屋共用部位查验记录表　　　　　　　　　　表 2-4

物业项目：＿＿＿＿＿＿＿＿＿　查验日期：＿＿＿＿＿＿＿　编号：＿＿＿＿＿

建设单位：＿＿＿＿＿＿＿＿＿　参加人员：＿＿＿＿＿＿＿

物业服务企业：＿＿＿＿＿＿＿　参加人员：＿＿＿＿＿＿＿

序号	验收项目名称	查验内容记录	备注
1	基础		
2	承重墙体		
3	柱		
4	梁		
5	楼板		
6	屋顶		
7	外墙		
8	门厅		
9	楼梯间		
10	走廊		
11	楼道		
12	扶手		
13	护栏		
14	电梯井道		
15	架空层		
16	设备间		
验收结论			

记录人：　　　日期：　　　　审核人：　　　　日期：

3. 房屋共用设施查验记录（表 2-5）

房屋共用设施查验记录表　　　　　表 2-5

物业项目：＿＿＿＿＿＿　　查验日期：＿＿＿＿＿＿＿　　编号：＿＿＿＿

建设单位：＿＿＿＿＿＿　　参加人员：＿＿＿＿＿＿＿

物业服务企业：＿＿＿＿　　参加人员：＿＿＿＿＿＿＿

序号	验收项目名称	查验内容记录	备注
1	道路		
2	人造景观		
3	绿地		
4	围墙		
5	大门		
6	排水沟		
7	渠		
8	池		
9	污水井		
10	化粪池		
11	垃圾收集站		
12	停车棚		
13	人防设施		
14	保安亭		
15	信报箱		
16	宣传栏		
17	路灯		
18	污水处理设施		
19	停车设施		
20	垃圾容器		
21	休闲娱乐设施		
22	消防设施		
23	安防监控设施		
24	物业服务用房		
验收结论			

记录人：　　　　日期：　　　　审核人：　　　　日期：

2.3.4 问题的汇总与解决办法

1. 遗留问题的解决

（1）书面通知建设单位及时解决，并进行复验。

现场查验中，物业服务企业应当将物业共用部位、共用设施设备的数量和质量不符合合同约定和有关文件规定的情形，由物业现场查验小组将查验中发现的问题分类，书面通知建设单位，建设单位签收后应当及时责成责任人解决，完成后，组织查验的双方人员进行复验，直至合格。对于不能及时解决的遗留问题，双方协商解决方案，并在签订物业承接查验协议时明确约定。

（2）建设单位必须派人参加物业现场查验，并确认查验结果，签订物业承接查验协议。建设单位应当委派专业人员参与现场查验，与物业服务企业共同确认现场查验的结果，签订物业承接查验协议。

物业承接查验协议应当对物业承接查验基本情况、存在问题、解决方法及其时限、双方权利义务、违约责任等事项作出明确约定。物业承接查验协议作为前期物业服务合同的补充协议，与前期物业服务合同具有同等法律效力。

（3）本体及附属设备的质量保证证明。

（4）免费维修、保养、更换的范围及期限。

（5）责任的划分与界定资料。

2. 问题汇总

房屋共用部位及共用设施现场查验结束后，在对承接查验发现的问题进行汇总时，首先应对移交的资料进行汇总，汇总结果填入表 1-2《物业资料查验移交表》，尚未移交的资料情况进行汇总，汇总情况填入表 1-3《未移交资料汇总表》。

查验人员将查验结果汇总填入表 1-4《设施设备系统现场查验问题汇总表》，将存在的问题跟踪处理情况填入表 1-5《物业承接查验问题处理跟踪表》，按有关的程序规定交由建设单位签署并负责安排解决，然后组织物业服务企业进行复验，直至合格。

对于确实无法及时解决的问题，填入表 1-6《物业承接查验最终遗留问题汇总表》，按有关的程序规定协商最终解决方案，以维护相关方的合法权益。

小　　结

本章主要介绍了房屋共用部位及共用设施的承接查验，包括房屋共用部位和共用设施查验的依据和准备工作的内容，房屋共用部位和共用设施的查验内容，房屋共用部位和共用设施查验的方法及标准，现场查验记录和汇总以及遗留问题的解决等内容。

拓　展　阅　读

为了让读者更好地理解和掌握本章知识，下面附一个拓展阅读材料，读者可扫描下方二维码阅读。

毛坯房与精装修房室内的验查

习　题

一、单项选择题

1. 下列哪项不属于房屋共用部位(　　)。

A. 基础
B. 楼梯间
C. 外墙
D. 业主室内非承重隔墙

2. 下列哪项不是房屋共用部位及共用设施现场查验的依据(　　)。

A. 物业规划设计方案
B. 商品房买卖合同
C. 建设单位移交的图纸资料
D. 《房屋接管验收标准》

3. 在对房屋防水现场查验时，下列对刚性防水层查验标准表述正确的是(　　)。

A. 表面应平整、压光，不起砂，不起皮，无开裂
B. 不得有皱折、鼓泡和翘边现象
C. 无裂缝、皱折、流淌、鼓泡和露胎体现象
D. 表面应平整、压光，不起砂，不起皮，无开裂

4. 对门窗玻璃查验标准描述正确的是(　　)。

A. 玻璃表面应洁净，不得有腻子、密封胶、涂料等污渍
B. 玻璃中空层内灰尘和水蒸气不得超标
C. 门窗玻璃应直接接触型材
D. 单面镀膜玻璃的镀膜层应在最里层，镀膜层应朝向室内

5. 对木质地板查验标准描述错误的是(　　)。

A. 基层板（毛地板）的铺设质量，用行走、耳听及查隐蔽验收记录的方法全检
B. 木地板的铺设质量，用行走、观察、耳听及查隐蔽验收记录的方法全检
C. 用观察检查木地板及漆板表面现象
D. 用坡度尺、泼水查验木质地板的排水情况

二、多项选择题

1. 房屋共用设施包括(　　)等。

A. 道路
B. 围墙
C. 路灯
D. 化粪池
E. 冲水马桶

2. 墙面、顶棚抹灰的现场查验一般采用(　　)查验的方法。

A. 实验
B. 观察
C. 手摸
D. 尺量
E. 检查隐蔽工程验收记录

3. 设备房查验范围一般包括(　　)等。

A. 高低压变配电房
B. 发电机房
C. 智能化系统机房
D. 控制房
E. 水泵房

4. 暗龙骨吊顶的查验的标准包括(　　)。

A. 饰面材料表面应洁净、色泽一致，不得有翘曲、裂缝及缺损。压条应平直、宽窄一致

B. 饰面板上的灯具、感烟探测器、洒水喷头、风口篦子等设备的位置应合理、美观，与饰面板的交接应吻合、严密

C. 金属吊杆、龙骨的接缝应均匀一致，角缝应吻合，表面应平整，无翘曲、锤印。木质吊杆、龙骨应顺直，无劈裂、变形

D. 金属龙骨的接缝应平整、吻合、颜色一致，不得有划伤、擦伤等表面缺陷

E. 木质吊杆、龙骨应顺直，无劈裂、变形

5. 在对绿地进行承接查验时，应重点查验哪些部分(　　　)。

A. 中心绿地   B. 宅旁和庭院绿地

C. 组团绿地   D. 道路绿地

E. 专用绿地

三、简答题

1. 房屋共用部位及共用设施现场查验的准备工作有哪些?

2. 房屋结构现场查验的方法是什么?

3. 门窗的现场查验的主要方法包括哪些?

4. 水泵房结构部分的查验内容、标准与方法是什么?

5. 对室外道路查验的项目有哪些?

Δ 实训题

【实训情境设计】

嘉城物业服务有限公司即将对某小区的房屋共用部位及共用设施进行承接查验，请你根据已学知识，编写一份房屋共用部位及共用设施的承接查验方案并组织实施。

【实训任务要求】

1. 将全班同学分成若干小组，组建承接查验小组，每组选派组长一名，实训采用小组长负责制。

2. 各组成员到实训现场进行现场观察，记录项目房屋共用部位及共用设施的组成部分，并绘制平面草图。

3. 组长进行任务分解，确定分工，共同编写房屋共用部位及共用设施承接查验方案。

4. 根据承接查验方案组织承接查验工作，且每个小组汇报成绩查验结果，时间不超过10min。

【实训提示】

1. 参考本章教材内容。

2. 分析提纲。

(1) 房屋共用部位及共用设施承接查验的依据和准备工作;

(2) 房屋共用部位现场查验的内容、标准与方法;

(3) 房屋共用设施现场查验内容、标准与方法;

(4) 现场查验记录和遗留问题的解决。

【实训效果评价】

物业设施设备承接查验方案实训效果评价表　　　　　　　　表 2-6

评价项目	分值	得分	备注
准备工作	20		
方案制定	30		
方案实施	30		
结果汇报	20		
实训效果总体评价	100		

3 电气系统的承接查验

【能力目标】

1. 能够按要求做好电气系统承接查验的准备工作；

2. 能够辅助电气工程师根据查验内容和标准，对物业项目电气系统进行查验。

【知识目标】

1. 熟悉电气系统承接查验的依据；

2. 掌握电气系统承接查验准备工作的内容；

3. 熟悉电气系统承接查验的内容和标准；

4. 了解查验问题的汇总和解决办法。

【引例】

承接查验不认真，引发电气故障

某住宅小区办理入伙后，就频频发生各类电气故障。住在该小区的业主刘先生反映说，其所住的小区从投入使用以来，一到雨天，经常会面临停电的问题，停电时应急发电机不能正常使用，给业主的生活造成很大影响，业主多次与物业公司沟通无果。经检查发现，原来是小区的路灯、草坪灯及景观灯的接线没有做好防水措施，接头离地过近，导致雨天跳闸引起停电，而小区的应急发电机上没有中文标识、没有安全检验合格的标志、没有生产厂家名称，只有一个厂家商标，居民怀疑该发电机是"三无"产品。小区业主强烈要求物业公司立即更换应急发电机，并重新做好接线的防水处理。但物业服务公司认为，该小区为新建小区，电气设备处于保修期间，应由开发商负责办理。遂就此事与开发商交涉，开发商则指出，该小区入住前，物业服务公司已进行了承接查验并履行了相关手续，电气故障是物业公司后期维护不当所致，自己不应承担责任，并拿出当时的交接清单及遗留问题登记表，均证实了开发商所言。物业服务公司承认在进行电气系统的承接查验时确实存在疏忽，也没有在遗留问题登记表上记录相关问题，此时也只能无言以对了。

　　【解析】该案例中，面对电气故障，在保修期内出现质量问题，应该由开发商承担维修责任，对于物业企业来说，不管是否在保修期内，物业服务企业都要承担日常管理责任。如果物业服务公司在电气承接查验中能够认真履行必要的程序、手续，在遗留问题登记表中记录存在的问题，并由开发商相关人员签字，就可以更好的分清责任，出现问题到底是质量问题还是管理问题，减少不必要的纠纷。

　　电气承接查验是在竣工验收合格的基础上，以电气安全和满足使用功能为主要内容的再检验。承接查验后，就要由物业服务企业依据前期物业服务合同履行物业运行、维护和保养的责任，因此，要做好前期物业管理，就必须严格认真地进行物业的承接查验，明确双方的责任，在电气系统的承接查验工作中，首先要检查电气图纸资料、备品备件、专用工具、防护用品是否齐全，电气设备外观是否完好，并对所有的电气系统包括设备机房、高压开关柜、低压配电柜（盘、箱）、控制柜（屏、台）、后备电源、用电设备、电气线路、建筑防雷与接地装置等的安装质量和功能查验——进行详细的现场查验和记录。现场查验结束后，查验人员应将查验结果汇总和存在的问题进行登记，交由建设单位签署并负责解决，然后物业服务企业进行复验，直至合格。对于确实无法及时解决的问题，应填入遗留问题登记表，按有关的程序规定与建设单位协商最终解决方案。

3.1 电气系统承接查验的依据和准备工作

3.1.1 电气系统概述

1. 变配电系统

变配电系统是建筑物内所有电气设备的动力源泉，起着接收和分配电能的重要作用。一般民用建筑物通常都采用 10kV（少数 35 kV）供电。为了提高供电可靠性，高压供电系统采用双路供电的方式，即从两个变电站或者从一个变电站的两个高压柜分别引入电源。

建筑物内用来改变电压的场所称为变电室，用来接收和分配电能而不改变电压的场所称为配电室。如果变电室和主配电室建在同一个场所，也可以称为变配电室。

变配电室主要由高压柜、计量柜、联络柜、变压器、避雷器、低压柜、直流屏、电容器柜以及中央信号屏等设备组成。近几年在用电量较小，操作次数较少的地方，箱式变电站受到越来越多的青睐。

2. 用电设备

建筑物里的用电设备繁多，归纳起来主要有两大类：电动机和照明设备。

电动机是将电能转换成旋转机械能的一种装置。主要作用是带动机械设备进行运转，在制冷机，水泵，风机，电梯上都装有大量的电动机。常用的电动机主要有交流异步电动机、交流同步电动机和直流电动机，其中交流异步电动机又分为三相电动机和单相电动机，三相电动机又分为鼠笼式和绕线式，我们常见的电动机是中小型鼠笼式电动机。

电动机是建筑物中最主要的用电设备，在总用电量之中，电动机所占比例是最大的。因此电动机的运行管理好坏对物业服务企业的经营成本影响很大。

照明设备主要由电光源、灯具和各种附件组成，其中电光源又分为热辐射光源、气体放电光源和半导体光源三大类。我们常用的白炽灯属于热辐射光源，日光灯、节能灯等属于气体放电光源。1996 年我国提出了绿色照明工程的概念，其目的就是要推广效率高，寿命长，安全性能好的电光源和照明器材，从而达到节约用电，减少火力发电对大气污染的目的。

3. 建筑物的防雷与接地

（1）防雷装置

随着城市高层建筑的大量增加，近年来雷电灾害给人类造成的损失和影响越来越大，建筑物的防雷越发重要。根据其重要性、使用性质和发生雷电事故的后果，主要分为三类防雷建筑物，民用建筑物为二类和三类防雷建筑物。

建筑物的防雷装置由接闪器、引下线、接地装置三部分组成。根据国家有关规范，

二、三类的防雷建筑物的接地电阻 $R \leqslant 10\Omega$。

（2）接地系统

建筑物的接地系统主要包括配电系统接地、防雷系统接地、信息系统接地等，各类接地的电阻值要求不一样，采用共用接地系统时，应取其中最低的接地电阻值，采用独立接地系统时，其接地电阻值应根据各自要求而确定。

配电系统的接地形式分为 TN、TT、IT 三种接地制式，其中根据中性线与保护线是否合并的情况，TN 系统又分为 TN-S、TN-C、TN-C-S 三种。我们通常所说的三相五线制就属于 TN-S 系统的接地形式。

3.1.2 电气系统承接查验的依据

对物业项目的电气系统进行承接查验，主要的参考依据如下：

1. 《电气装置安装工程 电气设备交接试验标准》GB 50150—2016；

2. 《电气装置安装工程电缆电线施工及验收规范》GB 50168—2006；

3. 《电气装置安装工程 接地装置施工及验收规范》GB 50169—2016；

4. 《电气装置安装工程旋转电机施工及验收规范》GB 50170—2006；

5. 《电气装置安装工程 盘、柜及二次回接接线施工及验收规范》GB 50171—2012；

6. 《电气装置安装工程 蓄电池施工及验收规范》GB 50172—2012；

7. 《电气装置安装工程 低压电器施工及验收规范》GB 50254—2014；

8. 《建筑电气工程施工质量验收规范》GB 50303—2015；

9. 《电气装置安装工程 电力变压器、油浸电抗器、互感器施工及验收规范》GB 50148—2010；

10. 《电气装置安装工程 母线装置施工及验收规范》GB 50149—2010；

11. 《电气装置安装工程 电气设备交接试验标准》GB 50150—2016；

12. 建筑电气工程竣工图纸和文字资料等；

13. 强电系统设备设施清单及其安装、使用和维护保养等技术资料；

14. 地方供电部门的检测报告和预防性试验报告、验收报告；

15. 项目的物业承接查验方案；

16. 承接查验所必需的其他资料。

3.1.3 电气系统承接查验的准备工作

为了能够保证承接查验现场工作的顺利进行，电气系统承接查验方面，物业服务企业主要应该做好如下准备工作：

1. 组织准备

由物业服务企业的电气专业工程师、项目设备维修主管、电工与建设单位专业技术人员组成承接查验小组，由电气专业工程师为组长，进行人员分工，并指定专门记录人员，共同做好承接查验。

2. 资料准备

承接查验小组人员应提前准备、熟悉和了解与强电系统有关的图纸和资料，在承接查验时应同时核对资料的有效性。

3. 查验工具和仪器仪表准备

承接查验前应准备的工具和仪表主要包括：钳形电流表、噪声计、照度计、红外测温仪、高次谐波检测仪、兆欧表、钢卷尺、直尺、梯子、安全帽、移动照明灯、数码相机等。

4. 现场查验计划与进度安排

（1）电气系统分类查验表（表3-1）

电气系统分类查验表　　　　　　　　　　　　　　　表 3-1

序号	系统分类	查验范围及内容
1	图纸资料及备件	电气图纸资料、备品备件、专用工具、防护用品
2	设备机房	高压变电室、低压配电室、变压器室、发电机房、配电间、派接小室、强电竖井等地点的查验（注：机房结构、门窗、墙体、天花等查验请参见第2章有关内容）
3	高压开关柜	高压开关柜及柜内电气设备设施的外观以及安装质量、安全检测等
4	低压配电柜（盘、箱）、控制柜（屏、台）	低压配电柜（盘、箱）、控制柜（屏、台）、双电源自动转换开关等设备的资料、外观、安装质量和功能查验
5	后备电源	应急发电机、UPS不间断电源、EPS应急电源等设备的资料、外观、安装质量和功能查验
6	用电设备	电动机及电动执行机构、室内外灯具、开关插座的资外观、安装质量和功能查验
7	电气线路	裸母线、封闭母线、插接式母线、电缆桥架、电缆竖井、电线和电缆导管、电线和电缆穿管及线槽敷设、电缆头制作工艺、导线连接等的外观和安装质量查验
8	建筑防雷与接地	接地装置、避雷引下线、接闪器、建筑物等电位连接等防雷及接地装置的外观和安装质量。

（2）现场安全隐患及预防措施（表3-2）

现场安全隐患及预防措施明细表　　　　　　　　　　　　　　　表 3-2

序号	安全隐患	控制措施	备注
1	高空坠落有限空间	进入尚未完工的现场，必须佩戴安全帽，携带手电，同时注意高空坠物，使用爬梯和进入有限空间先行检测，非承重屋面严禁踏入。	1. 验收前掌握各机电系统原理并准备好验收表格； 2. 签字前，设备仍属甲方所有，物业公司无权进行操作； 3. 所有操作均应由厂家或安装单位的专业人员进行； 4. 制定好应急预案。
2	井道坠落	进入电梯前务必查看轿厢是否停在本层，发生故障时要耐心等待救援，不得扒门，严禁跳出故障电梯。	
3	触电与落水	不要随意触动电气设备和废旧电线电缆，查验水箱、水池以及泳池要防止落水。	
4	防止遗失	进场前检查所带仪表工具的种类和数量，退场时核查物品是否齐全，有无遗失。	
5	不要漏项	根据查验工作计划逐项验收，做好拍照和记录工作。	

3.2　电气系统承接查验的实施

从引例中我们不难看出，物业项目管理中，很多问题属于建设单位遗留问题，给业主和物业企业后期的管理埋下了隐患，针对电气系统，物业服务企业应该根据科学的承接查验办法，合理的承接查验程序，以项目电气系统实际构成为依托，按照承接查验的标准进行认真查验。查验方法主要有核对、观察、检测和试验。

3.2.1 高压供电系统承接查验的内容和标准

1. 高压开关柜

（1）外观与结构

1）柜体内外表面应清洁、无裂纹、无锈蚀、无放电痕迹；

2）设备铭牌安装位置正确，字迹清晰；

3）柜内有明显的接地标志，且接地牢固；

4）柜内各转动部分应转动灵活；

5）柜门应以裸铜线与柜体可靠连接；

6）柜顶应有防护罩，防护罩应安装牢靠。

（2）基本功能

1）断路器、隔离开关、接地开关分合闸动作准确、无卡阻、指示正确；断路器手车推进、拉出灵活、无卡阻；

2）断路器、手车、接地开关与门之间的联锁应符合要求，按停、送电程序进行联锁操作，满足以下要求：手车在工作位置时，无法合上接地刀闸；接地刀闸在合闸状态下，手车无法由试验位置向工作位置摇进；开关在合闸状态下，手车开关无法由试验位置向工作位置摇进；开关在工作位置合闸后，开关手车无法向试验位置摇进；接地刀在分闸位置，无法打开下柜门和后柜门；下柜门和后柜门未关闭，接地刀闸无法合上。

2. 高压柜体

（1）箱体整洁、无变形、构件无损伤，断路器安装垂直、牢固；

（2）柜体油漆完整、无锈蚀，柜内相序标志清晰、正确；

（3）分合闸指示清晰，动作准确；

（4）断路器构架接地可靠、规范，拉杆无变形；

（5）断路器与机构的联动正常，无卡阻现象；

（6）柜内一次、二次接线连接紧固、正确。

3. 避雷器

（1）外观清洁、无裂纹、破损、无放电痕迹；

（2）高压侧连接可靠；

（3）接地线连接正确、可靠；

（4）带电部分对地距离满足安全要求；

（5）相间距离满足安全要求。

4. CT、PT

（1）外观清洁、无裂纹、破损、无放电痕迹；

（2）二次端子连接引线可靠紧固；

（3）柜内一次接线应与柜前接线图一致。

5. 母线

（1）外观清洁，颜色正常，热缩材料平整无破损；

（2）母线连接可靠，安装工艺符合要求；

（3）母线相间距离、对地距离满足要求；

（4）相序标志正确、清晰（面对开关柜从左到右 a、b、c）。

6. 操作机构

（1）操作机构外观清洁，安装固定牢靠；

（2）分合闸指示清晰、控制按钮颜色满足要求；

（3）计数器动作可靠、储能指示清晰正确；

（4）机构的联动正常，无卡阻现象；

（5）手动检查储能装置，应满足技术要求；

（6）分合闸线圈的固定方式应牢固、可靠。

7. 电磁锁、机械锁

（1）外观清洁、无破损，编号清晰、正确；

（2）电磁锁、机械锁安装牢固、闭锁性能可靠。

8. 开关柜小车

（1）外观清洁、油漆完整，瓷质外观清洁、无裂纹、破损；

（2）合成绝缘子外观清洁、无裂纹，表面无起泡现象；

（3）手车在推入和拉出过程中，应能便于观察挡板的开启和闭合情况；

（4）考虑到安全防护，手车柜的面板应装有透明有机板。

9. 移动式开关柜

（1）柜体及构架安装牢固，接地可靠；

（2）手车动触头臂与静触头座的同心度一致，且互换性好；

（3）手车在工作/试验位置进出操作轻巧无卡滞，触头接触紧密，插入深度符合要求，位置切换及开关分合辅助开关切换正确，开关本体位置指示正确；

（4）隔离活门挡板与触头座中心线一致并能完全遮挡，其导杆无弯曲，起降机构各卡销完整无脱落，起降应能启闭到位、无卡阻。

10. 隔离开关

（1）隔离开关与机构的联动正常，无卡阻现象；

（2）隔离开关转动部分灵活无卡阻现象，传动杆应无变形；

（3）隔离开关触头接触良好，表面应涂有凡士林油。

11. 接地开关

（1）接地开关与机构的联动正常，无卡阻现象；

（2）接地开关转动部分灵活无卡阻现象，传动杆应无变形；

（3）接地开关触头接触良好，表面应涂有凡士林油。

12. 交接试验记录

（1）测量绝缘电阻、交流耐压试验、导电回路电阻测量、辅助回路和控制回路绝缘电阻测量、辅助回路和控制回路交流耐压试验记录；

（2）断路器合闸时间和分闸时间，分、合闸的同期性，合闸时的弹跳测量记录；

（3）操作机构合闸接触器和分、合闸电磁铁的动作电压试验记录；

（4）合闸接触器和分合闸电磁铁线圈的绝缘电阻和直流电阻实验记录；

（5）开关操作试验、防误操作性能检查、柜内元器件试验记录。

3.2.2　干式变压器承接查验的内容和标准

1. 外观质量

（1）所有紧固件紧固，绝缘件完好；

（2）金属部件无锈蚀、无损伤、铁芯无多点接地；

（3）绕组完好、无变形、无位移、无损伤、内部无杂物、表面光滑无裂纹；

（4）引线、连接导体间和地的距离符合国家有关标准，裸导体表面无损伤、毛刺和尖角，焊接良好；

（5）接地部位有明显的标志，并配有符合标准的螺帽、螺栓。

2. 风机装置

（1）风扇电动机和导线绝缘良好，绝缘电阻大于 $0.5M\Omega$，过流保护完好；

（2）风机叶片无裂纹，无变形，转动无卡阻现象；

（3）风机转时，无异常振动、无异常噪声，电动机无异常发热。

3. 温度控制器

（1）温度巡显正常，每隔 $2\sim3s$ 巡显一次，并能自动显示各相的温度值；

（2）能自动显示最高温度值及相序，能快速切换显示及锁定显示以及最高温度值的记忆显示；

（3）当温度大于或低于风机启停设定值时，能控制风机进行启停，并有状态指示灯显示；

（4）当温度大于报警设定值时，能进行超温声光报警，同时跳闸报警灯亮，跳闸输出触点闭合，跳闸控制电路接通；

（5）当变压器的电压互感器及引线发生断路或短路时，故障灯亮，报警输出触点闭合，故障处理电路接通；

（6）温度控制器应不受周围电磁场的干扰；

（7）温度控制器的安装位置合理，便于观察和维护。

4. 防护装置

（1）配电装置的安装应符合设计要求，柜、网门的开启互不影响；

（2）导线连接紧固，相色表示清晰正确；

（3）带电部分的相间和对地距离等符合有关设计标准；

（4）接地部分牢固可靠；

（5）温度控制器的熔断器应有足够的开断容量，必要时可采用双路电源；

（6）柜、网门以及遮拦等设施，应标有设备名称和安全警告标识。

5. 空载实验

（1）变压器交接试验记录齐全；

（2）变压器带电连续运行24h无异常；

（3）变压器的分接开关符合运行要求；

（4）投入全部保护装置，进行空载合闸5次，第一次不少于10min，无异常；

（5）检查温度控制器，其温显指示与实际温度一致；

（6）风扇自动启停正常，无异常噪声和异常温升。

3.2.3 低压开关柜承接查验的内容和标准

1. 外观质量

（1）柜体外壳对角线在 2～3m 之间，其对角线之差不得超过 5mm；

（2）门与框架横梁之间、上下相邻的门与门之间，应该是平行的；当门缝长度不超过 1m 时，门缝宽窄偏差不得超过 1mm，当门缝长度超过 1m 时，门缝宽窄偏差不得超过 1.5mm；

（3）柜体外观的涂覆层应均匀，喷涂层厚度满足要求，不能有皱纹、流痕、针孔、气泡透底，无划痕等；

（4）柜体钢板的平整度每米内的凹凸不超过 3mm；

（5）柜门开启角度不小于 90°，且灵活启闭；

2. 装配质量

（1）元器件上应有完整的标志、铭牌，安装牢靠、布局合理；

（2）面板上的指示灯、按钮、仪表均应横平竖直；

（3）带电部件的电气间隙和爬电距离符合规定，断路器、交流接触器的飞弧距离合格；

（4）元器件的裸露带电端子等带电导体距金属构件（如框架、隔板、门板等）的距离不得小于 20mm，达不到要求必须采取绝缘措施；

（5）各相熔断器之间有挡板，防止熔断器熔断时影响相邻的熔断器。

3. 手动操作试验

（1）对每台柜子的手动操作部件（如断路器操作手柄、组合开关旋钮等）进行 5 次操作，应该无异常情况；

（2）将抽屉由连接位置拉出到试验位置，再到分离位置，然后再推进到连接位置。操作过程应灵活轻便、无卡阻或碰撞现象；连接、试验和分离位置定位均应可靠。每个功能单元都要进行手动操作。

4. 绝缘电阻测试

（1）断开主开关，同相的进线和出线之间，绝缘电阻应大于 $0.5M\Omega$；

（2）闭合主开关，不同相的带电部件之间绝缘电阻应大于 $0.5M\Omega$；

（3）各带电部件与金属框架之间，绝缘电阻应大于 $0.5M\Omega$（进行绝缘测试时，应断开二次回路上的一切元器件，以保证测量的准确性）。

5. 保护电路检查

用抽查的办法，对装置进行保护电路连接点与保护地线之间的直流电阻测量，其电阻值应在 0.01Ω 以下。每台开关柜抽查点不应少于 5 点。

6. 单元互换检查

抽出式开关柜，在相同规格的功能单元之间进行互换性试验，互换应可靠，抽插应灵活、方便。

7. 电气操作试验

（1）进行模拟通电试验，检查断路器合闸、分闸是否正常；按钮操作及相关的指示灯是否正常，几台柜子之间有联系时，要进行联屏试验；

（2）试验要逐台进行，抽屉柜要逐台调试；调好的抽屉插到柜子上后还应通电试验。

8. 联锁功能试验

（1）通电检查操作机构与门的联锁，功能单元与门的联锁。在合闸时，柜门不应打开；

（2）双电源之间的机械或电气联锁必须安全可靠，正常电源正常供电时，备用电源的断路器不能合闸，反之也一样。

3.2.4 功率因数补偿柜承接查验的内容和标准

1. 外观质量

（1）柜体的外表面喷涂均匀，不应有起泡、裂纹或流痕等缺陷；

（2）柜体能承受一定的机械、电气和热应力，其具有良好的防腐蚀性能；

（3）柜内主保护接地端子的导电能力应和主进线导电能力相同，并标有明显和耐久的接地符号；

（4）柜内中性线应能传导电路可能需要的最大电流，并应充分考虑分相补偿时，因三相电容量不同而可能流过中性线的电流；

（5）柜内母线的相序排列从柜正面观察，相序标识及排列一般应符合有关规定，接地线为黄绿双色。

2. 容量检测

（1）检查单只电容器的容量，再乘以电容器的数量，得出的电容总容量与设计电容容量应该一致；

（2）采用电流电压法进行计算。

3. 机械操作

在不通电的情况下进行手柄操作，机械运动灵活无卡阻现象，其机械连锁装置运行正常。

4. 通电操作

在辅助电路接通额定电压，操作 3 次，应无一次误动作；所有电器元件的动作、仪表和信号的显示均符合要求；观察投切计数器的读数与实际投切次数是否相符。

5. 自动控制器

（1）控制器应具有自动投切和手动投切两种工作模式；

（2）控制器采用等容量投切的工作顺序为先投先切，后投后切，并具有防止反复投切的功能；

（3）电容投入时间可以在 0～10s 之间进行调整，切除后再投入延时时间为 0～300s，但不得小于切－投最小间隔时间；

6. 间隙与距离

在正常使用的条件下，应保持其电气间隙和爬电距离，不同极性的裸露带电体之间以及它们与地之间的电气间隙不小于 14mm，爬电距离不小于 16mm。

7. 触电防护

柜内裸露导电部件应利用接地挡板或外壳进行防护，挡板和外壳应固定牢靠，且有一定的机械强度，同时符合电气间隙和爬电距离，在打开或拆卸防护时，必须使用钥匙或工具，或者有断电连锁机构。

3.2.5 镉镍直流屏承接查验的内容和标准

1. 外观质量

(1) 柜体外表面无脏污、无锈蚀，油漆光亮无脱落；

(2) 直流屏的安装应无倾斜、移位、变形现象，前后门均能灵活开启，开启角大于90度，门锁可靠；

(3) 屏内应设置保护接地，接地处应有防锈措施和明显标志；

(4) 屏门接地使用不小于 $4mm^2$ 的软铜线接地；

(5) 电池组的布置应使人员易于观察每只电池的液面线，并便于维护和检修；

(6) 电缆孔洞封堵严密、标准。

2. 基本功能

(1) 充电装置工作正常，散热风扇运行正常；

(2) 交流进线空开、直流总保险接线紧固、标识正确清晰；

(3) 联络刀闸、放电刀闸能操作灵活；

(4) 各支路空开接线紧固，标识正确清晰，指示灯信号正确；

(6) 检查正、负极对地电压、对地绝缘电阻正常；

(7) 液晶屏显示正常，母线及各支路无报警信号。

3. 绝缘电阻

控制母线和动力母线对地绝缘电阻，在断开其他连接支路时，均不小于 $10M\Omega$。

4. 监控装置

(1) 监控装置能正常显示正负极电压、充电电流、负荷电流等参数；

(2) 当直流系统发生接地或绝缘能力低于规定值时，绝缘监察应可靠动作，声光信号应正确显示；

(3) 当控制母线高于或低于规定值时，电压监视继电器应可靠动作，声光信号应能正确显示。

5. 信号试验

(1) 进行接地试验，监控装置能正确判断接地支路；

(2) 断开一路交流电源空开，直流屏能自动切换到另一路；

(3) 拉开部分支路空开，监控装置显示正确。

3.2.6 应急发电机承接查验的内容和标准

1. 外观质量

(1) 设备表面应清洁，铭牌位置正确，字迹清晰；

(2) 涂层完好，油漆完整，无明显碰撞凹陷；

(3) 发电机组随带的控制柜接线应正确，紧固件紧固状态良好，无遗漏脱落；

(4) 柜面的指示灯、操作按钮应安装牢固，标识应清晰准确，颜色满足要求；

(5) 开关、保护装置的型号、规格正确，验证出厂试验的锁定标记应无位移；

(6) 电压、电流、频率、温度等仪表完好。

2. 启动电池

(1) 机组的启动电池应放置在专用的台架上；

(2) 配置有充电器；

（3）启动电池配置 2 组，传输线线径足够大，连接端子处牢固、无爬碱；电压正常，电池电解液位正常。

3. 绝缘电阻

发电机组至低压配电柜馈电线路的相间、相对地间的绝缘电阻值应大于 $0.5M\Omega$；

4. 相序

柴油发电机馈电线路连接后，两端的相序必须与原供电系统的相序一致。

5. 接地

（1）发电机中性线（工作零线）应与接地干线直接连接，螺栓防松零件齐全，且有标识；

（2）发电机本体和机械部分的裸露导体应接地（PE）或接零（PEN）可靠，且有标识。

6. 排烟风机

（1）检查进风道和排风道是否通畅；

（2）排烟风机应与发电机同时启动，延时停止，运行时无异常声音；风机转动部分有保护装置。

7. 油箱储量

对辅助油箱的安装质量和储油量进行检查，内油箱总储存量不应超过 8h 的需要量。

8. 其他项目

（1）冷却水清澈、干净，无杂质。打开水箱盖，用手指能够接触冷却水；

（2）机油油质无污黑、油色正常，油位在（12）～（8）之间接近（8）处；

（3）检查机组是否有漏水、漏油、漏风、漏气和漏电的情况。

9. 试验运行

（1）受电侧低压配电柜的开关设备、自动或手动切换装置和保护装置等试验合格，按自备电源使用分配预案进行负荷试验，机组连续运行 12h 无故障；

（2）带载运行，检查油温、油压、电压、频率、声音等参数是否在允许范围内；

（3）检查实际运行油耗及供电性能是否符合用户要求。

3.2.7 UPS 不间断电源承接查验的内容和标准

1. 外观质量

（1）不间断电源的出厂技术资料、附件及备件应齐全，无丢失；

（2）不间断电源内部接线焊接牢固、无脱落，紧固件齐全，可靠无松动；

（3）不间断电源装置表面油漆应完好，无明显碰撞凹陷，接地良好；

（4）电源机架组装应横平竖直，水平度、垂直度允许偏差不应大于 1.5‰，紧固件齐全。

2. 绝缘电阻

不间断电源装置线间和线对地间的绝缘电阻应大于 $0.5M\Omega$。

3. 中性线

不间断电源输出端的中性线（N 线）必须与由接地装置直接引来的接地干线相连接，做重复接地。

4. 接地标识

不间断电源装置接地（PE）或接零（PEN）可靠，且有标识。

5. 线路敷设

不间断电源装置的主回路电线、电缆和控制电线、电缆应分别穿保护管敷设，在电缆支架上平行敷设应保持 15cm 的距离，电线、电缆的屏蔽护套接地连接可靠，与接地干线就近连接。

6. 运转噪声

不间断电源正常运行的噪声不应大于 45dB，额定输出电流为 5A 以下的小型不间断电源，不应大于 30dB。

3.2.8 EPS 应急电源承接查验的内容和标准

1. 外观与安装

（1）外观清洁，无明显碰撞凹陷，铭牌位置正确，显示装置清晰；

（2）柜内元器件无损坏丢失、接线无脱落脱焊；

（3）柜内电池清洁、液面正常。壳体无碎裂、漏液，布线整齐，极性标志清晰、正确；

（4）各接线标志应齐全、清晰；

（5）安放后备电源的机架组装应横平竖直，紧固件齐全；

（6）机柜安装牢固，排列整齐，机面平直。

2. 功能测试

（1）测试互投装置功能应正常，由市电供电转为应急供电时间应符合产品技术要求；

（2）测试超载能力、稳压精度应符合产品技术要求；

（3）正常时静置无噪声；应急时噪声不能超过产品技术要求；

（4）测试应急备用供电时间应符合设计要求；

（5）测试短路保护、过流保护、过压保护、过载保护、过温保护等功能应符合产品技术要求；

（6）测试自动充电机、模块式逆变电源、变压器、配电装置及蓄电池组等功能。

3.2.9 配电柜、控制柜承接查验的内容和标准

1. 安装质量

（1）柜、屏、台、箱、盘相互间或与基础型钢应用镀锌螺栓连接，且防松零件齐全；

（2）柜、屏、台、箱、盘安装垂直度允许偏差为 1.5‰，相互间接缝不应大于 2mm，成列盘面偏差不应大于 5mm。

2. 接地保护

（1）柜、屏、台、箱、盘的金属框架及基础型钢必须接地（PE）或接零（PEN）可靠；装有电器的可开启门，门和框架的接地端子间应用裸编织铜线连接，且有标识。

（2）柜、屏、台、箱、盘应有可靠的电击保护，柜、屏、台、箱、盘内保护导体应有裸露的连接外部保护导体的端子，当设计无要求时，其最小截面积不应小于国家有关规定。

3. 动静触头

控制柜内动触头与静触头的中心线应一致，且触头接触紧密，投入时，接地触头先于主触头接触；退出时，接地触头后于主触头脱开。

4. 绝缘电阻

柜、屏、台、箱、盘的每路配电开关及保护装置的规格、型号应符合设计要求，相间和相对地间的绝缘电阻值应大于 0.5MΩ，二次回路必须大于 1MΩ。

5. 检查试验

（1）柜、屏、台、箱、盘内控制开关及保护装置的规格、型号符合设计要求；

（2）闭锁装置动作准确、可靠；

（3）主开关的辅助开关切换动作与主开关动作一致；

（4）柜、屏、台、箱、盘上的标识器件标明被控设备编号及名称，或操作位置，接线端子有编号，且清晰、工整、不易脱色。

6. 配电箱

（1）箱（盘）内配线整齐，无绞接现象。导线连接紧密，不伤芯线，不断股。垫圈下螺丝两侧压的导线截面积相同，同一端子上导线连接不多于 2 根，防松垫圈等零件齐全；

（2）箱（盘）内开关动作灵活可靠，带有漏电保护的回路，漏电保护装置动作电流和动作时间应符合规范要求；

（3）配电箱（盘）内，分别设置零线（N）和保护地线（PE 线）汇流排，零线和保护地线经汇流排配出；

（4）箱（盘）安装牢固，垂直度允许偏差为 1.5‰；底边距地面为 1.5m，照明配电板底边距地面不小于 1.8m。配电箱，箱体开孔与导管管径适配，暗装配电箱箱盖紧贴墙面，箱（盘）涂层完整；箱（盘）内接线整齐，回路编号齐全，标识正确。

3.2.10 电动机承接查验的内容和标准

1. 外观与安装

（1）电机的规格型号及数量符合设计要求；

（2）电机的出厂技术资料、附件及备件应齐全，无损伤；

（3）电机表面油漆应完好，无明显碰撞凹陷，接地良好；

（4）电气安装应牢固，螺栓及放松零件齐全，不松动；

（5）防水电动机的接线入口及接线盒盖等密封处理良好；

（6）电机的引出线鼻子焊接或压接应良好，编号齐全，接线盒内裸露带电部分的电气间应大于 8mm，否则应采取绝缘防护措施；

（7）电动机的绝缘电阻应大于 0.5MΩ；

（8）100kW 以上的电动机，应测量各相电阻值，相互差不应大于最小值的 2%；无中性点引出的电动机，测量线间电阻值，相互差不应大于最小值的 1%。

2. 试运转

（1）手动盘车，转子应灵活，无卡阻；

（2）电机的接线方式、极性应正确；

（3）进行空载启动并运行，时间 2h，检查以下指标：

（4）测量电机的空载电流；电流值应符合产品技术要求；

（5）检查电机三相电流的平衡度，应符合产品技术要求；

（6）检查电机各部温度，不应超过产品技术要求；

（7）电机的旋转方向符合使用要求；无异常声响；

（8）换向器、集电环及电刷的工作情况正常；

（9）滑动轴承温度不应超过 80℃，滚动轴承温度不应超过 95℃；

（10）电机的运转噪声符合产品技术指标要求。

3. 带载运行

（1）带载试验次数。在冷态时，可启动 2 次，每次间隔时间不得小于 5min；在热态时，可启动 1 次。

（2）电机起动电流和负载电流符合产品技术指标要求。

3.2.11　照明灯具承接查验的内容和标准

1. 普通灯具

（1）重量大于 3kg 的灯具应固定在螺栓或预埋吊钩上；

（2）灯具固定牢固可靠，每个灯具固定用螺钉或螺栓不少于 2 个；

（3）花灯吊钩圆钢直径不应小于灯具挂销直径，且不应小于 6mm。大型花灯的固定及悬吊柜，应按灯具重量的 2 倍做过载试验；

（4）灯具的安装高度和使用电压等级应符合有关规定；

（5）当灯具距地面高度小于 2.4m 时，灯具易触及导电部位必须可靠接地（PE），并应有专用接地螺栓和标识。

2. 行灯

（1）行灯电压一般不大于 36V，在特殊潮湿场所或导电良好地面上以及工作地点狭窄、行动不便的场所行灯电压不大于 12V；

（2）行灯变压器外壳、铁芯和低压侧的任意一端或中性点，接地（PE）或接零（PEN）可靠；

（3）行灯变压器为双圈变压器，其电源侧和负荷侧均有熔断器保护，熔丝额定电流分别不应大于变压器一次、二次的额定电流；

（4）行灯灯体及手柄绝缘良好，坚固耐热潮湿；灯头与灯体结合紧固，灯头无开关，灯泡外部有金属保护网、反光罩及悬吊挂钩，挂钩固定在灯具的绝缘手柄上。

3. 防水灯具

游泳池和类似场所灯具（水下灯及防水灯具）的等电位联结应可靠，且有明确标识，其电源的专用漏电保护柜应全部检测合格。自电源引入灯具的导管必须采用绝缘导管，严禁采用金属或有金属护层的导管。

4. 应急灯具

（1）应急照明灯的电源应有两路电源供电，另一路可以是柴油发电机或由蓄电池，或者选用自带电源型应急灯具；

（2）应急照明在正常电源断电后，电源转换时间为：疏散照明 ≤1.5s，全照明 ≤0.5s；

（3）高于 100m 的建筑物，应急灯具自备电池的持续时间应大于 30min，低于 100m 的建筑，其持续时间应大于 20min；

（4）当应急照明灯具温度大于 60℃ 时，应采取隔热、散热等防火措施。当采用白炽灯，卤钨灯等光源时，不直接安装在可燃装修材料或可燃物件上；

（5）在每个防火分区应有独立的应急照明回路；

（6）疏散照明线路采用耐火电线、电缆，穿管明敷或在非燃烧体内穿刚性导管暗敷，暗敷保护层厚度不小于30mm。电线采用额定电压不低于750V的铜芯绝缘电线。

5. 防爆灯具

（1）灯具及开关的外壳完整，无损伤、无凹陷或沟槽，灯罩裂纹，金属护网无扭曲变形，防爆标志清晰；

（2）灯具及开关的紧固螺栓无松动、锈蚀，密封垫圈完好。

6. 彩灯

（1）建筑物的彩灯采用有防雨性能的专用灯具，灯罩要拧紧；

（2）彩灯配线管路按明配管敷设，且有防雨功能。管路间、管路与灯头盒间螺纹连接，金属导管及彩灯的构架、钢索等可接近裸露导体接地（PE）或接零（PEN）可靠；

（3）垂直彩灯采用防水吊线灯头，下端灯头距离地面高于3m；

（4）彩灯电线导管防腐完好，敷设平整、顺直；

（5）房顶彩灯的电源柜内应设置电涌保护器（SPD）。

7. 霓虹灯

（1）霓虹灯管完好，无破裂，点亮时不缺少笔画；

（2）灯管支架应牢固可靠，并与建筑物表面的距离不小于20mm；

（3）霓虹灯露天安装应有防雨措施；

（4）霓虹灯专用变压器的二次电线与建筑物表面的距离不小于20mm；

（5）当霓虹灯变压器明装时，高度不小于3m；低于3m采取防护措施；

（6）变压器的位置方便检修，且隐蔽在不易被非检修人触及的地方。

8. 景观灯

（1）每套灯具的导电部分对地绝缘电阻值大于2MΩ；

（2）在人行道或人员密集场所安装的落地灯具，无围栏防护，安装高度距地面2.5m以上；

（3）金属构架和灯具的可接近裸露导体及金属软管的接（PE）或接零（PEN）可靠，且有标识；

（4）灯具构架应固定可靠，地脚螺栓拧紧，备帽齐全；灯具的螺栓紧固、无遗漏。灯具外露的电线或电缆应有柔性金属导管保护。

9. 航标标志灯

（1）灯具装设在建筑物的最高部位。当最高部位平面面积较大或为建筑群时，除在最高端装设外，还在其外侧转角的顶端分别装设灯具；

（2）当灯具在烟囱顶上装设时，安装在低于烟囱口1.5～3m的部位且呈正三角形水平排列；

（3）灯具的自动通、断电源控制柜动作准确；

（4）灯具的电源按主体建筑中最高负荷等级要求供电；

（5）灯具安装牢固可靠，且设置维修和更换光源的措施。

10. 庭院灯

（1）每套灯具的导电部分对地绝缘电阻值大于2MΩ；

（2）立柱式路灯、落地式路灯、特种园艺灯等灯具与基础固定可靠，地脚螺栓备帽齐全。灯具的接线盒或熔断器盒，盒盖的防水密封垫完整；

（3）金属立柱及灯具可接近裸露导体接地或接零可靠。接地线单设干线，干线沿庭院灯布置位置形成环网状，且不少于2处与接地柜引出线连接。由干线引出支线与金属灯柱及灯具的接地端子连接，且有标识；

（4）灯具的自动通、断电源控制柜动作准确，每套灯具熔断器盒内熔丝齐全，规格与灯具适配；

（5）架空线路电杆上的路灯，固定可靠，紧固件齐全、拧紧，灯位正确；每套灯具配有熔断器保护。

11．通电运行

（1）照明系统通电试运行，检查灯具回路控制与照明配电箱及回路的标识是否一致，开关与灯具控制顺序是否相对应；

（2）公用建筑照明系统应通电连续试运行 24h，民用住宅照明系统应通电连续试运行8h，试运行时间内应无故障发生。

3.2.12　开关、插座及电扇承接查验的内容和标准

1．外观与接线

（1）开关、插座面板及接线盒盒体完整、无碎裂；

（2）风扇无损坏，零件齐全；

（3）风扇涂层完好，表面无划痕、无污染，吊杆上下扣碗安装牢固到位，调速器等附件适配；

（4）电气接线端子完好；

（5）电气安装应牢固，螺栓及防松零件齐全，不松动；

（6）放水防潮电气设备的接线入口及接线盒盖等密封处理良好。

2．插座安装

（1）单相两孔插座，面对插座的右孔或上孔为相线，左孔或下孔为零线；

（2）单相三孔插座，面对插座的右孔为相线，左孔为零线，上孔为地线；

（3）三相插座在同一场所时，其相序应一致；

（4）当接插有触电危险的家用电器的电源时，采用能断开电源的带开关插座，开关断开相线；

（5）潮湿场所采用密封型并带保护地线触头的保护型插座，安装高度不低于1.5m；

（6）当不采用安全型插座时，托儿所、幼儿园及小学等儿童活动场所安装高度不低于1.8m；

（7）暗装的插座面板紧贴墙面，四周无缝隙，安装牢固，表面光滑整洁、无碎裂、划伤，装饰帽齐全；

（8）地插座面板与地面齐平或紧贴地面，盖板固定牢固，密封良好。

3．开关安装

（1）同一建筑物、构筑物的开关采用同一系列的产品，开关的通断位置一致，操作灵活、接触可靠；

（2）潮湿场所采用密封型并带保护地线触头的保护型插座，安装高度不低于1.5m；

（3）开关安装位置便于操作，开关边缘距门框边缘的距离 0.15～0.2m，开关距地面

高度 1.3m;

(4) 相同型号并列安装及同一室内开关安装高度一致,且控制有序不错位;

(5) 暗装的开关面板应紧贴墙面,四周无缝隙,安装牢固,表面光滑整洁、无碎裂、划伤,装饰帽齐全。

4. 吊扇安装

(1) 吊扇挂钩安装牢固,吊扇挂钩的直径不小于吊扇挂销直径,且不小于 8mm;有防振橡胶垫;挂销的防松零件齐全、可靠;

(2) 吊扇扇叶距地高度不小于 2.5m;

(3) 吊杆间、吊杆与电机间螺纹连接,啮合长度不小于 20mm,且防松零件齐全紧固;

(4) 吊扇接线正确,当运转时扇叶无明显颤动和异常声响;

(5) 同一室内并列安装的吊扇开关高度一致,且控制有序不错位;

(6) 涂层完整,表面无划痕、无污染,吊杆上下扣碗安装牢固到位。

5. 壁扇安装

(1) 壁扇底座采用尼龙塞或膨胀螺栓固定;尼龙塞或膨胀螺栓的数量不少于 2 个,且直径不小于 8mm。固定牢固可靠;

(2) 壁扇防护罩扣紧,固定可靠,当运转时扇叶和防护罩无明显颤动和异常声响;

(3) 壁扇下侧边缘距地面高度不小于 1.8m;

(4) 涂层完整,表面无划痕、无污染,防护罩无变形。

3.2.13 变配电室承接查验的内容和标准

1. 配套设施

(1) 按消防要求配置灭火器材,灭火器的规格、数量、位置符合设计要求;

(2) 室内照度要符合设计要求,平均照度不低于 200Lx,且亮度分布均匀;

(3) 高低压配电设备及裸母线的正上方不得有灯具;

(4) 房内应设置足够的维修所需的单相插座;

(5) 应急灯连续供电时间不应少于 30min,且灯照度应符合设计要求;

(6) 室内应有独立的机械通风设备,保持室内通风良好;

(7) 室内应配置有干湿球温度计,其温度控制在 40℃以下,湿度低于 80%;

(8) 室内应安装与实际情况相符合的高低压系统模拟屏;

(9) 变配电室应设置与消防控制中心通信的直通电话。

2. 安全防护

(1) 高压验电笔、接地线、绝缘手套、绝缘靴、绝缘棒等安全检测用具齐全,并具有相关部门检测合格证书,合格证书应在检测时效之内;

(2) 开关操作手柄、移动警示牌、小车联锁等专用工具及钥匙应齐全完好;

(3) 高低压柜、变压器以及其电气设备前均应铺设有绝缘胶垫,绝缘胶垫厚度不低于 8mm,绝缘垫应整洁完好,并具有相关部门的合格报告;

(4) 变配电房设置在地下室的,要求具有对整个配电室阻水的防水门槛;

(5) 高压环网柜应全部上锁,每把钥匙编号清晰;

(6) 变压器应有防护柜,设有单独的隔离网或遮拦时,其高度应为 1.7m 以上,并上锁；

(7) 机房内应有明装接地干线，接地干线有黄绿相间颜色标示，接地阻值不大于 1Ω，接地测试点清晰明了；

(8) 配电柜、变压器、操作台等电气设备的底座应与接地干线可靠焊接；

(9) 电缆沟应有防水排水措施，沟内干燥、无积水、无杂物。各电缆沟内空洞应密封好，电缆沟应设置盖板，封闭良好；

(10) 机房的大门应配置防鼠板，防鼠板应采用铁皮包裹，表面光滑，拆卸便利，其高度应大于 50cm。

3.2.14 发电机房承接查验的内容和标准

1. 电源与照明

(1) 发电机房应配置双路供电电源，以确保发电设备的可靠运行；

(2) 发电机房应安装防爆灯，防爆灯照度不低于 200Lx，且亮度分布均匀。

2. 储油间

(1) 机组应设有专用储油间，储油间应采用防火墙与发电机房隔开；

(2) 储油间应设置能自行关闭的甲级防火门，并向发电机方向开启；

(3) 储油间内设有通风换气装置；

(4) 储油间油箱无渗漏现象，总储存量不应超过 8h 的用量；

(5) 油箱上应有油位标尺。

3. 消音与排气

(1) 发电机排气管及消声器应固定在专用支架上，排气管无泄漏；

(2) 发电机房的噪声和废气排放应通过环保及消防部门的检测验收。

4. 消防报警

发电机房应设置火灾自动报警及灭火系统，并能够联动控制排烟和送风设备；消防系统的动作状态能够传至消防控制中心，并且消防控制中心也能够直接控制消防设备。

5. 其他

(1) 发电机房应设置与消防控制中心通信的直通电话；

(2) 机房内务必有黄绿相间颜色标示的明装接地干线。

3.2.15 强电竖井承接查验的内容和标准

1. 母线与桥架

(1) 封闭母线、电缆桥架以及线管安装牢固、排列整齐、无锈蚀、无损伤；

(2) 封闭母线的支架应安装牢固，弹簧伸缩自如，母线端头应装有封闭罩；

(3) 桥架和线槽内电线、电缆标志牌应装设齐全、正确。电缆型号、规格应符合设计要求。

2. 防火隔堵

封闭母线、电缆桥架的层间防火隔堵应严密，防火枕应完好无破损；

3. 配电箱

配电箱、控制箱、电表箱的外观完好、整齐，位置安装合理，便于计量抄表和检修；

4. 接地

(1) 竖井内所有电气设备应与接地干线连接牢固，接地电阻符合设计要求；

（2）镀锌桥架连接处用专用的金属连接板连接，非镀锌桥架连接部位打磨后用截面不小于 4mm² 的铜编织带可靠连接。

5. 竖井照明

竖井内照明灯具和开关、插座完好，要求照明不低于 100Lx。

6. 其他

（1）竖井门和锁应完好，安装牢固，开启灵活；

（2）地面清洁无垃圾，墙面和顶棚应平整、清洁，无废线和废管。

3.2.16 电气线路承接查验的内容和标准

1. 封闭母线

（1）封闭母线外壳接地线连接完好牢固；

（2）封闭母线与插接箱连接处固定牢固，绝缘处理应完好无破损；

（3）封闭母线水平与垂直固定支架应牢固完好，弹簧等伸缩柜完好；

（4）封闭母线每段连接应完好、无松脱现象；

（5）悬挂式母线的吊钩应有调整螺栓，固定点间距不大于 3m；

（6）封闭母线端头应装有封闭罩；

（7）各段母线的外壳连接应可拆卸，外壳之间应有跨接线，并应接地可靠；

（8）母线的相序排列及涂色：上下布置时由上而下为 A、B、C 相；水平布置时由盘后向前为 A、B、C 相；面对引线的母线，由左至右为 A、B、C 相，颜色为 A 黄、B 绿、C 红。

2. 电线电缆

（1）不同回路、不同电压等级和交流与直流的电线，不能穿于同一导管内；同一交流回路的电线应穿于同一金属导管内，且管内电线不得有接头；

（2）当采用多相供电时，同一建筑物的电线颜色应一致，即保护地线应是黄绿相间色，零线用淡蓝色；相线为①相——黄色、②相——绿色、③相——红色；

（3）电线在线槽内裕量符合规范要求，不得有接头。

3. 桥架线槽

（1）金属电缆桥架及支架和引入或引出的金属电缆导管应接地和接零可靠；

（2）金属电缆桥架及支架全长应不少于 2 处与接地干线相连接；

（3）非镀锌电缆桥架间连接板的两端跨接铜芯接地线，接地线最小允许截面积不小于 4mm²；

（4）镀锌电缆桥架间连接板的两端不跨接地线，但连接板两端不少于 2 个有放松螺帽或放松垫圈的连接固定螺栓；

（5）电缆桥架水平安装的支架间距一般为 1.5～3m，垂直安装的支架间距不大于 2m；

（6）敷设在竖井或穿越不同防火分区的桥架，有防火隔堵措施材料，材料填堵要密实；

（7）电缆排列整齐，无机械损伤。电缆首端、末端和分支处应设标志牌，标志牌应正确、清晰；

（8）电缆的固定、弯曲半径、有关距离和单芯电力电缆的金属护层的接线、相序排列等应符合要求；

（9）电缆终端、电缆接头及充油电缆的供油系统应安装牢固，不应有渗漏现象；充油电缆的油压及表计整定值应符合要求；

（10）接地应良好；充油电缆及护层保护器的接地电阻应符合设计；

（11）电缆终端的相色应正确；

（12）电缆支架等的金属部件防腐层应完好；

（13）电缆出入电缆沟、竖井、建筑物、柜（盘）、台处以及管子管口处应做密封处理。

4. 电缆竖井

（1）金属电缆支架、电缆导管必须接地和接零可靠；

（2）电缆表面无拧绞、铠装压扁、护层断裂和表面严重划伤等缺陷；

（3）电缆沟内和电缆竖井内电缆的敷设应符合有关规定；

（4）电缆沟和竖井要有隔层（隔墙）防火隔堵措施；材料填堵要密实；

（5）电缆沟内应无杂物，盖板齐全；

（6）直埋电缆路径标志，应与实际路径相符。路径标志清晰、牢固，间距适当。

5. 电线导管

（1）金属的导管和线槽必须接地和接零可靠；

（2）室外导管的管口应设置在箱、盒内，所有管口在穿入电线、电缆后应密封处理；

（3）室内进入落地式柜、台、箱、盘内的导管管口应高出柜、台、箱、盘 50~80mm；

（4）金属导管不得对口熔焊连接；

（5）直金属线槽全长不少于 2 处与接地或接零干线连接；

（6）防爆导管、绝缘导管、金属柔性导管、非金属柔性导管的敷设应符合有关规定要求。

6. 架空线路

架空线路的敷设应符合有关规定要求。

3.2.17　防雷与接地承接查验的内容和标准

1. 接地装置

（1）人工接地装置或利用建筑物基础钢筋的接地装置必须在地面以上按设计要求位置设测试点，每栋楼测试点不少于 2 个；

（2）测试接地装置的接地电阻值必须符合设计要求；

（3）防雷接地的人工接地装置的接地干线埋设，经人行通道处理地深度不应小于 1m，且应采取均压措施或在其上方铺设卵石或沥青地面。

2. 避雷引下线

（1）明敷的引下线应平直、无直弯，与支架焊接处，油漆防腐且无遗漏；

（2）明敷接地引下线及室内接地干线的支持件间距应均匀；

（3）变压器、高低开关室内的接地干线应有不少于 2 处与接地装置引出干线连接；

（4）当利用金属构件、金属管道做接地线时，应在构件或管道与接地干线间焊接金属跨接线；

（5）接地线在穿越墙壁、楼板和地坪处应加套钢管或其他坚固的保护套管，钢套管应与接地线做电气连通；

（6）变配电室内明敷接地干线便于检查，敷设位置不妨碍设备的拆卸与检修；当沿建筑物墙壁水平敷设时，距地面高度 250～300mm；与建筑物墙壁间的间隙 10～15mm；地线表面沿长度方向，每段为 15～100mm，分别涂以黄色和绿色相间的条纹；

（7）接地线跨越建筑物变形缝时，设补偿装置；

（8）变压器室、高压配电室的接地干线上应设置不少于 2 个供临时接地用的接线柱或接地螺栓。

3. 避雷针、避雷带

（1）建筑物顶部的避雷针、避雷带等必须与顶部外露的其他金属物体连成一个整体的电气通路，且与避雷引下线连接可靠；

（2）避雷针、避雷带应位置正确，焊接固定焊缝饱满，螺栓固定的备帽等防松零件齐全，焊接部分补刷的防腐油漆完整；

（3）避雷带应平正顺直，固定点支持件间距均匀、固定可靠。

4. 等电位

（1）建筑物等电位联结干线应从与接地装置有不少于 2 处直接连接的接地干线或总等电位箱引出，等电位联结干线或局部等电位箱间的连接线形成环形网络，环形网络应就近与等电位联结干线或局部等电位箱连接。支线间不应串联连接；

（2）等电位联结的可接近裸露导体或其他金属部件、构件与支线连接应可靠。熔焊、钎焊或机械坚固、导通正常；

（3）等电位联结的高级装修金属部件或零件，应有专用接线螺栓与等电位联结支线连接，且有标识；连接处螺帽紧固、防松零件齐全。

3.2.18　电气系统承接查验用表

1. 强电系统随机图纸、资料及备品备件查验表

在对强电系统设施设备进行现场查验之前，应对设备的随机图纸、资料、备品备件和专用工具进行查验和移交。查验的依据是设备的出厂装箱单与有关合同，查验情况填入表 3-3 中。

强电系统随机图纸、资料及备品备件查验表　　　　表 3-3

物业项目：_____　查验日期：_____　编号：_____

建设单位：_____　参加人员：_____

物业服务企业：_____　参加人员：_____

序号	查验项目	内容	合同要求	实际配置	备注
1	图纸资料	图纸名称			依据设备出厂装箱单与有关合同
		图纸数量			
		设计说明书			
2	备品备件	名称			
		规格型号			
		数量			
		完好程度			

序号	查验项目	内容	合同要求	实际配置	备注
3	专业工具	名称			依据设备出厂装箱单与有关合同
		规格型号			
		数量			
		完好程度			
		使用说明			
4	防护用品	名称			
		规格型号			
		数量			
		完好程度			
		使用说明			

备注：

记录人：　　　　时间：　　　　审核人：

2. 变配电房现场查验记录（表3-4）

变配电房现场查验记录表　　　　表 3-4

物业项目：＿＿＿＿＿＿＿＿　　查验日期：＿＿＿＿＿＿＿＿　　编号：＿＿＿＿＿

建设单位：＿＿＿＿＿＿＿＿　　参加人员：＿＿＿＿＿＿＿＿

物业服务企业：＿＿＿＿＿　　参加人员：＿＿＿＿＿＿＿＿

序号	查验项目	查验情况	备注
1	配电机房的位置及面积		
2	机房结构与内部装饰		
3	机房大门的防鼠板		
4	灭火器的规格、数量		
5	灯具的规格、数量及照度		
6	应急灯数量、供电时间		
7	房内插座数量		
8	机械通风设备		
9	温湿度计的配置		
10	设备房的消防直通电话		
11	高低压模拟屏的配置		
12	变配电机房的防水门槛		
13	高压测试工具的配置		
14	开关操作手柄等专用工具		
15	底面绝缘胶垫的铺设		
16	变压器的防护情况		
17	明装接地干线及接地电阻		
18	高压环网柜上锁及钥匙		
19	电气设备底座的接地情况		
20	电缆沟及夹层的情况		

其他：

记录人：　　　　时间：　　　　审核人：

3. 发电机房现场查验记录（表3-5）

发电机房现场查验记录表　　　　　　　表 3-5

物业项目：＿＿＿＿＿＿＿＿＿　　　查验日期：＿＿＿＿＿＿＿＿＿　　　编号：＿＿＿＿＿

建设单位：＿＿＿＿＿＿＿＿＿　　　参加人员：＿＿＿＿＿＿＿＿＿

物业服务企业：＿＿＿＿＿＿＿＿＿　　　参加人员：＿＿＿＿＿＿＿＿＿

序号	查验项目	查验情况	备注
1	发电机房的位置及面积		
2	发电机双路电源配置情况		
3	防爆灯具型号、数量及照度		
4	应急灯具的数量、供电时间		
5	储油间的防火门		
6	储油间的通风装置		
7	油箱的容积与储油量		
8	排气管及消音器的固定情况		
9	机房噪声及废气排放情况		
10	灭火器的规格与数量		
11	自动报警系统的响应情况		
12	自动灭火系统的联动情况		
13	机房与消防中心的直通电话		
14	机房内的明装接地干线		

其他：

记录人：　　　　　　时间：　　　　　　审核人：

4. 强电竖井现场查验记录（表 3-6）

强电竖井现场查验记录表　　　　　　　表 3-6

物业项目：＿＿＿＿＿＿＿＿＿　　　查验日期：＿＿＿＿＿＿＿＿＿　　　编号：＿＿＿＿＿

建设单位：＿＿＿＿＿＿＿＿＿　　　参加人员：＿＿＿＿＿＿＿＿＿

物业服务企业：＿＿＿＿＿＿＿＿＿　　　参加人员：＿＿＿＿＿＿＿＿＿

序号	查验项目	查验情况	备注
1	桥架、线槽的外观质量		
2	桥架、线槽的安装质量		
3	封闭母线的外观质量		
4	封闭母线的安装质量		
5	桥架和线槽内线缆的标牌及敷设情况		
6	防火隔堵及防火枕		
7	配电箱的安装质量		
8	电器设备的接地情况		
9	桥架连接处的搭界情况		
10	开关插座和灯具的配置		
11	竖井内的照度		
12	竖井门和门锁		
13	顶棚、地面及墙面		

其他：

记录人：　　　　　　时间：　　　　　　审核人：

5. 高压开关柜现场查验记录（表 3-7）

高压开关柜现场查验记录表　　　　　　　　表 3-7

物业项目：_____ 查验日期：_____ 编号：_____

建设单位：_____ 参加人员：_____

物业服务企业：_____ 参加人员：_____

序号	查验项目	查验情况	备注
1	规格型号		
2	外观与安装质量		
3	开关柜的基本功能		
4	高压断路器的质量		
5	避雷器的外观与质量		
6	CT、PT 外观与质量		
7	母线外观与质量		
8	操作机构外观、操作测试		
9	电磁锁、机械锁		
10	高压带电显示柜		
11	断路器小车		
12	固定柜隔离开关		
13	接地开关质量、测试		
14	交接试验验收记录		

其他：

记录人：　　　　时间：　　　　审核人：

6. 干式变压器现场查验记录（表 3-8）

干式变压器现场查验记录表　　　　　　　　表 3-8

物业项目：_____ 查验日期：_____ 编号：_____

建设单位：_____ 参加人员：_____

物业服务企业：_____ 参加人员：_____

序号	查验项目	查验情况	备注
1	文件资料		
2	名牌参数		
3	外观质量		
4	风机装置		
5	温度控制器的巡显		
6	风机的启停控制		
7	超温报警功能		
8	故障报警功能		
9	防护装置		
10	交接试验记录		
11	启动试验情况		

其他：

记录人：　　　　时间：　　　　审核人：

7. 低压开关柜现场查验记录（表 3-9）

低压开关柜现场查验记录表 表 3-9

物业项目：＿＿＿＿＿＿＿＿＿　　查验日期：＿＿＿＿＿＿＿＿＿　　编号：＿＿＿＿＿＿

建设单位：＿＿＿＿＿＿＿＿＿　　参加人员：＿＿＿＿＿＿＿＿＿

物业服务企业：＿＿＿＿＿＿＿　　参加人员：＿＿＿＿＿＿＿＿＿

序号	查验项目	查验情况	备注
1	规格与型号		
2	结构与外形		
3	涂层与平整度		
4	装配质量		
5	手动操作试验		
6	抽屉手动试验		
7	绝缘电阻试验		
8	保护电路检查		
9	单元互换检查		
10	电器操作试验		
11	联锁功能试验		

其他：

记录人：＿＿＿＿＿　时间：＿＿＿＿＿　审核人：＿＿＿＿＿

8. 低压无功功率补偿柜现场查验记录（表 3-10）

低压无功功率补偿柜现场查验记录表 表 3-10

物业项目：＿＿＿＿＿＿＿＿＿　　查验日期：＿＿＿＿＿＿＿＿＿　　编号：＿＿＿＿＿＿

建设单位：＿＿＿＿＿＿＿＿＿　　参加人员：＿＿＿＿＿＿＿＿＿

物业服务企业：＿＿＿＿＿＿＿　　参加人员：＿＿＿＿＿＿＿＿＿

序号	查验项目	查验内容与方法	查验情况	备注
1	规格与型号	目测		
2	主要技术参数	目测		
3	外观与结构	柜体的外表面喷涂		
		柜体的防腐蚀性能		
		柜内保护接地端子		
		柜内中性线		
		柜门开启角度		
		母线的相序排列		
4	容量检测	目测观察或采用电流电压法进行计算获得		
5	机械操作	操作检验		
6	通电试验	操作检验		
7	自动控制器	操作检验		
8	间隙与距离	目测观察		
9	触电防护	目测观察		

备注：

记录人：＿＿＿＿＿　时间：＿＿＿＿＿　审核人：＿＿＿＿＿

9. 直流屏现场查验记录（表 3-11）

直流屏现场查验记录表 表 3-11

物业项目：＿＿＿＿＿＿＿＿＿ 查验日期：＿＿＿＿＿＿＿＿ 编号：＿＿＿＿＿

建设单位：＿＿＿＿＿＿＿＿＿ 参加人员：＿＿＿＿＿＿＿＿

物业服务企业：＿＿＿＿＿＿ 参加人员：＿＿＿＿＿＿＿＿

序号	查验项目	查验情况	备注
1	规格与型号		
2	基本术参数		
3	外观质量		
4	基本功能		
5	保护接地		
6	绝缘电阻		
7	监控装置		
8	信号试验		

其他：

记录人： 时间： 审核人：

10. 应急发电机现场查验记录（表 3-12）

应急发电机现场查验记录表 表 3-12

物业项目：＿＿＿＿＿＿＿＿＿ 查验日期：＿＿＿＿＿＿＿＿ 编号：＿＿＿＿＿

建设单位：＿＿＿＿＿＿＿＿＿ 参加人员：＿＿＿＿＿＿＿＿

物业服务企业：＿＿＿＿＿＿ 参加人员：＿＿＿＿＿＿＿＿

序号	查验项目	查验情况	备注
1	规格与型号		
2	主要技术参数		
3	维保与操作手册		
4	专用工具		
5	备品备件		
6	外观质量		
7	启动电池		
8	绝缘电阻		
9	相序		
10	接地		
11	排烟风机		
12	油箱储量		
13	其他项目		
14	试验运行		

其他：

记录人： 时间： 审核人：

11. 不间断电源现场查验记录（表3-13）

不间断电源现场查验记录表　　　　　　　　　　表 3-13

物业项目：_____　　查验日期：_____　　编号：_____

建设单位：_____　　参加人员：_____

物业服务企业：_____　　参加人员：_____

序号	查验项目	查验内容	查验情况	备注
1	规格与型号	规格型号及数量符合设计要求		
2	技术资料	出厂资料齐全，无丢失		
3	备品备件	附件及备件齐全，无丢失		
4	内部接线	内部接线焊接牢固、无脱落，紧固件齐全，可靠无松动		
5	外观质量	外表油漆应完好，无明显碰撞凹陷，且接地良好		
6	安装质量	机架组装应横平竖直，水平度、垂直度允许偏差不应大于 0.15%，紧固件齐全		
7	绝缘电阻	装置线间和线对地间的绝缘电阻应大于 0.5MΩ		
8	中性线的连接	电源输出端的中性线（N 线）必须与由接地装置直接引来的接地干线相连接，做重复接地		
9	接地标识	接地（PE）或接零（PEN）可靠，且有标识		
10	线路敷设	电源主回路电线、电缆和控制电线、电缆应分别穿保护管敷设，在电缆支架上平行敷设应保持 15cm 的距离，电线、电缆的屏蔽护套接地连接可靠，与接地干线就近连接		
11	运行噪声	正常运行的噪声不应大于 45dB，额定输出电流为 5A 以下的小型不间断电源，不应大于 30dB		

记录人：_____　　时间：_____　　审核人：_____

12. 应急电源现场查验记录（表3-14）

应急电源现场查验记录表　　　　　　　　　　表 3-14

物业项目：_____　　查验日期：_____　　编号：_____

建设单位：_____　　参加人员：_____

物业服务企业：_____　　参加人员：_____

序号	查验项目	查验内容	查验情况	备注
1	规格与型号	规格型号及数量符合设计要求		
2	技术资料	出厂资料齐全，无丢失		
3	备品备件	附件及备件齐全，无丢失		
4	内部接线	内部接线焊接牢固、无脱落，紧固件齐全，可靠无松动		

续表

序号	查验项目	查验内容	查验情况	备注
5	外观质量	外表油漆应完好,无明显碰撞凹陷,且接地良好		
6	安装质量	机架组装应横平竖直,水平度、垂直度允许偏差不应大于 0.15‰,紧固件齐全		
7	绝缘电阻	输入输出对地间的绝缘电阻不小于 50MΩ		
8	转换功能	1. 由市电供电转为本电源供电时间应符合产品技术要求; 2. 手动和自动转换功能正常		
9	自检、保护功能	自检\输出短路\过载\过欠压\过温等保护功能、声光报警功能正常		
10	显示	输入输出电压、输出电流、逆变电压、频率、输出电流、电池组电压、当前工作状态、事件记录和系统信息等显示正常		
11	充电功能	能够 24 小时完成充电,再次放电时达额定时间 85% 以上		
12	噪声	运行噪声在 60dB 以下		

其他:

记录人:　　　　　　　　时间:　　　　　　　　审核人:

13. 成套配电柜、控制柜和动力、照明配电箱的现场查验记录(表 3-15)

成套配电柜、控制柜和动力、照明配电箱的现场查验记录表　　　表 3-15

物业项目:＿＿＿＿＿＿＿＿＿＿　查验日期:＿＿＿＿＿＿＿＿＿＿　编号:＿＿＿＿＿＿

建设单位:＿＿＿＿＿＿＿＿＿＿　参加人员:＿＿＿＿＿＿＿＿＿＿

物业服务企业:＿＿＿＿＿＿＿＿　参加人员:＿＿＿＿＿＿＿＿＿＿

序号	查验项目	查验内容	查验情况	备注
1	安装质量	1. 相互之间或与基础型钢的连接; 2. 安装垂直度与相互间接缝		
2	接地保护	1. 接地(PE)或接零(PEN); 2. 接地端子的材质与标识; 3. 电击保护装置		
3	动静触头	1. 手车或抽出式配电柜推拉情况; 2. 动触头与静触头的中心线与接触情况		
4	绝缘电阻	1. 配电开关及保护装置的规格、型号; 2. 相间和相对地间的绝缘电阻; 3. 二次回路绝缘电阻		

序号	查验项目	查验内容	查验情况	备注
5	检查试验	1. 控制开关及保护装置的规格、型号； 2. 闭锁装置动作情况； 3. 主开关与辅助开关切换动作； 4. 标识与接线端子		
6	照明配电箱	1. 箱（盘）内配线、导线截面积及防松垫圈； 2. 漏电保护装置的动作电流与动作时间； 3. 零线（N）和保护地线（PE）的汇流排； 4. 箱体开孔与导管直径 5. 暗装配电箱箱盖紧贴墙面，箱（盘）涂层完整； 6. 箱（盘）内的接线、回路编号及标识； 7. 箱（盘）使用的材料； 8. 箱（盘）安装的垂直与高度		

其他：

记录人：　　　　　　时间：　　　　　　审核人：

14. 电动机现场查验记录（表3-16）

电动机现场查验记录表 表3-16

物业项目：＿＿＿＿＿＿＿＿＿　查验日期：＿＿＿＿＿＿＿＿＿　编号：＿＿＿＿＿＿

建设单位：＿＿＿＿＿＿＿＿＿　参加人员：＿＿＿＿＿＿＿＿＿

物业服务企业：＿＿＿＿＿＿＿　参加人员：＿＿＿＿＿＿＿＿＿

序号	查验项目	查验情况	备注
1	规格与型号		
2	技术资料		
3	备品备件		
4	外观质量		
5	安装质量		
6	密封质量		
7	接线质量		
8	电气间隙		
9	电机接线		
10	接地电阻		
11	相间电阻值		
12	手动盘车		
13	空载运行		
14	带载运行		

其他：

记录人：　　　　　　时间：　　　　　　审核人：

15. 开关、插座、风扇现场查验记录（表3-17）

开关、插座、风扇现场查验记录表　　　　　　　　　**表 3-17**

物业项目：＿＿＿＿＿＿＿＿＿　　查验日期：＿＿＿＿＿＿＿＿＿　　编号：＿＿＿＿＿＿

建设单位：＿＿＿＿＿＿＿＿＿　　参加人员：＿＿＿＿＿＿＿＿＿

物业服务企业：＿＿＿＿＿＿＿＿＿　　参加人员：＿＿＿＿＿＿＿＿＿

序号	名称	规格型号	数量	安装地点	查验情况	备注
1	插座					
2	插座					
3	插座					
4	开关					
5	开关					
6	开关					
7	吊扇					
8	吊扇					
9	壁扇					
10	壁扇					

备注：

记录人：　　　　　时间：　　　　　审核人：

16. 照明灯具现场查验记录（表 3-18）

照明灯具现场查验记录表　　　　　　　　　**表 3-18**

物业项目：＿＿＿＿＿＿＿＿＿　　查验日期：＿＿＿＿＿＿＿＿＿　　编号：＿＿＿＿＿＿

建设单位：＿＿＿＿＿＿＿＿＿　　参加人员：＿＿＿＿＿＿＿＿＿

物业服务企业：＿＿＿＿＿＿＿＿＿　　参加人员：＿＿＿＿＿＿＿＿＿

序号	查验项目	查验情况	备注
1	灯具名称		
2	灯具数量		
3	规格型号		
4	光源类型		
5	安装地点		
6	额定功率		
7	额定电压（V）		
8	外观是否完好		
9	固定是否牢固		
10	电气接线连接是否紧固		
11	金属立柱及灯具可接近裸露导体接地或接零是否可靠		
12	通电试运行是否正常		

其他：

记录人：　　　　　时间：　　　　　审核人：

17. 电气线路现场查验记录（表3-19）

电气线路现场查验记录表　　　　　　　　　　　　　　表 3-19

物业项目：＿＿＿＿＿＿＿＿＿　查验日期：＿＿＿＿＿＿＿＿＿　编号：＿＿＿＿＿

建设单位：＿＿＿＿＿＿＿＿＿　参加人员：＿＿＿＿＿＿＿＿＿

物业服务企业：＿＿＿＿＿＿＿　参加人员：＿＿＿＿＿＿＿＿＿

序号	查验项目	查验情况	备注
1	线路名称		
2	规格型号		
3	数量和长度		
4	安装地点		
5	外观质量		
6	安装质量		
7	路由走向		
8	安装工艺		
9	接地		

其他：

记录人：　　　　　　时间：　　　　　　审核人：

18. 防雷及接地系统现场查验记录（表3-20）

防雷及接地系统现场查验记录表　　　　　　　　表 3-20

物业项目：＿＿＿＿＿＿＿＿＿　查验日期：＿＿＿＿＿＿＿＿＿　编号：＿＿＿＿＿

建设单位：＿＿＿＿＿＿＿＿＿　参加人员：＿＿＿＿＿＿＿＿＿

物业服务企业：＿＿＿＿＿＿＿　参加人员：＿＿＿＿＿＿＿＿＿

序号	查验项目	查验情况	备注
1	设备名称		
2	数量与长度		
3	安装地点		
4	材质		
5	规格（mm）		
6	安装质量及工艺		
7	固定支架及紧固		
8	防腐与油漆		
9	接地电阻值测试		

其他：

记录人：　　　　　　时间：　　　　　　审核人：

3.2.19　问题的汇总与解决办法

详见 2.3.4 问题的汇总与解决办法。

小　结

本章主要介绍了电气系统的承接查验。电气系统的承接查验应依据电气系统相关验收规范及项目图纸资料及承接查验方案进行。电气系统现场查验前，物业服务企业主要应该做好如下准备工作：组织准备；资料准备；查验工具和仪器仪表准备；现场查验计划与进度安排。现场查验人员应熟悉电气系统承接查验的内容和标准，对电气系统的资料、外观、安装质量和功能进行详细查验。现场查验结束后，查验人员应将查验结果汇总，并对存在的问题进行登记，交由建设单位签署并负责解决，然后物业服务企业进行复验，直至合格。对于确实无法及时解决的问题，应填入遗留问题登记表，按有关的程序规定与建设单位协商最终解决方案。

拓 展 阅 读

为了让读者更好地理解和掌握本章知识，下面附一个拓展阅读材料，读者可扫描下方二维码阅读。

现代建筑电气技术的发展

习　题

一、单项选择题

1. 高压开关柜门应以（　　）与柜体可靠连接。

A. 电线　　　　　　　　　　　B. 母线

C. 裸铜线　　　　　　　　　　D. 断路器

2. 关于避雷器下列说法中错误的是（　　）。

A. 外观清洁、无裂纹、破损、无放电痕迹

B. 高压侧连接可靠

C. 无须连接接地线

D. 带电部分对地距离满足安全要求

3. 对干式变压器承接查验时，空载实验中变压器应带电连续运行（　　）h 无异常。

A. 8　　　　　　　　　　　　　B. 10

C. 12　　　　　　　　　　　　D. 24

4. 应急发电机组至低压配电柜馈电线路的相间、相对地间的绝缘电阻值应大

于( )。

    A. 0.5MΩ   B. 5MΩ

    C. 1MΩ   D. 10MΩ

5. 对插座安装承接查验的描述中错误的是( )

    A. 单相两孔插座，面对插座的右孔或上孔为相线，左孔或下孔为零线

    B. 单相三孔插座，面对插座的右孔为零线，左孔为相线，上孔为地线

    C. 三相插座在同一场所时，其相序应一致

    D. 当接插有触电危险的家用电器的电源时，采用能断开电源的带开关插座，开关断开相线

二、多项选择题

1. 电气系统承接查验现场查验前，物业服务企业主要应该做好哪些准备工作( )。

    A. 组织准备   B. 资料准备

    C. 查验工具和仪器仪表准备   D. 现场查验计划与进度安排

    E. 资金准备

2. 现场安全隐患主要包括( )。

    A. 高空坠落   B. 井道坠落

    C. 触电与落水   D. 防止遗失

    E. 有限空间

3. 功率因数补偿柜承接查验时，自动控制器应具有( )两种工作模式。

    A. 自动投切   B. 手动投切

    C. 反复投切   D. 切除

    E. 先投先切，后投后切

4. 对普通灯具的承接查验，下列说法中正确的是( )。

    A. 重量大于3kg，的灯具应固定在螺栓或预埋吊钩上

    B. 灯具固定牢固可靠，每个灯具固定用螺钉或螺栓不少于2个

    C. 花灯吊钩圆钢直径不应小于灯具挂销直径，且不应小于6mm

    D. 灯具的安装高度和使用电压等级应符合有关规定

    E. 当灯具距地面高度小于2.4m时，灯具易触及导电部位必须可靠接地（PE），并应有专用接地螺栓和标识

5. 对避雷针、带的承接查验，下列说法中正确的是( )。

    A. 建筑物顶部的避雷针、避雷带等必须与顶部外露的其他金属物体连成一个整体的电气通路，且与避雷引下线连接可靠

    B. 防雷接地的人工接地装置的接地干线埋设，经人行通道处理地深度不应小于5m

    C. 避雷针、避雷带应位置正确，焊接固定焊缝饱满，螺栓固定的备帽等防松零件齐全，焊接部分补刷的防腐油漆完整

    D. 避雷带应平正顺直，固定点支持件间距均匀、固定可靠

    E. 接地线在穿越墙壁、楼板和地坪处不应加保护套管

三、简答题

1. 电气承接查验的工作流程是什么？

2. 请简述电气系统的分类?

3. 电气承接查验时对开关安装的查验标准是什么?

4. 电气承接查验时电线电缆的查验标准是什么?

5. 电气承接查验中发现的问题如何处理?

四、实训题

【实训情境设计】

假设你是一名物业服务公司的专业员工,负责某物业项目的电气系统的承接查验工作,请根据已学知识,制定查验方案并模拟电气系统的承接查验工作过程。

【实训任务要求】

1. 将全班同学分成若干小组,每个小组人数不超过 5 人,每组选派组长一名,并指定专门记录人员,共同做好承接查验。实训采用小组长负责制。

2. 由指导教师指定承接查验的物业项目,小组人员提前准备、熟悉和了解与电气系统有关的图纸和资料,并制定查验方案。

3. 承接查验前各小组应准备好验收表格和必要的工具和仪表,包括:钳形电流表、噪声计、照度计、红外测温仪、高次谐波检测仪、兆欧表、钢卷尺、直尺、梯子、安全帽、移动照明灯、数码相机等。

4. 各小组对物业项目电气系统设施设备进行现场查验,将查验结果汇总填入表《物业设施设备现场查验汇总表》,将存在的问题填入《物业设施设备现场查验问题处理跟踪表》。

5. 提交《物业设施设备现场查验汇总表》及《物业设施设备现场查验问题处理跟踪表》,小组长负责在课堂上汇报分析该物业项目电气系统存在的主要问题,每个小组汇报时间不超过 10min。

【实训提示】

1. 参考教材"3.2 电气系统承接查验的实施"。

2. 分析提纲

(1) 电气系统主要有哪些部分组成?

(2) 电气设备承接查验的内容和标准。

(3) 现场查验结束后,电气系统存在的问题如何解决?

【实训效果评价】

电气系统承接查验实训效果评价表   表 3-21

评价项目	分值	得分	备注
准备工作	20		
方案制定	30		
方案实施	30		
结果汇报	20		
实训效果总体评价	100		

4 空调系统的承接查验

【能力目标】

1. 能够按要求做好空调系统承接查验的准备工作；
2. 能够辅助空调系统工程师根据查验内容和标准，对物业项目空调系统进行查验。

【知识目标】

1. 熟悉空调系统承接查验的依据；
2. 掌握空调系统承接查验准备工作的内容；
3. 熟悉空调系统承接查验的内容和标准；
4. 了解查验问题的汇总和解决办法。

【引例】

空调设备设施违规交接，事故责任由谁承担？

【案情】

2011年11月30日9时30分某市商业广场中央空调等设备设施由于天气突然降温导致冻坏，直接造成经济损失近180万，开发商与施工安装单位签订的合同约定，开发商没有付清设备安装合同款项之前，所有空调设备设施归施工安装单位所有，为保证商业广场正常开业，施工安装单位与开发商重新协商紧急更换损坏的空调设备设施。

事后，施工安装单位将开发商及物业服务单位同时告上法院，要求两个被告承担空调设备设施冻坏的经济损失近180万元，开发商辩称与物业服务企业已经签订前期物业服务合同，在合同中双方约定由物业服务单位进行冬季供暖服务，在合同中也约定了供暖服务的相关费用款项，故施工安装单位的起诉理由不当，应由物业服务企业全额赔付施工安装单位的空调设备设施的全部损失；物业服务企业则辩称，开发商虽然与其签订了物业服务合同，合同中也约定了空调供暖的相关事宜，但开发商并没有就空调设备设施与物业服务单位进行承接查验，没有交付给物业服务单位进行接收、管理及运行维护。

开发商则表示，为了保证商业广场正常开业，已经发函要求物业服务企业与其进行空调设备设施的交接工作，但物业服务单位却一直拖延交接工作；而物业服务企业则表示确实收到相关函件，但由于空调设备设施没有达到交付条件，所以为了保证责任明确，没有同意开发商的交接要求，不是物业服务单位不想接收空调设备设施。

【法院判决】

就本案例，根据三方所阐述的内容，法院进行现场情况确认比对后，根据三方提供的相关证据核实后做出如下判决：

1. 开发商与施工安装单位之间签订的空调施工安装合同中并没有涉及物业服务单位的责任，即使有相关条款也不能作为赔偿损失的抗辩理由；

2. 开发建设单位与物业服务单位虽然签订了前期物业服务合同，合同中也对空调供暖的相应条款作出约定，但没有履行空调设备设施承接查验程序及交接工作；

3. 依据关于印发《物业承接查验办法》的通知（建房［2010］165号）第三十八条：建设单位不得以物业交付期限届满为由，要求物业服务企业承接不符合交用条件或者未经查验的物业。判决开发商与施工安装单位进行协商解决，与物业服务单位没有关联关系，且没有证据证明是物业服务企业的原因导致空调设备设施冻坏；开发商发函要求物业服务单位进行空调设备设施交接时并不符合交付使用条件，此事实已由物业服务单位提供的相关证据证实。

通过此案例我们可以看出，严格履行程序的、依法实施的物业项目的承接查验，对界定事故发生时的责任、维护各方的合法权益起着无法替代的作用。

4.1 空调系统承接查验的依据和准备工作

4.1.1 空调系统概述

1. 空调的定义

空调即空气调节器（Air Conditioner），是指用人工手段，对建筑/构筑物内环境空气的温度、湿度、洁净度、速度等参数进行调节和控制的设备机组。

中央空调系统组成如图4-1所示。

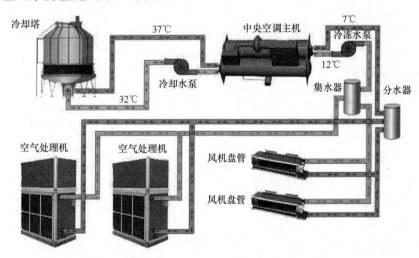

图4-1 中央空调系统组成

2. 空调的分类

（1）按区域划分

1）集中空调

所有空气处理设备（风机、过滤器、加热器、冷却器、加湿器、减湿器和制冷机组等）都集中在空调机房内，空气处理后，由风管送到各空调房里。这种空调系统热源和冷源也是集中的。它处理空气量大，运行可靠，便于管理和维修，但机房占地面积大。

2）半集中空调

集中在空调机房的空气处理设备，仅处理一部分空气，另外在分散的各空调房间内还有空气处理设备。它们或对室内空气进行就地处理，或对来自集中处理设备的空气进行补充再处理。诱导系统、风机盘管＋新风系统就是这种半集中式空调系统的典型例子 。

3) 局部式空调

此系统是将空气处理设备全部分散在空调房间内，因此局部式空调系统又称为分散式空调系统。通常使用的各种空调器就属于此类。空调器将室内空气处理设备、室内风机等与冷热源与制冷剂输出系统分别集中在一个箱体内。分散式空调只向室内输送冷热载体，而风在房间内的风机盘管内进行处理。

（2）按介质划分

1) 全空气系统

这种系统是空调房间的冷热负荷全部由经过处理的空气来承担。集中式空调系统就是全空气系统。

2) 全水系统

这种系统是空调房间的冷热负荷全部靠水作为冷热介质来承担。它不能解决房间的通风问题，一般不单独采用。无新风的风机盘管属于这种全水系统。

3) 空气-水系统

这种系统是空调房间的冷热负荷既靠空气，又靠水来承担。风机盘管加新风系统就是这种系统。

4) 制冷剂式系统

这种系统空调房间的冷热负荷直接由制冷系统的制冷剂来承担，局部式空调系统就属于此类。

（3）按种类划分

1) 直接蒸发式系统

制冷剂直接在冷却盘管内蒸发，吸取盘管外空气热量。它适用于空调负荷不大，空调房间比较集中的场合。

2) 间接冷却式系统

制冷剂在专用的蒸发器内蒸发吸热，冷却冷冻水（又称冷媒水），冷冻水由水泵输送到专用的水冷式表面冷却器冷却空气。它适用于空调负荷较大、房间分散或者自动控制要求较高的场合。

（4）按风量划分

1) 直流式系统

又称全新风空调系统。空调器处理的空气为全新风，送到各房间进行热湿交换后全部排放到室外，没有回风管。这种系统卫生条件好，能耗大，经济性差，用于有害气体产生的车间，实验室等。

2) 闭式系统

空调系统处理的空气全部再循环，不补充新风的系统。系统能耗小，卫生条件差，需要对空气中氧气再生和备有二氧化碳吸式装置。如用于地下建筑及潜艇的空调等。

3) 混合式系统

空调器处理的空气由回风和新风混合而成。它兼有直流式和闭式的优点，应用比较普遍，如宾馆、剧场等场所的空调系统。

3. 空调的构成

空调系统组成（Air Conditioning System）就是由多个空调个体结合在一起，集中供冷或供热的一个整体构成。单个空调是由制冷系统、通风系统、电气控制系统和箱体系统四部分组成的。

集中式空调系统主要是由三部分组成，空气处理设备、空气输送设备、空气分配装置，除了上述三个主要部分外，还有为空气处理服务的热源和热媒管道系统，冷源和冷媒管道系统，以及自动控制盒自动检测系统。

4.1.2　空调系统承接查验的依据

1. 建筑、设备和安装施工工程的国家或地方标准、规范：

（1）《建筑工程质量验收统一标准》GB 50300—2013；

（2）《工业金属管道工程施工规范》GB 50235—2010；

（3）《通风与空调工程施工质量验收规范》GB 50243—2016；

（4）《制冷设备、空气分离设备安装工程施工及验收规范》GB 50274—2010；

（5）《风机、压缩机、泵安装工程施工及验收规范》GB 50275—2010；

（6）《锅炉安装工程施工及验收规范》GB 50273—2009。

2. 设备设施的生产厂家安装调试要求及使用技术说明书。

3. 建设单位提交的设备和图纸资料清单：

（1）图纸会审记录、设计变更通知书和竣工图。

（2）主要材料、设备、半成品和仪表的出厂合格证明及进场检（试）验报告。

（3）隐蔽工程检查验收记录。

（4）工程设备、风管系统、管道系统安装与检验报告。

（5）管道试验记录。

（6）系统无生产负荷联合试运转与调试记录。

（7）设备单机试运行记录。

（8）部分（子系统）工程质量验收记录。

（9）观感质量综合检查记录。

（10）安全、能耗、环保和功能检查资料的检查记录。

（11）系统负荷综合能效的测定和调整报告的检查记录

（12）设备与系统运行使用、维修保养、修理改造与专业检验记录。

（13）设备供应商、安装单位、维保单位的联系方式。

（14）在执行的设备质保或维保合同条款。

4. 物业服务合同中规定的相关内容。

4.1.3　空调系统承接查验的准备

1. 组织准备

（1）由物业服务企业的暖通空调专业工程师、项目设备维修主管、空调制冷工与建设单位专业技术人员组成现场查验小组，由暖通空调工程师为组长，并进行人员分工，指定专门记录人员，共同做好现场查验。

（2）由设备生产厂家或安装单位的专业技术人员对物业服务企业参与查验的技术人员

进行专业技术培训合格后方可参加现场查验。

2. 现场查验计划与进度安排

（1）现场查验的分项工程确定。

（2）编制空调系统设施设备现场查验计划。

（3）现场查验风险分析与预防。

（4）设备随机图纸、资料集备品、备件的查验。

3. 空调查验工具、仪表准备

湿度计、风度测试仪、风压测试仪、气体检测仪、噪声仪、压力表、温度计（干湿球温度计、红外温度计、半导体温度计、单管温度计）、超声波流量计、电压表、电流表、兆欧表、试压泵、钢卷尺、直尺、低压电工工具、水暖工工具、梯子、安全帽、移动照明灯、数码相机等。

4.2 空调系统承接查验的实施

4.2.1 设备随机图纸、资料及备品、备件的查验

在对空调系统设施设备进行现场查验之前，应对设备的随机图纸、资料及备品、备件和专用工具进行查验和移交。查验的依据是设备的出厂装箱单与有关合同，查验情况填入表4-1。

空调系统随机图纸、资料及备品备件查验表 表 4-1

物业项目：_____ 查验日期：_____ 编号：_____

建设单位：_____ 参加人员：_____

物业服务企业：_____ 参加人员：_____

序号	查验项目	内容	配置标准				查验实际				备注
			1	2	3	4	1	2	3	4	
1	图纸资料	图名									
		图号									
		页数									
		说明书									
2	备品备件	名称									
		型号									依据设备出厂装箱单与有关合同
		数量									
		完好程度									
3	专业工具	名称									
		型号									
		数量									
		完好程度									
		使用说明									
4	防护用品	名称									
		型号									
		数量									
		完好程度									
		使用说明									
5	其他										

记录人：_____ 时间：_____ 审核人：_____

4.2.2　冷热源主机承接查验的内容、标准与方法

1. 压缩式冷水（热泵）机组（图4-2）

图4-2　压缩式冷水（热泵）机组

通过核对与观察的方法查验的具体内容包括：

（1）核对机组的名称、型号、规格、性能、数量、安装位置、工质、润滑油等符合设计文件和机组说明书；

（2）观察机组的外观质量，主要内容与要求：零部件齐全、装配间隙达标；基础及管道、附件连接正确；工质及润滑油符合标准；电源、控制柜、电力线、接地、电动机及联轴器连接符合标准；机械润滑良好；各部阀门、仪表、安全阀完整有效；各部油漆、保温、铭牌、标识完好；机械部位转动灵活；现场已清理干净；

（3）检查机组的各部管路、附件，包括：安全阀、压力表、温度计、阀门、电气系统、保护装置、自控系统等符合设计标准；

（4）阅读机组的试运行记录和质量、验收报告，全面掌握机组整体技术状况，为试运行做准备。

通过使用检测与试验的方法查验的内容包括：

（1）试运转：试运转应由建设单位或生产厂家派人操作，查验人员学习配合，严格按操作规程操作；

（2）试运行中检查（并记录）各部仪表（温度、流量、压力等）显示正常；各部自动控制和保护装置灵敏有效。检测机组的各部压力、温度、流量、电流等数据，是否符合设计标准或设备说明书，能否满足用户需求；

（3）试运行应达到以下标准：在设计规定的时间内系统各部位水温、流量、温差、压力等达到要求；电机电流不超标，控制系统运行正常，设备无异常振动；所有参数符合设计标准并满足用户需求；各部安全阀及保护装置灵敏有效；

（4）试运行后应做到：关闭主机电源，停止制冷；关闭循环水泵、冷却塔，关闭水泵、冷却塔电源；如长期停机，应采取有效保护措施后通知配电房停电；检查无问题方可离开。

2. 吸收式冷（温）水机组（图4-3）

图 4-3　吸收式冷（温）水机组

通过核对与观察的方法查验的内容包括：

（1）核对机组的名称、型号、规格、数量、安装位置是否符合设计文件要求；检测与核对工质数量与质量是否合乎标准。

（2）观察机组的外观质量，主要内容与要求：零部件齐全、装配间隙达标；基础及管道、附件连接正确；热源（气源）、电源、控制柜、电力线、接地、溶液泵符合标准；真空泵机械润滑良好；各部阀门、仪表、安全阀完整有效；各部油漆、铭牌、标识完好；主机保温完好；现场已清理干净。

（3）检查机组的各部仪表、附件，包括：真空针、压力表、温度计、阀门、电气系统、保护装置、自控系统符合设计标准。

（4）阅读机组的试运行记录和质量、验收报告，全面掌握机组整体技术状况，为试运行做准备。

通过使用检测与试验的方法查验的内容包括：

（1）试运转。试运转应由建设单位或生产厂家派人操作，查验人员学习配合，严格按安全操作规程操作。

（2）试运行应达到以下标准：在设计规定的时间内系统水温、流量、温差、压力等达到要求；检查各部仪表（温度、流量、压力等）显示正常；各部自动控制和保护装置灵敏有效；燃烧机运行正常，排烟系统正常；设备无异常振动与声响；所有技术参数符合设计标准，并满足用户需求。

（3）试运行后应做到：关闭汽（气）源，停止制冷；待系统循环到规定稀释时间后，关闭溶液泵；关闭循环水泵、冷却塔，关闭水泵、冷却塔电源；注意不要关闭真空电源，以便保持系统内真空；检查无问题后方可离开。

3. 燃煤锅炉

立式燃煤锅炉如图 4-4 所示，蒸汽燃煤锅炉如图 4-5 所示。

通过核对与观察的方法查验的内容包括：

图 4-4　立式燃煤锅炉　　　　图 4-5　蒸汽燃煤锅炉

（1）核对锅炉与辅机的名称，型号、规格、数量、安装位置等；

（2）观察锅炉与辅机外观质量，主要内容与要求：零部件齐全、装配间隙达标；基础及管道、附件连接正确；电源、控制柜、电力线、接地、电动机符合标准，联轴器连接符合标准；机械润滑良好，各部阀门、仪表、安全阀完整有效；各部油漆、铭牌、标识完好；机械部位转动灵活，现场已清理干净；

（3）检查锅炉与辅机的各部管路、附件，包括：安全阀、压力表、温度计、流量计、水位仪、除渣机、鼓风、引风机、除尘系统、水处理、上水系统、分气缸与管道、阀门、电气系统等；

（4）阅读锅炉的烘炉、煮炉与试运行记录和质量安全验收报告，全面掌握锅炉整体状况，为试运行做准备。

通过使用检测与试验的方法查验的内容包括：

（1）试运转，试运转应由建设单位或生产厂家派人操作，查验人员学习配合，严格按安全操作规程操作；

（2）炉排冷状况试运转：清理炉膛、炉排，尤其是容易卡住炉排的铁块、焊渣、焊条头和铁钉等必须清理干净，然后将炉排各部位的油杯加满润滑油；炉排冷运转连续不少于8小时，试运转速度最少应在2级以上，经检查与调整应达到要求；

（3）锅炉试运行：热水锅炉注满水，蒸汽锅炉达到规定水位，应为最低水位；循环水泵、给水泵、注水器、鼓风机、引风机运转正常；与室外供热管道隔断；安全阀全部开启；锅炉水质符合标准；

（4）试运行应达到以下标准：在设计规定的时间内系统温度、压力等达到设计要求；检查各部仪表的温度、流量、压力等显示正常，各部分自动控制和保护装置灵敏有效；燃烧机运行正常，排烟系统正常；设备无异常振动与声响；所有技术参数符合设计标准并满足用户需求；

（5）试运行后应做到：各部锅炉与辅机所有设备关停后，关闭电源；如长期停用应通

图 4-6　燃气锅炉

知配电房停电；检查无问题后方可离开。

4. 燃气（油）锅炉（图 4-6）

通过核对与观察的方法查验的内容包括：

（1）核对锅炉与辅机的名称、型号、规格、数量、安装位置等；

（2）观察锅炉与辅机外观质量，主要内容与要求：零部件齐全、装配间隙达标；基础及管道、附件连接正确；电源、控制柜、电力线、接地、燃烧机符合标准；机械润滑良好，各部阀门、仪表、安全阀完整有效；各部油漆、铭牌、标识完好；机械部位转动灵活，现场已清理干净；

（3）检查锅炉与辅机的各部管路、附件，包括：安全阀、压力表、温度计、流量计、水位仪、排烟系统、水处理、上水系统，分气缸与管道、阀门、电气系统、保护装置，自控系统等符合设计标准；

（4）阅读锅炉的烘炉、煮炉与试运行记录和质量，安全验收报告，全面掌握锅炉整体状况，为试运行做准备；

（5）检查油（气）源供应情况，应符合标准。

通过使用检测与试验的方法查验的内容包括：

（1）试运转，试运转应由建设单位派人操作。查验人员学习配合，严格按安全操作规程操作；

（2）试运行应达到以下标准：在设计规定的时间内系统锅炉出力、温度、压力达到设计要求；检查各部仪表（温度、流量、压力等）显示正常；各部自动控制和保护装置灵敏有效；燃烧机运行正常、排烟系统正常；设备无异常振动与声响；所有技术参数符合设计标准并满足用户需求；

（3）试运行后应做到：各部锅炉与辅机所有设备关停后，关闭气（油）；如长期停用应通知配电房停电；检查无问题后方可离开。

5. 电锅炉（图 4-7）

通过核对与观察的方法查验的内容包括：

（1）核对锅炉与辅机的名称、型号、规格、数量、安装位置等；

（2）观察锅炉与辅机外观质量、主要内容与要求：零部件齐全，装配达标；基础及管道、附件连接正确；加热元件，电源、控制板、电力线、接地符合标准，各部阀门、仪表完整有效；各部油漆、铭牌、标识完好；机械设备转动灵活；现场已清理干净；

（3）检查锅炉与辅机的各部管道、附件，包括：安全阀、安全网、压力表、温度计、流量计、水位仪、水处理、上水系统，管道、阀门、电气系统、保护装置、自控系统等符合设计标准；

（4）阅读锅炉试运行记录和质量、安全验收报告，全面掌握锅炉整体状况，为试运行做准备。

图 4-7　电锅炉

通过使用检测与试验的方法查验的内容包括：

（1）试运转，试运转应由建设单位或生产厂家派人操作，查验人员学习配合，严格按安全操作规程操作；

（2）当需要停炉时关闭开关，根据设备的水位、温度、压力在合适范围情况下停止水泵电机运行；

（3）试运行应达到以下标准：在设计规定的时间内系统锅炉出力、温度、压力、耗电等达到设计要求；检查各部仪表（温度、流量、压力、电压、电流等）显示正常；各部自动控制和保护装置灵敏有效；电加热器运行正常；设备无异常振动；所有技术参数符合设计标准并满足用户需求；

（4）试运行后应做到：各部锅炉与辅机所有设备关停后，关闭电源，如长期停用应通知配电房停电；检查无问题后方可离开。

6. 水处理设备（图 4-8）

图 4-8　水处理设备

通过核对与观察的方法查验的内容包括：

（1）检查水处理设备的名称、型号、规格、离子交换剂及质量，安装位置组装质量、安装质量；

（2）检查设备及管路附件无渗漏，防污染及防腐措施有效；

（3）检查附属水箱等符合设计标准和有关规定。

通过使用检测与试验的方法查验的内容包括：

（1）试运转，试运转应由建设单位派人操作，查验人员学习配合，严格按设备生产厂家说明书操作；

（2）取水样进行化验，应达到锅炉用水标准；

（3）停机后按规定做好设备的清洗和养护，检查无误后离开。

4.2.3 冷媒水循环泵（图4-9）及管道现场查验的内容、标准与方法

检测方式：

1. 给水排水系统的检测应在系统试运行连续投运时间不少于一个月后进行；

图 4-9 冷媒水循环泵

2. 检测方式为抽检，抽检数量按每类系统的 50%，且不得少于 5 套，总数少于 5 套时全部检测。被检测系统合格率 100% 时为合格。

检测方法：

1. 人为改变现场监测点的状态，检查水泵的启停控制、运行状态、水泵转速的自动调节、水泵切换等；

2. 人为设置故障，检查报警和保护功能。查看中央工作站的历史记录，核实水泵运行时间。

检测内容：

1. 硬件配置

（1）检查 NUC、DDC 的规格、型号和安装地点；

（2）检查传感器和执行器的规格、型号、数量和安装地点；

（3）检查相关设备的外观质量，有无磕碰、锈蚀和变形情况；

（4）检查相关设备线路连接是否可靠，各种护套管是否符合规范；

（5）检查各种固定支架是否紧固，材质是否符合设计要求；

（6）检查相关设备标识、线路标识是否清晰正确；

2. 高位水箱给水系统

（1）根据水位高度，检测给水泵启停控制功能；

（2）检测备用水泵的切换功能；

（3）检测各水泵的运行状态；

（4）高低水位报警，水泵过载报警；

（5）水泵运行时间累计和维护报告提示功能；

（6）各水泵运行时间均衡功能。

3. 变频给水系统

(1) 供水的变频控制功能；

(2) 检测备用水泵的切换功能；

(3) 检测各水泵的运行状态；

(4) 超压报警、水泵故障报警；

(5) 水泵运行时间累计和维护报告提示功能；

(6) 各水泵运行时间均衡功能。

4. 排污系统

(1) 依据集水坑的水位，检测排污泵的启停控制功能；

(2) 检测备用水泵的切换功能；

(3) 检测各水泵的运行状态；

(4) 高低水位报警、水泵过载报警；

(5) 水泵运行时间累计和维护报告提示功能；

(6) 各水泵运行时间均衡功能。

4.2.4 冷却水系统设施设备现场查验的内容、标准与方法

1. 冷却塔（图 4-10）

通过核对与观察的方法查验的内容包括：

(1) 核对冷却塔设备的名称、型号、规格、质量、安装位置、组装质量、安装质量、管路连接、阀门、油漆等符合设计文件和有关规定。

(2) 检查冷却塔风机安装是否达标，风机叶片角度是否正确并保持一致，叶尖与风筒的间隙是否符合规定，风机、电机润滑是否良好，风机皮带轮是否一致，风机皮带是否完好且松紧适当，安全罩是否完好、牢固。

图 4-10 冷却塔

(3) 检查冷却塔配水、淋水装置是否完好，安装是否达标。

(4) 检查冷却塔填料是否达标，安装是否符合标准。

(5) 检查冷却塔挡水板是否达标、完好。

(6) 检查设备及管路无渗漏、无污染及防腐措施等是否达标。

(7) 检查附属水池等符合设计标准和有关规定。

通过使用检测与试验的方法查验的内容包括：

(1) 试运转，试运转应由建设单位派人操作，查验人员学习配合，严格按设备生产厂家说明书操作。

(2) 分项试启动，进行使用试验，并检测数据。

1) 检测电气系统，使供电正常；

2) 检测电气设备绝缘，保证达标；检测自控系统，符合设计标准；

3）点动风机开关，观察风机转向是否符合标准，如不符合，应调整电机供电程序，使其正确。开动风机，试运转 10min 以上，观察风机运行状态，包括：声响、震动等；检测电流是否超标；停机后检查电机温升是否超标。

4）给淋水系统供水，同时开启风机、观察；淋水状况是否正常，飘逸与厥水是否达标；根据水池水位调整补水阀门，使水池水位维持在标准范围内。

5）待冷水机组满负荷运行时应测定：冷却塔进出水流量、温度与补水量，以便计算冷却塔的冷却量、蒸发量、漂移量是否达到设计标准。

（3）试运行后，应做到：关停冷却水循环泵，停止给冷却塔供水；关停冷却塔风机；关掉冷却塔风机电源；关闭冷却塔供水阀门；检查无问题后方可离开；长期停用通知配电房关闭电源。

2. 冷却水循环泵及管道系统：按给水排水系统的现场查验内容与标准查验。

3. 冷却水系统管道与阀门，按给水排水系统的现场查验内容与标准查验。

4.2.5 空气处理单元现场查验的内容、标准与方法

1. 空调机组（新风机组）

空调机组如图 4-11 所示，新风机组如图 4-12 所示。

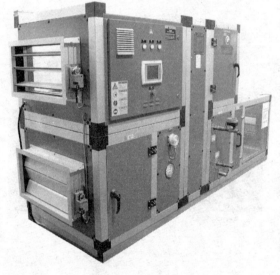

图 4-11 空调机组

图 4-12 新风机组

通过核对与观察的方法查验的内容包括：

（1）核对空调机组的名称、型号、规格、质量、安装位置、组装质量、安装质量管路连接、阀门、油漆等符合设计文件和有关规定。

（2）检查机组内见机安装是否达标，风机叶片角度是否正确并保持一致，叶尖与风荷的间隙是否良好，风机皮带轮是否一致，风机皮带完好且松紧适当，安全罩是否完好、牢固。

（3）检查机组表冷器是否完好，安装是否达标。

（4）检查机组进风过滤器、水过滤器是否达标安装、是否符合标准。

（5）检查循环水泵名称、规格、型号、主要性能、安装质量、润滑状态是否符合设计

标准与使用需要。

（6）检查设备风筒、管路、阀门、仪表、附件是否符合设计标准、无渗漏、防污染及防腐措施有效。

（7）检查洗涤室喷水系统、挡水板、再热器等是否达标、完好。

（8）检查附属水池、水过滤器及排水系统等符合设计标准和有关规定。

通过使用检测与试验的方法查验的内容包括：

（1）试运转。试运转应由建设单位派人操作，查验人员学习配合，严格按设备生产厂家说明书操作。

（2）满负荷运行时应测定机组风量、风压、进出风口压差、空气参数（温度、相对湿度、含水量）和计算机组效率；检测风机、水泵转速、电流、电机与轴承温升等。

（3）按设备的安全操作规程的规定关闭风机、水泵。

（4）试运行后，应做到关掉电源、关闭供水阀门、关闭进出风阀门、检查无问题后方可离开、长期停用通知配电房关闭电源。

2. 风机盘管（图 4-13）

图 4-13 风机盘管

通过核对与观察的方法查验的内容包括：

（1）核对风机盘管的名称、型号、规格、质量、安装位置、组装质量、安装质量、管路连接，阀门、油漆。

（2）检查机组内风机安装是否达标。

（3）检查机组表冷器是否完好、安装是否达标。

（4）检查内机风过滤器、水过滤器是否达标，安装是否符合标准。

（5）检查管路、阀门、仪表、附件是否符合设计标准、无渗漏、防污染及防腐措施有效。

通过使用检测与试验的方法查验的内容包括：

（1）试运转，试运转应由建设单位派人操作，查验人员学习配合，严格按设备生产厂家说明书操作。

（2）分项试启动，进行使用试验，并检测数据。

1）测电气系统，使供电正常，检测电气设备绝缘、保证达标。

2）检测自控系统，符合设计标准。

3）分别点动风机开关，观察是否存在异常。

4）开启进水阀门，使系统冷媒水循环正常。

5）试运行 10min 以上，观察进行情况和使用效果。

6）在设计负荷下，分档控制风机。

（3）试运行后，应做到关掉电源、检查无问题后方可离开。

3. 通风机（图 4-14）

图 4-14　通风机

通过核对与观察的方法查验的内容包括：

（1）核对通风机的名称、型号、规格、质量、安装位置、组装质量、安装质量、管路连接、阀门、油漆等符合设计文件和有关规定。

（2）检查机组内风机安装是否达标，风机叶片角度是否正确并保持一致、叶尖与风筒的间隙是否符合规定、风机、电机润滑是否良好、风机皮带轮是否完好且松紧适当。

（3）检查机组进风过滤是否达标，安装是否符合标准。

（4）检查风筒、管路、阀门、仪表、附件是否符合设计标准、无渗漏、防污染及防腐有效。

通过使用检测与试验的方法查验的内容包括：

（1）试运转。试运转应由建设单位派人操作，查验人员学习配合，严格按设备生产厂家说明书操作。

（2）分项试启动，进行使用试验，并检测数据：

1）检测电气系统，使供电正常；检测电气设备绝缘，保证达标。

2）检测自控系统，符合设计标准。

3）分别点动风机开关，观察其转向是否符合标准，如不符合，应调整电机供电相序，使其正确。

4）按轴流风机和离心风机的操作规范调整好进出风阀门，开动风机，试运转 10min 以上，观察风机运行状态，包括：声响、震动等，检测电流、电机温升是否超标。

5）满负荷运行时应测定：机组风量、风压、进出口风压差，检测风机转速、电流、电机与轴承温升，计算机组效率。

（3）试运行后，应做到关停风机、关掉电源、关闭进出风阀门、长期停用通知配电房关闭电源、检查无问题后方可离开。

4. 散热器（图 4-15）

通过核对与观察的方法查验的内容包括：

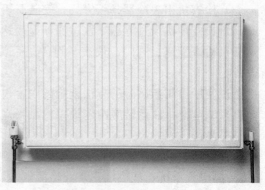

图 4-15　散热器

核对散热器的名称、型号、规格、质量、安装位置、组装质量、安装质量、组装质量、安装质量、管路连接、阀门、仪表、附件是否符合设计标准、有无渗漏、防污染及防腐措施有效。

通过使用检测与试验的方法查验的内容包括：

（1）试运转。试运转应由建设单位派人操作，查验人员学习配合，严格按设备生产厂家说明书操作。

（2）分项试启动，进行使用试验，并检测数据：

1）对系统和散热器进行抽样做耐压试验，观察是否达到标准；

2）给系统正常供水，作全面运行使用试验，全面检查是否达到设计要求；

3）满负荷运行，观察运行情况和使用效果；

4）检测采暖房间温度，是否达到设计要求。

（3）试运行后，应做到关闭循环水阀门，检查无问题后方可离开。

5. 地板辐射采暖

地暖结构剖面图如图 4-16 所示。

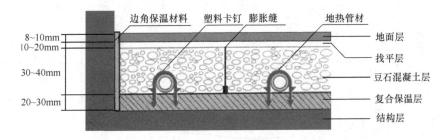

图 4-16 地暖结构剖面图

通过核对与观察的方法查验的内容包括：

（1）核对地板辐射采暖管道的型号、规格、质量、安装位置、组装质量、安装质量、管路连接、阀门、油漆等符合设计文件和有关规定；

（2）检查分路供水、控制管路、阀门、仪表、附件是否符合设计标准、无渗漏、防污染及防腐措施有效。

通过使用检测与试验的方法查验的内容包括：

（1）试运转。试运转应由建设单位派人操作，查验人员学习配合，严格按设备生产厂家说明书操作。

（2）分项试启动，进行使用试验，并检测数据：

1）对系统和散热器进行抽样做耐压试验，观察是否达到标准；

2）给水系统正常供水，做全面运行使用试验，全面检查是否达到设计要求；

3）满负荷运行，观察运行情况和使用效果。

（3）试运行后，应做到关闭循环水阀门、检查无问题后方可离开。

4.2.6 现场查验记录和遗留问题的解决

1. 现场查验记录

空调系统设施设备现场查验结束后，查验人员将查验结果汇总填入《空调系统设施设备现场查验汇总表》，将存在的问题填入《物业承接查验问题处理跟踪表》并三方签字，按规定交由建设单位签署并负责安排解决，然后组织物业服务企业进行复核，直至合格。

（1）空调系统随机图纸、资料及备品备件查验记录（表4-2）

空调系统随机图纸、资料及备品备件查验记录表   表4-2

物业项目：_____ 查验日期：_____ 编号：_____

建设单位：_____ 参加人员：_____

物业服务企业：_____ 参加人员：_____

序号	查验项目	内容	配置标准				查验实际				备注
			1	2	3	4	1	2	3	4	
1	图纸资料	图名									依据设备出厂装箱单与有关合同
		图号									
		页数									
		说明书									
2	备品备件	名称									
		型号									
		数量									
		完好程度									
3	专业工具	名称									
		型号									
		数量									
		完好程度									
		使用说明									
4	防护用品	名称									
		型号									
		数量									
		完好程度									
		使用说明									
5	其他										

记录人：_____ 时间：_____ 审核人：_____

（2）蒸汽压缩式冷水（热泵）机组现场查验记录（表4-3）

蒸汽压缩式冷水（热泵）机组现场查验记录表   表4-3

物业项目：_____ 查验日期：_____ 编号：_____

建设单位：_____ 参加人员：_____

物业服务企业：_____ 参加人员：_____

查验项目	1		2	
	配置标准	实际	配置标准	实际
机组名称				
机组型号				
机组品牌				
生产厂家				

续表

查验项目			1		2	
			配置标准	实际	配置标准	实际
额定制冷/热量（kW）						
用途与台数						
安装地点						
制冷工质/质量（kg）						
润滑油/质量（kg）						
电动机型号、规格						
控制柜型号、功能						
蒸发器型号、规格						
冷凝器型号、规格						
输入功率（kW）						
能效比						
各部零部件						
安装质量						
各部渗漏						
管道与附件						
阀门、仪表						
机组保护功能						
冷凝压力（kPa）						
蒸发压力（kPa）						
油压（kPa）						
油压差（kPa）						
油温（℃）						
冷凝温度（℃）						
蒸发温度（℃）						
冷媒水	进口	压力（MPa）				
		温度（℃）				
	流量（m³/h）					
	出口	压力（MPa）				
		温度（℃）				
冷却水	进口	压力（MPa）				
		温度（℃）				
	出口	压力（MPa）				
		温度（℃）				
	流量（m³/h）					
电机电流（A）						
电机温度（℃）						

续表

查验项目	1		2	
	配置标准	实际	配置标准	实际
运行声响				
机组振动				
试机时间				
防腐与油漆				
保温与标识				
存在问题				

记录人：　　　　　　　　时间：　　　　　　　　　　审核人：

（3）吸收式冷（温）水机组现场查验记录（表 4-4）

吸收式冷（温）水机组现场查验记录表 表 4-4

物业项目：_____查验日期：_____编号：_____

建设单位：_____参加人员：_____

物业服务企业：_____参加人员：_____

查验项目	1		2	
	配置标准	实际	配置标准	实际
机组名称				
机组型号				
机组品牌				
生产厂家				
额定制冷/热量（kW）				
额定耗气（汽）量（m³ 或 t/h）				
用途与台数				
安装地点				
溴化锂溶液及质量（kg）				
溶液泵型号与数量				
真空泵及真空泵油				
热源（汽源）				
安装质量				
各部渗漏				
管道与附件				
阀门、仪表				
控制与保护				
冷凝压力（kPa）				
蒸发压力（kPa）				
真空度（kPa）				
浓溶液温度（℃）				

续表

查验项目			1		2	
			配置标准	实际	配置标准	实际
稀释溶液温度（℃）						
冷媒水	进口	压力（MPa）				
		温度（℃）				
	出口	压力（MPa）				
		温度（℃）				
冷媒水流量（m³/h）						
冷却水	进口	压力（MPa）				
		温度（℃）				
	出口	压力（MPa）				
		温度（℃）				
冷却水流量（m³/h）						
实际耗气（汽）量（m³ 或 t/h）						
溶液泵运行状态						
真空泵运行状态						
机组运行声响						
机组振动						
试运行时间						
防腐与油漆						
保温与标识						
存在问题						

记录人： 时间： 审核人：

（4）燃煤锅炉现场查验记录（表4-5）

燃煤锅炉现场查验记录表 表 4-5

物业项目：_____ 查验日期：_____ 编号：_____

建设单位：_____ 参加人员：_____

物业服务企业：_____ 参加人员：_____

查验项目	1		2	
	配置标准	实际	配置标准	实际
锅炉名称				
型号				
机组品牌				
生产厂家				
用途与台数				
安装地点				
额定出力（t 或 kW·h）				

续表

查验项目	1		2	
	配置标准	实际	配置标准	实际
额定压力（MPa）				
额定温度（℃）				
额定炉膛温度（℃）				
额定炉排速度（r/min）				
额定耗煤量（t/h）				
燃烧状况				
各部渗漏				
是否振动				
异常声响				
补水泵				
鼓风机				
引风机				
除尘系统				
出渣机				
各部电机电流（A）				
控制柜				
安全阀				
压力表				
阀门				
控制系统				
各部膨胀				
管道与汽缸				
试运行时间				
防腐与油漆				
保温与标识				
存在问题				

记录人： 时间： 审核人：

（5）燃气（油）锅炉现场查验记录（表 4-6）

燃气（油）锅炉现场查验记录表 表 4-6

物业项目： _____ 查验日期： _____ 编号： _____

建设单位： _____ 参加人员： _____

物业服务企业： _____ 参加人员： _____

查验项目	1		2	
	配置标准	实际	配置标准	实际
锅炉名称				

续表

查验项目	1		2	
	配置标准	实际	配置标准	实际
锅炉型号				
机组品牌				
生产厂家				
用途与台数				
安装地点				
燃烧机				
控制柜				
额定出力（t 或 kW·h）				
额定压力（MPa）				
额定温度（℃）				
额定耗气量（m³/h）				
额定炉膛温度（℃）				
燃烧状况				
各部渗漏				
是否振动				
异常声响				
补水泵				
排烟系统				
安全阀				
压力表				
阀门				
控制系统				
各部膨胀				
管道与汽缸				
试运行时间				
防腐与油漆				
各部保温				
存在问题				

记录人：　　　　　时间：　　　　　审核人：

（6）电锅炉现场查验记录（表 4-7）

电锅炉现场查验记录表　　　　　　　　　　　表 4-7

物业项目：_____　　查验日期：_____　　编号：_____
建设单位：_____　　参加人员：_____
物业服务企业：_____　　参加人员：_____

查验项目	1		2	
	配置标准	实际	配置标准	实际
锅炉名称				
锅炉型号				
锅炉品牌				
生产厂家				
用途与台数				
安装地点				
额定出力（kW）				
额定压力（MPa）				
额定温度（℃）				
额定电流：A				
耗电量（kW·h）				
各部渗漏				
是否振动				
异常声响				
安全阀				
压力表				
阀门				
控制系统				
各部膨胀				
管道与汽缸				
试运行时间				
防腐与油漆				
各部保温				
存在问题				

记录人：　　　　　　时间：　　　　　　审核人：

（7）热交接器现场查验记录（表 4-8）

热交接器现场查验记录表　　　　　　　　　　　表 4-8

序号		1		2	
项目		配置标准	实际	配置标准	实际
温水进口	压力（MPa）				
	温度（℃）				

续表

序号		1		2	
项目		配置标准	实际	配置标准	实际
温水出口	压力（MPa）				
	温度（℃）				
热水循环量（m³/h）					
实际换热量（kW·h）					
存在问题					

记录人：　　　　　　　时间：　　　　　　　审核人：

（8）软水处理设备现场查验记录（表4-9）

软水处理设备现场查验记录表　　　　　　表4-9

物业项目：＿＿＿＿＿＿＿＿　　查验日期：＿＿＿＿＿＿＿＿　　编号：＿＿＿＿＿＿

建设单位：＿＿＿＿＿＿＿＿　　参加人员：＿＿＿＿＿＿＿＿

物业服务企业：＿＿＿＿＿＿　　参加人员：＿＿＿＿＿＿＿＿

序号	1		2	
项目	配置标准	实际	配置标准	实际
名称				
用途与台数				
安装地点				
型号				
规格				
阀门				
仪表				
附件				
渗漏				
离子交换剂及质量				
处理水量（m³/h）				
水质化验结果：悬浮物（mg/L）				
总硬度（mmol/L）				
pH/25℃				
溶解氧（mg/L）				
含油量（mg/L）				
试用时间				
运行状态				
再生还原情况				
存在问题				

记录人：　　　　　　　时间：　　　　　　　审核人：

(9) 冷却塔现场查验记录（表 4-10）

冷却塔现场查验记录表 　　　　　　表 4-10

物业项目：＿＿＿＿＿＿＿＿＿　　查验日期：＿＿＿＿＿＿＿＿＿　　编号：＿＿＿＿＿

建设单位：＿＿＿＿＿＿＿＿＿　　参加人员：＿＿＿＿＿＿＿＿＿

物业服务企业：＿＿＿＿＿＿＿　　参加人员：＿＿＿＿＿＿＿＿＿

序号		1		2	
项目		配置标准	实际	配置标准	实际
机组品牌					
机组名称					
生产厂家					
用途与台数					
安装地点					
型号					
规格					
风机型号与台数					
风机安装质量					
淋水装置					
填料					
挡水板					
塔体					
管道					
电气与供电					
油漆、防腐					
阀门					
仪表					
附件					
标识					
主要技术参数	流量（m³/h）				
	进水温度（℃）				
	出水温度（℃）				
	温差（℃）				
	冷却量（kW·h）				
	耗水量（m³/h）				
	风机电流（A）				
试用时间					
运行状态					
存在问题					

记录人：　　　　　　时间：　　　　　　审核人：

（10）空调机组（新风机组、风柜）现场查验记录（表4-11）

空调机组（新风机组、风柜）现场查验记录表　　　　表4-11

物业项目：＿＿＿＿＿＿＿＿＿　查验日期：＿＿＿＿＿＿＿＿＿　编号：＿＿＿＿＿

建设单位：＿＿＿＿＿＿＿＿＿　参加人员：＿＿＿＿＿＿＿＿＿

物业服务企业：＿＿＿＿＿＿＿　参加人员：＿＿＿＿＿＿＿＿＿

序号	1		2	
项目	配置标准	实际	配置标准	实际
名称				
机组品牌				
生产厂家				
用途与台数				
安装地点				
型号				
规格				
主要性能				
风机型号				
风机台数				
水泵型号				
水泵台数				
淋水装置				
表冷器型号与规格				
挡水板				
再热器				
风过滤器				
水过滤器				
管道				
电气与供电				
油漆、防腐				
阀门				
仪表				
附件				
标识				
安装质量				
风量(m³/h)				
风压(kPa)				
风压差(kPa)				
进风温度(℃)				
出风温度(℃)				

续表

序号	1		2	
项目	配置标准	实际	配置标准	实际
进风相对湿度(%)				
出风相对湿度(%)				
机组制冷(热)量(kW)				
风机电流(A)				
风机转速(r/min)				
电机温升(℃)				
水泵电流(A)				
水泵转速(r/min)				
水泵电机温升(℃)				
挡水板过水量(g/m³)				
试用时间				
运行状态				
存在问题				

记录人：　　　　　　　时间：　　　　　　　审核人：

(11) 风机盘管现场查验记录（表 4-12）

风机盘管现场查验记录表　　　　　　　　表 4-12

物业项目：＿＿＿＿＿＿　　查验日期：＿＿＿＿＿＿　　编号：＿＿＿＿＿

建设单位：＿＿＿＿＿＿　　参加人员：＿＿＿＿＿＿

物业服务企业：＿＿＿＿＿　　参加人员：＿＿＿＿＿＿

序号	1		2	
项目	配置标准	实际	配置标准	实际
名称				
用途与台数				
机组品牌				
生产厂家				
安装地点				
型号				
规格				
主要性能				
风机型号				
风机台数				
表冷器型号与规格				
风过滤器				
水过滤器				
管道				

续表

序号	1		2	
项目	配置标准	实际	配置标准	实际
电气与供电				
油漆、防腐				
阀门				
标识				
安装质量				
风量(m³/h)				
进风温度(℃)				
出风温度(℃)				
机组制冷(热)量(kW)				
风机电流(A)				
试用时间				
运行状态				
房间温度(低/中/高)(℃)				
房间相对湿度(%)				
存在问题				

记录人：　　　　　　时间：　　　　　　审核人：

（12）通风机现场查验记录（表4-13）

通风机现场查验记录表　　　　　　表4-13

物业项目：_____　查验日期：_____　编号：_____

建设单位：_____　参加人员：_____

物业服务企业：_____　参加人员：_____

序号	1		2	
项目	配置标准	实际	配置标准	实际
名称				
机组品牌				
生产厂家				
用途与台数				
安装地点				
型号				
规格				
主要性能				
风过滤器				
管道				
电气与供电				
油漆、防腐				

续表

序号	1		2	
项目	配置标准	实际	配置标准	实际
阀门				
仪表				
附件				
标识				
安装质量				
风量(m³/h)				
风压(kPa)				
风机电流(A)				
风机转速(r/min)				
电机温升(℃)				
用电量(kW·h)				
风机效率(%)				
试用时间				
运行状态				
存在问题				

记录人：　　　　　　　　时间：　　　　　　　　审核人：

(13) 散热器现场查验记录（表 4-14）

散热器现场查验记录表　　　　　　表 4-14

物业项目：_____　　查验日期：_____　　编号：_____

建设单位：_____　　参加人员：_____

物业服务企业：_____　　参加人员：_____

序号	1		2	
项目	配置标准	实际	配置标准	实际
名称				
品牌				
生产厂家				
用途与数量				
安装地点				
型号				
规格				
主要性能				
管道				
油漆、防腐				
阀门				
标识				

续表

序号	1		2	
项目	配置标准	实际	配置标准	实际
安装质量				
试用时间				
试用效果				
房间温度(℃)				
存在问题				

记录人：　　　　　　时间：　　　　　　审核人：

（14）地板辐射采暖现场查验记录（表4-15）

地板辐射采暖现场查验记录表　　　　　　　　表 4-15

物业项目：_____　查验日期：_____　编号：_____

建设单位：_____　参加人员：_____

物业服务企业：_____　参加人员：_____

序号	1		2	
项目	配置标准	实际	配置标准	实际
名称				
用途与数量				
安装地点				
型号				
规格				
主要性能				
管道				
油漆、防腐				
阀门				
标识				
安装质量				
试用时间				
使用效果				
房间温度(℃)				
存在问题				

记录人：　　　　　　时间：　　　　　　审核人：

（15）空调房间空调效果检测记录（表4-16）

空调房间空调效果检测记录表　　　　　　　　表 4-16

物业项目：_____　查验日期：_____　编号：_____

建设单位：_____　参加人员：_____

物业服务企业：_____　参加人员：_____

序号	标准	1	2	3	4	5	6	7	8	9	10
项目											
室外温度（℃）											
室外湿球温度（℃）											

续表

序号	标准	1	2	3	4	5	6	7	8	9	10
项目											
室外风向											
室外风速（m/s）											
室内温度（℃）											
室内相对湿度（%）											
室内风速（m/s）											
室内新风量（m³/h）											
冷媒水进口温度（℃）											
出口温度（℃）											
室外温度（℃）											
室外湿球温度（℃）											
室外风向											
室外风速（m/s）											
室内温度（℃）											
室内相对湿度（%）											
室内风速（m/s）											
室内新风量（m³/h）											
冷媒水											
进口温度（℃）											
出口温度（℃）											

记录人：　　　　　　　时间：　　　　　　　审核人：

2. 问题的汇总与解决办法

详见 2.3.4 问题的汇总与解决办法。

小　结

本章主要介绍了空调系统的承接查验。空调系统的承接查验应依据空调系统相关验收规范、项目图纸资料及承接查验方案进行。空调系统现场承接查验前，物业服务企业主要应该做好如下准备工作：组织准备；资料准备；查验工具和仪器仪表准备；现场查验计划与进度安排。现场查验人员应熟悉空调系统承接查验的内容和标准，对空调系统的资料、外观、安装质量和功能进行详细查验并如实详细填写《空调系统承接查验表》。现场查验结束后，查验人员应将《空调系统承接查验表》汇总，并将存在的问题进行登记，交由建设单位签署并负责解决，然后物业服务企业进行复验，直至合格。对于确实无法及时解决的问题，应填入遗留问题登记表，按有关的程序规定与建设单位协商最终解决方案。

拓　展　阅　读

为了让读者更好地理解和掌握本章知识，下面附一个拓展阅读材料，读者可扫描下方二维码阅读。

详解分层空调系统与案例简析

习　　题

一、单项选择题

1. 测试冷却塔时开动风机，试运（　　）以上，观察风机运行状态，包括：声响、震动等；检测电流是否超标。

A. 2min　　　　　　B. 30min　　　　　　C. 1h　　　　　　D. 10min

2. 新风机组查验应检查机组内见机安装是否达标，风机叶片角度是否正确并保持一致，叶尖与风荷的间隙是否良好，风机（　　）是否一致，风机皮带是否完好且松紧适当，安全罩是否完好、牢固。

A. 位置　　　　　　B. 皮带轮　　　　　　C. 叶片　　　　　　D. 皮带

3. 风机盘管内流动的液体是（　　）。

A. 氟利昂　　　　　B. 冷却水　　　　　　C. 冷冻水　　　　　D. 其他液体

4. 电锅炉试运行要检查各安全自控装置的（　　）。

A. 灵活性　　　　　B. 机动性　　　　　　C. 可靠性　　　　　D. 安全性

5. 电锅炉的缺水保护装置，电极式锅炉水位控制报警装置，是利用水和蒸汽导电率不同原理，采用（　　）作传感器。

A. 接触式电阻　　　B. 感应式电极　　　　C. 接触式电极　　　D. 靠近式电极

二、多项选择题

1. 电锅炉当需要停炉时关闭开关，根据设备的（　　）合适范围情况下停止水泵电机运行。

A. 温度　　　　　　B. 湿度　　　　　　　C. 水位　　　　　　D. 压力

2. 查验压缩式冷（温）空调机组应核对机组的（　　）、数量、安装位置、工质、润滑油等符合设计文件和机组说明书。

A. 型号　　　　　　B. 名称　　　　　　　C. 规格　　　　　　D. 性能

3. 查验冷却塔时待冷水机组满负荷运行时应测定：冷却塔进出水流量，温度与补水量，以便计算冷却塔的（　　）是否达到设计标准。

  A. 冷却量   B. 漂移量   C. 蒸发量   D. 冷冻量

  4. 检查水处理设备的（　　）、安装位置组装质量、安装质量、管路连接、阀门、油漆等是否符合设计文件或有关规定。

  A. 功率   B. 规格型号

  C. 名称   D. 离子交换剂及质量

  5. 空调现场查验需要由物业服务企业（　　）和建设单位专业技术人员组成现场查验小组，由 暖通空调工程师为组长，并进行人员分工，指定专门记录人员，共同做好现场查验。

  A. 客服经理   B. 空调制冷工

  C. 暖通空调工程师   D. 项目设备维修主管

三、简答题：

  1. 空调系统现场查验的准备工作有哪些？

  2. 空调系统由哪几部分组成？

  3. 请简述空调的分类。

  4. 空调系统现场承接查验的工具、仪表有哪些？

  5. 吸收式冷（温）水机组试运行应达到哪些标准？

五、实训题

【实训情境设计】

  假设你是一名物业服务公司的专业员工，负责某物业项目的空调系统的承接查验工作，请根据已学知识，模拟空调系统的承接查验工作过程。

【实训任务要求】

  1. 将全班同学分成若干小组，每个小组人数不超过 5 人，每组选派组长一名，并指定专门记录人员，共同做好承接查验。实训采用小组长负责制。

  2. 由指导教师指定承接查验的物业项目，小组人员提前准备、熟悉和了解与空调系统有关的图纸和资料。

  3. 承接查验前各小组应准备好验收表格和必要的工具和仪表，包括：湿度计、风度测试仪、风压测试仪、气体检测仪、噪声仪压力表、温度计（干湿球温度计、红外温度计、半导体温度计、单管温度计），超声波流量计、电压表、电流表、兆欧表、试压泵、钢卷尺、直尺、低压电工工具、水暖工工具、梯子、安全帽、移动照明灯、数码相机等。

  4. 各小组对物业项目空调系统设施设备进行现场查验，将查验结果汇总填入表《物业设施设备现场查验汇总表》，将存在的问题填入《物业设施设备现场查验问题处理跟踪表》。

  5. 提交《物业设施设备现场查验汇总表》及《物业设施设备现场查验问题处理跟踪表》，小组长负责在课堂上汇报分析该物业项目空调系统存在的主要问题，每个小组汇报时间不超过 10min。

【实训提示】

  1. 参考教材"4.2.1 空调的承接查验内容和标准"。

  2. 分析提纲：

（1）空调系统承接查验的准备；

（2）空调随机图纸与资料的承接查验内容；

（3）空调的承接查验内容和标准；

（4）空调系统存在问题的处理方法。

【实训效果评价】

物业设施设备承接查验方案实训效果评价表　　　表 4-17

评价项目	分值	得分	备注
准备工作	20		
现场组织	30		
工作实施	30		
结果汇报	20		
实训效果总体评价	100		

5 电梯系统的承接查验

【能力目标】

1. 能够按要求做好电梯系统承接查验的准备工作；

2. 能够辅助电梯工程师根据查验内容和标准，对物业项目电梯系统进行查验。

【知识目标】

1. 熟悉电梯系统承接查验的依据；

2. 掌握电梯系统承接查验准备工作的内容；

3. 熟悉电梯系统承接查验的内容和标准；

4. 了解查验问题的汇总和解决办法。

【引例】

关于电梯安全事故的经典小案例

1. 候（乘）梯时不要踢、撬、扒、倚层（厅）门。

乘客在候（乘）梯时踢、撬、扒、倚层（厅）门，有可能发生乘客坠入井道或被轿厢剪切等危险，造成人身伤害事故。

案例：某日，杭州余杭某大酒店有限公司一乘客宋某由于身体疲劳，候梯时右手扶墙，左手倚靠电梯层（厅）门，身体向电梯门方向前倾呈休息状态，恰好给电梯层（厅）门施加了一定水平方向的外力，导致 16 楼层（厅）门非正常开启，宋某身体重心失去平衡，坠入井道死亡。真可谓一失足成千古恨！

2. 使用单位将带故障或未检验合格的电梯投入使用引发的事故。

使用单位在电梯未消除故障或未检验合格的情况下，继续将电梯投入使用，极有可能发生人员伤亡事故。

案例：某日晚，浙江苍南某商城 1 号住宅楼因 17 级台风登陆带来暴雨，由于窗户未关，造成机房和井道大面积进水，电梯在长时间严重浸水的情况下发生故障而停止运行。次日一早，在明知该电梯已经出现故障情况下，使用单位仍开启电梯投入运行。不久，当一女住户推着婴儿车进入电梯轿厢时，电梯在开门状态下突然启动运行，导致女住户被夹在井道和轿厢之间，当场死亡。

3. 看清电梯轿厢后，方可安全进入轿厢。

乘客在未看清电梯轿厢是否停靠在本层的情况下盲目进入，将导致人员坠落井道事故的发生。

案例：某日 17 时左右，浙江某印染有限公司杂工吴某乘用载货电梯从一楼运送货物到四楼。当他拉着车准备从四楼回一楼时，电梯轿厢实际已不在四楼，但他在未看清电梯轿厢的情况下盲目进入井道，造成连人带车从四楼坠落至一楼底坑而死亡。

4. 使用单位违规将电梯三角钥匙交给无证人员使用。

非持证作业人员在未经过培训的情况下随意使用电梯三角钥匙打开厅门，有可能使人在电梯轿厢不在本层的情况下跨入井道，造成人员坠落事故。

案例：某日夜间，台州市黄岩某医院职工叶某欲到医院地下室取冰柜，因电梯故障不能正常使用，她去医院保卫科值班人员王某处取来层门三角钥匙。由于缺乏电梯基本常识，当她打开层门时不知此时电梯轿厢是停在六楼，于是跨入井道并从一楼坠落到3m深的地下室，造成重伤。

5. 电梯超载报警，严禁挤入轿厢或搬入物品。

乘客在电梯超载报警后仍然挤入轿厢或搬运物品，将造成电梯不会关门，影响运行效率，情况严重时将导致曳引绳打滑，轿厢下滑，甚至造成人员剪切等事故的发生。

案例：某日，上海某宾馆从一层搬运水泥到地下二层，在电梯超载报警的情况下搬运工仍然搬运水泥进轿厢，此时电梯轿厢突然下滑，直至轿底碰到缓冲器为止，所幸没有造成人员伤亡。

6. 被困电梯时，切记沉作冷静，不要惊慌，应立即呼救、耐心等待、平层出门。

当乘客在电梯轿厢内受困时，应通过报警装置或召修电话求救，并在轿厢内耐心等待专业人员进行救援，如贸然通过撬、扒、踢门的方式自行脱困，有可能发生事故。

案例：某日10时30分左右，浙江大学医学院某附属医院住院楼一台病床电梯在一楼上行至二楼中突然停梯，5人被困梯内。由于过于慌张，采取不当的撤离方式，在明知电梯轿厢底距地面1.5米左右尚未平层且有一定危险的情况下，盲目爬离电梯，姜某不慎从井道中坠入地下二层，造成大腿骨折和内脏出血等损伤，经抢救无效死亡。

7. 电梯（或升降机）明示禁止载人，切勿乘坐。

乘坐明示禁止载人的电梯（或升降机），因该类设备本身不具备乘人的基本安全条件，极易造成人员挤压、剪切等伤亡事故的发生。

案例：某日上午9时40分，由于消防水管破裂，导致衢州市某医院一载货电梯井道底坑大面积积水，此时到医院送货的严某对电梯严禁载人的警示标志视而不见，在明知电梯浸水的情况进入电梯轿厢，电梯在开着门的情况下突然启动，严某被夹在轿厢与井道壁之间，当场被剪切而死亡。

8. 切忌在电梯内嬉戏玩耍、打闹、跳跃。

乘客在运行过程中的电梯轿厢内嬉戏玩耍、打闹、跳动，特别容易导致电梯安全装置误启动，发生"困人"以及伤亡事故。

案例：某日，上海某大学一男生独自乘用电梯从15楼下行时，在轿厢内猛跳了几下，导致轿顶安全钳电气开关动作，电梯突然停止运行，该学生头部、手臂碰撞轿厢壁，造成严重受伤。

9. 电梯运行中或关门过程中，切忌进出轿厢。

电梯在运行中或关门过程中，乘客如从电梯轿厢中跑（走）出，易发生剪切事故。

案例：某日晚5时30分左右，金华市某科技开发有限公司电梯发生故障，修理工陈某带了朋友丁某前去维修，陈某在机房短接了层门和轿门电气回路后在7楼启动电梯，当时7层轿门敞开，电梯启动时，一直在轿厢内的丁某突然从轿厢向外跑时被绊倒，一直拖到三楼左右，被挤压致死。

10. 切忌不要让孩童单独乘梯。

儿童在无成年人监护的情况下，单独乘坐电梯，因无法正确操作电梯按钮或对电梯进行不当操作会导致其关在电梯轿厢内，特别是在电梯出现故障的情况下无法同外界取得联系，得不到及时营救，容易发生意外事故。

案例：义乌6岁的男孩小方走进了篁园市场的一部观光电梯，电梯运行至五楼时，小方朝着右下角的电梯设备操作控制箱小便，尿液进入控制箱后，电梯按钮全亮起来，电梯发生剧烈震动，随即停滞在七楼与八楼楼层之间，小方第二次爬到电梯轿厢与墙体井壁的空隙时，他不小心掉下了30多米高的电梯井。

5.1 电梯系统承接查验的依据和准备工作

5.1.1 电梯系统概述

1. 电梯的定义

用电力拖动的轿厢运行于垂直的或倾斜不大于15°的两列刚性导轨之间运送乘客或货物的固定设备称为电梯。在建筑物内部，不论其驱动方式如何，又习惯上将电梯作为建筑物内垂直交通运输工具的总称。

2. 电梯的分类

电梯主要按照用途、运行速度、拖动方式以及控制方式分类。

（1）按用途分类

1）乘客电梯：为运送乘客而设计的电梯，必须有十分可靠的安全装置。要求安全舒适，装饰新颖美观，载客人数在8~21人。

2）载货电梯：用于运送货物，通常有人伴随的电梯。要求结构牢固安全性好，轿厢的容积较大，速度一般在1m/s以内。

3）客货两用电梯：主要用于运送乘客，但也可以运送货物。与客梯区别在于轿厢装饰结构简单，一般为低速，所以也称为服务梯。

4）病床电梯：为运送医院病人及其病床而设计的电梯，其轿厢具有窄而长的特点，常要求前后贯通开门，对运行稳定性要求较高，有专职司机。

5）住宅电梯：供居民住宅楼使用的电梯，也可运送家用物件和生活用品。

6）杂物梯：运送一些轻便的物品，食品等，一般不允许人员进入电梯。

7）船用电梯：在船舶上供船员及乘客使用的提升设备，该电梯可以在船舶的摇晃中正常工作。

8）观光电梯：是一种轿厢壁透明，供乘客观光的电梯。

9）汽车电梯：运送汽车的电梯，其特点是大轿厢、大载重量。

10）其他电梯：用作专业用途的电梯如矿井电梯、建筑工程电梯、防暴电梯。

（2）按运行速度分类

1）超高速电梯：运行速度在5m/s以上的电梯，通常用在超高层建筑上。

2）高速电梯：运行速度在3~5m/s的电梯，通常用在高层建筑上。

3）快速电梯：运行速度在2~3m/s的电梯，通常用在10层以上的建筑。

4）慢速电梯：运行速度在小于1m/s的电梯，通常用在10层以下及货梯，医用梯等。

（3）按拖动方式分类

1）直流电梯：其曳引电动机为直流电动机，通常采用可控硅直接供电的电动机拖动系统：其特点为性能优良、梯速较快，目前基本淘汰。

2）交流电梯：又分为交流双速、交流调频调压以及永磁同步电梯，是目前主流的拖动方式的电梯。交流双速电梯由于运行平稳性差，目前已经淘汰。交流调频调压电梯俗称VVVF电梯，通常采用微机、逆变器、PWM控制器以及速度电流等反馈系统，是一种新式拖动制动方法，其性能优越、安全可靠、速度可达 6m/s。目前使用呈下降趋势。永磁同步电梯由电机直接带动曳引轮，无减速箱装置，该曳引机通过高精度的变频装置，以同步转速进行转动，用线性、恒定转矩及可调速度的电动机平稳地驱动曳引轮，该系统结构简单、体积小、节能高效、噪声低、振动小、运行平稳，受到越来越多的青睐。

3）液压电梯：靠液压传动，根据柱塞安装位置有柱塞直顶式，其油缸柱塞直接支撑轿厢底部，使轿厢升降；有柱塞侧置式，其油缸柱塞设置在井道侧面，借助曳引绳通过滑轮组与轿厢连接，使轿厢升降，梯速为 1m/s 以下。

4）齿轮齿条电梯：齿条固定在构架上，采用电动机、齿轮传动的机构，装在电梯的轿厢上，利用齿轮在齿条上的爬行来拖动轿厢运行，一般用在建筑工程中。

（4）按操纵控制方式分类

1）并联控制电梯：2～3 台电梯并联，共用外呼按钮，具有集选功能。无任务时，一台停在基站，另一台停在预选楼层，若有任务，基梯向上运行，自由梯立即下降到基站替补；当楼层要电梯时，自由梯前往，并答应顺方向要梯信号，当要梯信号与自由梯运行方向相反时，则由基梯去完成。三台并联时，两台作为基站梯，一台为备行梯。

2）智能控制电梯：电脑根据客流情况自动选择最佳运行控制方式，其特点是分配电梯运行时间，省人、省电、省设备。

3）微机控制电梯：电梯调速装置、传统的选层器以及由绝大部分继电器逻辑电路均由微机代替，使调速系统、选层系统的有触点器件大大减少，提高了电梯的可靠性，同时解决了舒适感问题。如果在控制系统同时采用两种微机，则该电梯称为双微机控制电梯。

3. 电梯的构成（图 5-1）

电梯是机电一体的大型复杂设备，其机械系统相当于人的躯干，电气系统相当于人的神经。机与

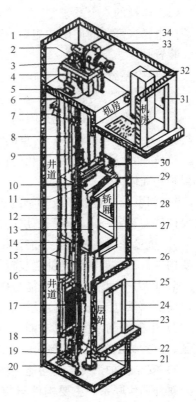

图 5-1　电梯结构图

1—减速箱；2—曳引轮；3—曳引机底座；4—导向轮；5—限速器；6—机座；7—导轨支架；8—曳引钢丝绳；9—开关磁铁；10—紧急终端开关；11—导轮；12—轿架；13—轿门；14—安全钳；15—导轨；16—绳头组合；17—对重；18—补偿链；19—补偿链导轮；20—张紧装置；21—缓冲器；22—底坑；23—层门；24—轿壁呼梯盒（箱）；25—层楼指标灯；26—随行电缆；27—轿壁；28—轿内操纵箱；29—开门机；30—井道传感器；31—电源开关；32—控制柜；33—引电机；34—制动器（抱闸）

电的高度结合使电梯成为现代科技的综合产品。为便于记忆，通常我们将电梯分成"四大空间"、"八大系统"。

（1）电梯的四大空间

1）机房：主要构建装置有曳引机，驱动电机，制动器，减速箱，曳引轮，导向轮，限速器，控制柜，电源开关，照明开关，选层器，限位开关等。

2）井道：主要构建装置有导轨，对重装置，缓冲器，限位开关，控制电缆，接线盒，补偿链，平层感应器等。

3）轿厢：主要构建装置有操作箱，自动门，安全触板（光幕），轿门，称重装置，安全钳，导靴等。

4）层站：主要构建装置有层门，层门锁，楼层指示灯，呼梯盒等。

（2）电梯的八个系统

按电梯各部分的使用功能划分又可将电梯划分八个系统，这八大系统的功能和主要构件、装置是：

1）曳引系统：其功能是输出与传递动力，驱动电梯运行，主要构件与装置有：曳引机、曳引钢丝绳、导向轮等。

2）导向系统：其功能是限制轿厢和对重的活动自由度，使轿厢和对重沿着导轨上下运动。主要构件有：轿厢、对重的导轨及其导轨架等。

3）轿厢：用以运送乘客和货物的组件，是电梯的工作部分。主要构件与装置有：轿厢架和轿厢体。

4）门系统：是乘客或货物的进出口，运行时层、轿门必须封闭，到站时才能打开。主要构件与装置有：轿厢门、层门、开门机、联动机构、门锁等。

5）重量平衡系统：其功能是相对平衡轿厢重量以及补偿高层电梯中曳引绳长的影响。主要构件有：对重和重量补偿装置等。

6）电力拖动系统：其功能是提供动力，电梯实行速度控制。主要构件与装置有：曳引电动机、供电系统、速度反馈装置、电动机调速装置等。

7）电气控制系统：其功能是对电梯的运行实行操纵和控制。主要构件与装置有操纵装置、位置显示装置、控制屏、平层装置、选层器等。

8）安全保护系统：其功能是保证电梯的安全使用，防止一切危及人身安全的事故发生及对外通信联系。主要构件与装置分为两个部分：机械方面有限速器、安全钳、缓冲器、端站保护装置等，电气方面有超速保护装置、电源断相错相保护装置、超限工作装置、层门轿门电气联锁装置、三方对讲通信系统。

（3）电梯的主要参数

1）额定载重量（kg）：制造和设计规定，电梯的额定载重。常见的有 400、630、800、1000、1250、1600、2000、2500kg 等。

2）额定速度：制造和设计所规定的电梯运行速度。常见的有 0.63、1.00、1.60、2.50m/s 等。

3）轿厢尺寸（mm）：宽×深×高。

4）轿厢形式：有单、双开门，装饰及风扇、电话要求等。

5）开门方式：有左开门，右开门，中开门。

6）曳引方式：半绕 1∶1（轿厢的运行速度等于钢丝绳的速度），半绕 2∶1（轿厢的速度等于钢丝绳速度的一半），全绕 1∶1（轿厢运行速度等于钢丝绳的速度）。

7）电气控制系统：包括控制方式、拖动系统的形式等，如交流电机或直流电机拖动，轿内按钮控制或集选控制等。

8）停层站数：凡在建筑物内各楼层用于出入轿厢的地点均称为停层站，其数量为停层站数。

9）提升高度：由底层端站楼面至顶层端站楼面的垂直距离。

10）顶层高度：由顶层端站楼面至机房楼板或隔音层板下最突出构件之间的垂直距离。电梯的运行速度越快，顶层高度一般就越高。

11）底坑深度：由低层端站楼面至井道底面之间的垂直距离。电梯的运行速度越快，底坑一般越深。

电梯的主要参数是电梯制造厂设计和制造电梯的依据。用户选用电梯时，必须根据电梯的安装使用地点、运载对象等标准规定，正确选择电梯的类别和有关尺寸，并根据这些参数与规格尺寸，设计和建造安装电梯的建筑物。

5.1.2　电梯系统承接查验的依据

对物业项目的电梯系统进行承接查验，主要的参考依据如下：

1. 《电梯工程施工质量验收规范》GB 50310—2002；
2. 《建筑电气工程施工质量验收规范》GB 50303—2015；
3. 国家质量监督检验检疫总局《电梯监督检验规程》；
4. 国家质量监督检验检疫总局《自动扶梯和自动人行道监督检验规程》；
5. 设施设备生产厂家的安装要求及技术说明书；
6. 物业服务合同中规定的相关内容。

5.1.3　电梯系统承接查验的准备工作

为了能够保证承接查验现场工作的顺利进行，电梯系统承接查验方面，物业服务企业主要应该做好如下准备工作：

1. 组织准备

(1) 由物业服务企业的电气专业工程师、项目设备维修主管、电梯维保公司与建设单位专业技术人员组成承接查验小组，电梯查验小组成员需具有电梯安全管理员资质，由电气工程师为组长，并进行人员分工，指定专门记录人员，共同做好承接查验。

(2) 由电梯生产厂家或安装单位的专业技术人员对物业服务参与查验的技术人员进行技术交底，合格后方可参加承接查验。

2. 资料准备

承接查验小组人员应提前准备、熟悉和了解与电梯系统有关的图纸和资料，在承接查验时应同时核对资料的有效性。

3. 查验工具和仪器仪表准备

(1) 常规的查验仪表有：钢丝绳探伤仪、速度测试仪、兆欧表、万用表、照度计等；通常使用的工具有：磁力线锤、卷尺、直尺、塞尺等。

(2) 测试仪表应具有产品证书和计量许可证书，且在检定有效期内。

4. 现场查验计划与进度安排

（1）电梯系统承接查验工程分项

1）垂直电梯：电梯机房、轿厢、井道、层站和电梯的综合性能；

2）自动扶梯：扶梯驱动和转向站、扶梯倾斜角和导向、扶梯相邻区域、扶手装置和围裙板、扶梯梳齿与梳齿板、扶梯安全、扶梯检修、扶梯启动与停止、扶梯标识。

（2）编制电梯系统承接查验计划。

5.2 电梯系统承接查验的实施

5.2.1 垂直电梯的承接查验的内容、标准及方法

1. 垂直电梯随机图纸与资料的承接查验

（1）建设单位：电梯安全使用登记证、电梯年检报告、电梯检验合格证书。

（2）生产单位：电梯装箱单、出厂合格证、机房井道布置图、使用维护说明书、电路电气示意图及符号说明、电气敷线图、部件安装图、安装说明书、门锁装置、限速器、安全钳及缓冲器型式试验报告结论副本，其中限速器与渐进式安全钳还须有调试证书副本。

（3）安装单位：自检记录和检验报告、安装过程中事故记录与处理报告、改造清单、主要部件合格证、型式试验报告副本等资料。

（4）其他：电梯的备品备件、专业工具、轿厢及机房钥匙、防护用品等。

2. 电梯机房

（1）电气元件

1）电气元件标志和导线端子编号或接插件编号应清晰，电气元件工作无异常；

2）动力电路和电气安全装置电路的绝缘电阻应大于 0.5MΩ；照明电路和其他电路应大于 0.25MΩ。

检查方法：用 500V 数字式兆欧表分别测量动力电路、电气安全装置电路和照明电路导体之间和导体对地的绝缘电阻。测量时应断开主电源开关，并断开所有电子元件。

3）线管、线槽的敷设应平直、整齐、牢固，线槽内导线总面积不大于净面积 60%，线管内导线总面积部大于净面积 40%；

4）软管固定间距不大于 1m，端头固定间距不大于 0.1m。

（2）供电系统

每台电梯单独装设电源开关，并有与曳引机和控制柜相对应的标志；该开关应设于机房入口处；几台电梯共用同一机房，其电源开关应易于识别。电源开关不应切断以下供电电路：轿厢照明和通风、机房和滑轮间照明、机房内电源插座、轿顶与底坑的电源插座、电梯井道照明、报警装置。

检查方法：断开主电源开关，检查照明、插座、通风和报警装置是否被切断。同时检查开关配置、布置和标识是否符合规定，是否满足电梯使用要求。

（3）曳引机

1）曳引机油量适当、油标齐全、油位清晰、无渗漏；

2）同一机房内有多台电梯时，各台曳引机应有编号区别；

3）检查油标油位确定油量。感观判断曳引机工作状况；

4）制动器动作灵活，工作可靠。制动时两侧闸瓦应紧密、均匀地贴合在制动轮工作

面上，松闸时制动轮与闸瓦不发生摩擦，其四角处间隙平均值两侧各不大于 0.7mm；

5）曳引轮、导向轮在空载或满载情况下对垂直线的偏差均不大于 2mm。采用悬臂式曳引轮或链轮时，防护应符合标准规定。轮槽不应有严重不均匀磨损，磨损不应改变槽形，必要时用卡尺或深度尺测量磨损深度。

（4）紧急操作装置

1）应有停电或电气系统发生故障时进行紧急操作的慢速移动轿厢措施，操作可靠。如所需的操作力不大于 400N，可采用手动紧急操作装置，否则机房内应设置紧急电动运行的电气操作装置；

2）断电检查轿厢移动装置的功能。如采用手动移动装置，先安装好盘车手轮，并由一人握紧。另一人用松闸扳手将制动器打开后，检查轿厢移动状况，验证移动装置功能；

3）机房内应贴有发生困人故障时，救援步骤、方法和轿厢移动装置使用的详细说明；

4）松闸扳手应漆成红色，盘车轮、曳引轮、限速器应涂成黄色，松闸扳手及可拆卸的盘车手轮应放置在机房内容易接近的明显部位。在电动机或盘车轮上应有与轿厢升降方向相对应的标志。

（5）限速器

1）限速器调节部位应有封记，封记不应有移动痕迹，限速器安装位置正确、底座牢靠，当与安全钳联动时无颤动现象。

2）应有可停止轿厢上、下两个方向运行的非自动复位的电气开关。该开关在达到限速器动作速度之前动作。对于额定速度不大于 1m/s 的电梯，最迟应在限速器达到其动作速度时，停止电梯运行。

检查方法：断开电梯主电源开关，将限速器绳拉起，脱离开限速轮。用大力钳夹住限速器绳使其不能落下。将电梯测速表的一组检测线跨接到限速器联动开关的两端，另一组检测线跨接到一微动开关的两端，将微动开关放到限速器夹块的下方，使限速器动作，夹块动作时即可打断开关。用可调速的专用驱动装置逐渐将限速器加速，同时用测速表测量限速轮的线速度。此时测速表的测试头应放在限速轮上限速器绳中心位置。当开关动作时自动记录限速器开关和夹钳动作的速度值。

3）对于没有限速器调试证书副本的新安装电梯和封记移动或动作出现异常的限速器及使用周期达到 2 年时，应进行限速器动作速度校验。其动作速度应符合标准规定。

（6）接地

1）系统接地型式应根据供电系统采用 TN-S 或 TN-C-S 系统，中性线（N）与保护线（PE）应始终分开。

检查方法：将主电源断开，在进线端断开零线，用万用表检查零线和地线之间是否连通。

2）易于意外带电的部件与机房接地端连通性应良好，且之间的电阻值不大于 0.5Ω。

检查方法：用万用表测量曳引机、电源开关、线槽、轿厢等部件与机房接地端的电阻值。

3）电梯轿厢可利用随行电缆的钢芯或芯线作保护线，采用电缆芯线作保护线时不得少于 2 根。

3. 电梯井道

（1）井道空间

1）当对重完全压在缓冲器上时应同时满足以下四个条件：

导轨应提供不小于 $0.1+0.035v^2$（m）的进一步制导行程；

轿顶可站人的最高面积的水平面与相应井道顶最低部件的水平面之间的自由垂直距离不小于 $1.0+0.035v^2$（m）；

井道顶的最低部件与轿顶设备的最高部件之间的间距（不包括导靴、钢丝绳附件等）不小于 $0.3+0.035v^2$（m）；与轿顶部件最高点的间距不小于 $0.1+0.035v^2$（m）。轿顶上方应有一个不小于 $0.5m×0.6m×0.8m$ 的空间。

检查办法：轿厢在上端站平层位置时，在轿顶测量上述数据。

2）当相邻两层门地坎的间距大于 11m 时，其间应设置井道安全门。在同一井道内，两相邻轿厢间的水平距离不大于 0.75m，且大于等于 0.3m 时，可使用轿厢安全门。

3）检修门、井道安全门及检修活板门均不得朝井道内开启，且应有钥匙开启的锁。当上述门开启后，不用钥匙也能将其关闭和锁住；而在井道内当上述门锁闭时，不用钥匙也能开启。

4）应设置电气安全装置，以保证只有当检修门、井道安全门以及检修活板门全部关闭时，电梯才能运行。

检查办法：关闭各道门，检查电梯运行情况；打开任一道门，检查电梯开启和停止运行情况。

5）装有多台电梯的轿厢和对重的井道，应在井道下部不同电梯的运动部件（轿厢或对重）之间设置隔障。隔障高度不小于 2.5m。当电梯运动部件之间的水平距离小于 0.3m 时，隔障应贯穿整个井道高度。

（2）导轨

1）导轨工作面每 5m 铅垂线测量值间的相对最大偏差均应不大于下列数值：

轿厢导轨和设有安全钳的 T 型对重导轨为 0.6mm；不设安全钳的 T 型对重导轨为 1mm。

检查方法：使用激光垂准仪或 5m 长磁力线锤沿导轨侧面和顶面测量，对每 5m 铅垂线分段连续检测。每面不少于 3 段。

2）轿厢导轨和设有安全钳的对重导轨工作面接头处不应有连续缝隙，且局部缝隙不大于 0.5mm；接头处台阶应不大于 0.05mm；不设安全钳对重导轨接头缝隙不大于 1mm；接头处台阶应不大于 0.15mm。

3）每根导轨至少有 2 个导轨支架，其间的距离不大于 2.5m；支架或地脚螺栓埋入墙体应牢固。焊接支架，其焊缝应是连续的，并应双面焊牢。

4）井道上下两端应装设极限位置保护开关，它应在轿厢或对重缓冲器前起作用，并在缓冲器被压缩期间保持其动作状态。

检查方法：慢速移动轿厢当其靠近极限开关时，按动开关，电梯应能停止上下两方向运行。提升（下降）轿厢，使对重（轿厢）完全压实在缓冲器上，检查极限开关是否在整个过程中保持动作状态。

5）选层钢带应有防止钢带断带的保护开关。选层钢带应张紧，运行中不得与轿厢或对重相碰触。

（3）导线与电缆

1）线管、线槽的敷设应平直、整齐、牢固，动力与控制线路应分隔敷设。

2）电缆不得与限速器绳、选层器钢带、限位极限开关等装置干涉。当轿厢压实在缓冲器上时，电缆不得与地面和轿厢底边框接触。

3）随行电缆不应打结和波浪扭曲现象，不得与线槽、线管发生卡阻。固定应可靠。

4）封闭井道内应设置固定照明，井道最高与最低位置 0.5m 以内各装设一盏灯，井道中间每隔 7m 设一盏灯。在轿顶面以上和底坑地面以上 1m 处的照度不低于 50Lx。

（4）曳引绳

1）曳引绳不应有过度磨损、断股等缺陷，断丝数不应超过报废标准。当钢丝绳公称直径减少 7% 时，即使未发现断丝，该绳也应报废。

检查方法：目测检查钢丝绳的可见断丝数。必要时用钢丝绳探伤仪全长检测或分段抽测。用游标卡尺测量钢丝绳直径。

2）曳引绳张力与平均值偏差均不大于 5%，弹簧、螺母、开口销等部件无缺损。

检查方法：将轿厢停在适宜位置，用张力仪测量每根钢丝绳的张力，计算张力偏差值。

（5）补偿绳

1）电梯额定速度大于 2.5m/s 时，应使用带有张紧轮的补偿绳，并装有检查张紧状况的电气开关。张紧轮应有防止绳脱槽装置和防止异物落入的防护罩。额定速度大于 3.5m/s 时，应有防跳装置，并通过电气装置保护。电气装置和防护措施应可靠有效。

检查方法：运行时按动保护开关，电梯应停止运行。用卡尺检查防跳装置是否有效防止跳槽。

2）补偿绳（链）不应有过度磨损等缺陷。绳（链）端固定应可靠，部件不应缺损。

（6）底坑

1）底坑不得有污水和杂物。底坑高度为 1.6m 以上时，应安装有爬梯。

2）底坑应设有停止电梯运行的非自动复位的红色停止开关和电源插座，且工作有效。

（7）缓冲器

1）轿厢在两端站平层位置时，轿厢、对重装置的撞板与缓冲器顶面间的距离：耗能型缓冲器应为 150~400mm；蓄能缓冲器应为 200~350mm。

2）轿厢、对重装置的撞板中心与缓冲器中心的偏差不大于 20mm。

3）轿厢完全压在缓冲器上应满足：

轿底应有一个能放入不小于 0.5m×0.6m×1.0m 矩形体的空间；

底坑底与轿厢最低部分之间净空距离不小于 0.5m；

底坑底与导靴、安全钳、护脚板等部件之间距离不小于 0.1m。

4）液压缓冲器安装应垂直，油位正确，柱塞无锈蚀。

5）液压缓冲器柱塞铅垂度不大于 0.5%，充液量正确，且应设有在缓冲器动作后，未恢复到正常位置使电梯不能正常运行的电气安全开关。

6）同一基础上的两个缓冲器顶部与轿底对应距离差不大于 2mm。

4. 电梯轿厢

（1）外观检查

1）轿厢内应标明额定载重量、人数、制造单位的铭牌，轿厢有效面积应符合有关规定。

2）轿厢、轿门及厅门的材质、颜色符合合同要求，且表面平整、无磕碰、无划痕、无色差；保护膜应全部清理干净。

3）轿厢顶棚和地面平整，无凹凸、无色差；接缝处无胶迹。

4）操纵按钮动作灵活，信号显示清晰、完整，控制功能有效。

5）照明灯具和应急照明安装牢固，数量齐全，照度符合要求。

6）轿厢排气扇运转平稳，无异常声响。

7）厅内检修小门开关灵活并在上锁状态。

8）轿厢顶部的检修照明和电源插座齐全，并有相应标志。

9）电梯对讲装置齐全且对讲按钮灵活可靠。

10）轿厢内张贴有安全检测证书和乘梯须知，检测证书应在有限期内。

（2）检修装置

1）进入检修状态，其正常运行、紧急电动运行、对接操作等动作全部取消，再次操作检修开关，电梯才能重新恢复正常。

2）轿厢运行应依靠一种持续揿压按钮，防止误操作，并标明运行方向，轿厢运行速度不应大于 0.63m/s。

3）检修运行时仍依靠安全装置。将轿厢置于检修状态，分别将厅门打开和安全开关断开，进行检修运行操作，检查电梯是否能够启动；呼梯，检查电梯是否能够应答，试验对接操作和紧急电动运行是否有效。

4）轿顶检修控制应优先于其他检修控制。在轿顶将检修控制开关置于检修控制状态，分别在轿厢和机房进行检修控制操作，确定优先顺序。

（3）护栏装置

1）轿顶应装设护栏，护栏高度不超过轿顶最高部件，当顶层高度允许时，护栏高度应为 1.05m。

2）井道内的导向滑轮、曳引轮和轿架上固定的反绳轮，应设置防护装置（保护罩和挡绳装置），以避免悬挂绳脱槽伤人和进入杂物。

（4）导轨

1）导轨应用压板固定在导轨架上，不应采用焊接或螺栓直接连接。

2）轿厢导轨与对重导轨的下端应支撑在地面坚固的导轨座上。

（5）电气保护装置

轿顶的安全窗，应有电气保护装置。对于有一个或两个轿厢入口没有设轿门的电梯应设置安全窗。电梯以检修速度上下运行时，打开安全窗时，轿厢应停止运行。连续运作两次均应有效。

（6）紧急停止开关

在轿顶、滑轮间应设有紧急停止开关，应能使电梯包括自动门保持不服务状态。开关应为红色、双稳态，能防止误动作释放的安全触点。电梯运行过程中，按动紧急停止开关，电梯应停止运行。

（7）备用电源

紧急报警装置和应急照明的备用电源在停电时应由自动供电。

（8）超载保护装置

检测轿厢载重量符合产品要求，且超载装置动作可靠。

（9）安全钳

1）安全钳运作之前或同时动作使曳引机停止转动的电气开关，其开关工作应灵敏、可靠。断开电气开关，电梯应不能启动。

2）轿厢与对重之间的间隔距离不小于 50mm，限速器钢丝绳和选层器钢带应张紧，在运行中不得与轿厢或对重相碰触。

5. 电梯层站

（1）层门

1）层门外观应平整、光洁、无划伤或碰伤痕迹。

2）层门地坎应具有足够的强度，水平度不大于 2/1000，地坎应高出装修地面 2～5mm。

3）层门地坎与轿门地坎的水平距离不大于 35mm。水平距离偏差为 0～+3mm，层门地坎应牢固。

4）层门、轿门的门扇之间，门扇与门套之间，门扇与地坎之门的间隙不大于 6mm，货梯不大于 8mm。在水平滑动门开启方向，以 150N 的力，施加在最不利点上时，间隙不大于 30mm。

5）井道内表面与轿厢地坎、轿门或门框的间距不大于 0.15m。

6）门刀与层门地坎，门锁滚轮与轿门地坎的间隙为 5～10mm。

检查办法：将轿厢开到门刀与层门地坎平行位置，在层门处用塞尺或直尺测量间隙；将轿厢开到轿门地坎与门锁滚轮平行位置，在轿厢内用塞尺或直尺测量间隙。

7）层站指示信号及按钮指示信号清晰明亮，按钮动作准确无误，消防开关工作可靠。

8）层门、轿门运行不应卡阻、脱轨或在行程终端时错位。

9）当轿门在开锁区域以外时，无论层门由于任何原因而被开启，都应有一种装置能确保层门自动关闭，且工作有效。采用重锤式自动关闭装置应有防止重锤坠落的措施。

10）动力操纵的自动门应有防止门夹人的保护装置，且工作有效。

（2）厅门

1）每个层门都应有紧急开锁装置，并能用钥匙打开层门，开锁后能自动复位。

2）当保持锁紧的弹簧（磁铁）失效时，重力不应导致开锁。

3）锁紧装置与安全触点元件间应是直接的和防止误动作的连接。门锁锁钩、锁臂及动接点动作灵活，在电气安全装置动作之前，锁紧元件最小啮合长度为 7mm。

4）层门与轿门的锁闭应满足如下需求：

在正常运行和轿厢未停止在开锁区域内，层门应不能打开；

如果一个层门或轿门打开，电梯应不能正常启动或继续正常运行。

应有检查关闭位置的电气装置，如层门门扇由间接机构连接时，未被锁住的门扇也应有这种电气装置。

检查方法：当电梯运行时，打开层门或轿门时电梯应停止运行，电梯停止后，打开任一层门或轿门，电梯应不能启动。检查间接机械连接门扇是否设置电气装置，可分别短接主（副）门锁，确认副（主）门锁的可靠性。

（3）消防功能

1）消防开关应设在基站或撤离层，防护玻璃应完好，并标有"消防"字样。

2）消防开关动作后，此时外呼和内选信号均无效，轿厢应直接回到指定撤离层，将轿门打开。检查方法：在停梯或运行过程中，选择一些楼层呼梯，将消防开关打开，检查电梯是否按规定程序回到指定层站等待。

3）消防电梯进入消防状态，消防队员可以操作轿厢内的指令按钮，即电梯可以上下运行，但开关门按钮无自保持功能。

6. 电梯综合性能

（1）安全钳联动试验

新安装具有型式试验证书的瞬时式安全钳，轿厢承载为额定载荷，以检修速度做限速器-安全钳联动试验，安全钳工作应可靠。定期检验时，应做空载、检修速度的限速器-安全钳联动试验。

检查方法：轿厢均匀布置载荷，短接限速器和安全钳电气联动开关。在机房操纵电梯以检修速度向下进行，人为动作限速器，使轿厢可靠制停。检查安全钳在导轨上的制动痕迹是否一致，此试验应在曳引试验之后进行。

（2）缓冲器试验

蓄能型缓冲器仅适用于额定速度小于1m/s的电梯，耗能型缓冲器可适用于各种速度的电梯。对耗能型缓冲器需进行复位试验，复位时间应不大于120s。

检查方法：0轿厢在空载情况下，以检修速度下降，将缓冲器完全压缩，从轿厢开始离开缓冲器瞬间起，直到缓冲器回复原状。用秒表计时。

（3）曳引试验

在电压波动小于2％工况下，用逐渐加载测定轿厢上、下行至与对重同一水平位置时的电流或电压测量法，检验电梯平衡系数应为40％～50％，测量表必须符合电动机供电的频率、电流、电压范围。

检查方法：轿厢分别承载0、25％、50％、75％、100％的额定载荷，进行沿全程直驶运行试验，分别记录轿厢上下行至与对重同一水平面时的电流、电压或速度值。对于交流电动机通过电流测量并结合速度测量，做电流-载荷曲线或速度-载荷曲线，以上、下运行曲线交点确定平衡系数。电流应用钳型电流表从交流电动机输入端测量。对于直流电动机通过电流测量并结合电压测量，做电流-载荷曲线或电压-载荷曲线，确定平衡系数。

（4）轿厢试验

1）轿厢承载125％额定载荷，以正常运行速度下行时，切断曳引机供电，轿厢应被可靠制动且无明显变形和损坏。

检查方法：电梯在行程上部空载上行，及在行程下部范围以125％额定载荷下行，分别停层3次以上检查有无异常后，电梯以正常速度向下运行并突然断电，检查轿厢制停及完好情况。

2）对重完全压在缓冲器上，空轿厢应不能被提升。

检查方法：将上限位开关和极限开关短接。慢慢将轿厢提起使对重压在缓冲器上。继续提升轿厢不应被提起。

3）当轿厢面积不能限制载荷超过额定值时，用150％额定载荷做曳引静载检查，历时10min，曳引绳无打滑现象。

检查方法：在曳引轮上将钢丝绳和曳引轮的相对位置作出标记，轿厢承载150％额定载荷，历时10min，检查是否出现打滑现象。

（5）平层精度

1）电梯额定速度等于或大于 0.63m/s 的交流双速电梯，在 ±15mm 内。

2）电梯额定速度在 0.63～1m/s 的交流双速电梯，在 ±30mm 内。

3）电梯额定速度 1～2.5m/s 的交、直流调速电梯，在 ±15mm 内。

4）电梯额定速度梯速大于 2.5m/s 的电梯应符合厂家技术要求。

检查方法：用直尺检查平层精度，着重检查空载和额定载荷工况。

（6）安全开关

1）限速器与安全钳电气开关在联动试验中动作应可靠，且使曳引机立即制动。

2）设在井道上下两端的极限位置保护开关，它应在轿厢或对重接触缓冲器前起作用，并在缓冲器被压缩期间保持其动作状态。

3）电梯以检修速度运行时，人为动作安全窗开关、轿顶和底坑的紧急停止开关以及限速器松绳开关各 2 次，电梯均应停止运行。

（7）电梯噪声

1）机房平均噪声不大于 80dB。

2）电梯厢内噪声：额定速度小于 2.5ms 的电梯，轿内噪声小于 55dB；额定速度等于大于 2.5m/s 的电梯，轿车噪声小于 60dB。

3）开关门噪声小于 65dB。

检查方法：

机房噪声测试：当电梯以正常运行速度运行时，声级计距地面高 1.5m，距声源 1m 处进行，测试点取不少于 3 点，取最大值。

轿厢内噪声测试：电梯运行过程中，声级计置于轿厢内中央，距地面高 1.5m 测试，取最大值。

开关门噪声测试：声级计置于层门轿厢门宽度的中央，跨门 0.24m，距地面高 1.5m，测试开、关门过程中的噪声，取最大值。

（8）工况试验

轿厢分别以空载、50％额定载荷和额定载荷三种工况，并在通电持续率 40％情况下，到达全行程范围，按 120 次/h，每天不少于 8h，各起/制动运行 1000 次，电梯应运行平稳、制动可靠、连续运行无故障。制动器温升不应超过 60K，曳引机减速器油温温升不应超过 60K，其温度不应超过 85℃。曳引机减速器，除蜗杆轴伸出一端只允许有轻微的渗漏油，其余各处不得有渗漏油。

此项试验由安装调试单位在安装调试过程中进行。物业单位查看其检验记录进行判断，必要时用点温计测量油温。

（9）超载试验

电梯在 110％额定载荷，通电持续率 40％的情况下，起、制动运行 30 次，电梯应可靠地起动、运行和停止，曳引机工作正常。

检查方法：断开超载控制电路，进行运行试验。

5.2.2　自动扶梯的承接查验的内容、标准与方法

1. 自动扶梯随机图纸与资料的承接查验

（1）扶梯型式试验合格证（复印件）；

（2）扶梯总体布置图；

（3）扶梯安装、使用、维护说明书；

（4）扶梯电气原理图和接线图及安全开关示意图；

（5）扶梯施工情况记录和自检报告；

（6）扶梯安装过程中事故记录与处理报告；

（7）扶梯变更设计的证明文件；

（8）扶梯改造（大修）部分的清单、主要部件合格证；

（9）扶梯注册登记档案；

（10）扶梯运行管理制度及设备技术档案；

（11）扶梯维修保养、常规检查和故障与事故的记录。

2. 检修空间

（1）机房和转向站内至少应有一块为 $0.3m^2$，其较少一边的长度不少于 0.5m 的没有任何固定设备的站立面积。

（2）当主驱动装置或制动器装在梯级、踏板或胶带的载客分支和返回分支之间时，在工作区段应提供一个适当的接近水平的立足平台，其面积不应小于 $0.12m^2$，最小边尺寸不小于 0.3m。

（3）机房、驱动和转向站以及固定式控制柜（屏）前要有一个宽度不小于 0.5m，深度为 0.8m 的自由空间。

（4）机房、驱动和转向站以及固定式控制柜（屏）在需要对运动部件进行维修和检查的地方，应有一个底面积至少为 0.5m×0.6m 的自由空间。

3. 防护装置

（1）如果转动部件易接近或对人有危险，应设置有效的防护装置，特别是必须在内部进行维修工作的驱动站或转向站的梯级和踏板转向部分。

（2）电气照明，机房和转向站的电气照明应是永久性的和固定的。

（3）电源插座，机房、驱动和转向站的每一处应配备一个或多个 2P＋PE 型电源插座。

（4）电源开关

1）在驱动主机附近，转向站中或控制装置旁，应装设一只能切断电动机、制动器释放装置和控制电路电源的主开关。该开关应不能切断电源插座或检修及维修所必需的照明电路的电源。

2）主开关处于断开位置时应可被锁住或处于"隔离"位置，应在打开活板门后迅速而容易地断开。

3）主开关应具有切断自动扶梯在正常使用情况下最大电源的能力。

4）当扶手照明和梳齿板照明是单独供电时，各相应开关应位于主开关旁并有明显的标志。

5）在驱动和转向站应设置使自动扶梯停止运行的停止开关，如果驱动站已设置了主开关，可不设停止开关。

6）停止开关的动作应能切断驱动主机的电源，并使工作制动器制动。

7）停止开关应为手动的，并具有清晰的转换位置标记。

（5）绝缘电阻

1）动力电路和电气安全装置电路不得小于 0.5MΩ。

2）其他电路（控制、照明、信号等）不得小于 0.25MΩ。

检查方法：用兆欧表分别测量动力电路、电气安全装置电路和照明电路导体之间和导体对地的绝缘电阻。测量时应断开主开关，并断开所有电子元件。

（6）接地系统：零线和地线应始终分开。

检查方法：将主电源断开，在进线端断开零线，用万用表检查零线和地线之间是否连通。

（7）断相保护：在电源输入端分别断开各相电源，再闭合主开关检查自动扶梯是否启动。

（8）接触器：电源接触器的触头应串接于供电电路中，如果自动扶梯停止时，接触器的任一主接头未断开，应不能重新启动。

检查方法：人为按住其中一个主接触头不释放，并停车，检查自动扶梯是否重新启动。

（9）短路保护：直接与电源连接的电动机应进行短路保护。

检查方法：手动试验。

（10）过载保护：直接与电源连接的电动机应采用手动复位的自动开关进行过载保护，该开关应切断电动机的所有供电。

检查方法：用自动开关进过载保护的，应检查自动开关规格和整定值是否与电动机相匹配；用热继电进行过载保护的，应检查热继电器规格和整定值是否与电动机相匹配。可以采用热敏电阻对电机绕组温升进行过载保护的试验。

（11）启动保护：制动系统供电的中断至少应有两套独立的电气装置来实现。这些装置可以中断驱动主机的电源。如自动扶梯停车以后，这些电气装置中的任一个还没有断开，应不能重新启动。

检查方法：人为按住其中一个主接触头不释放、停车，检查自动扶梯是否重新启动。

（12）盘车装置：手动盘车装置应操作方便，安全可靠，不允许采用曲柄或多孔手轮。

（13）急停装置：紧急停止装置应设置在位于自动扶梯出入口附近的、明显而易于接近的位置。

对于提升高度超过 12m 的自动扶梯，应增设附加急停装置，附加急停装置之间的距离不应超过 15m。

4. 扶梯倾斜角和导向

（1）倾斜角：自动扶梯的倾斜角不应超过 30°，当提升高度不超过 6m，额定速度不超过 0.50m/s 时，倾斜角允许增至 35°。

（2）导向：梯级在出入口处应有导向，使其从梳齿板出来的梯级前缘和进入梳齿板梯级后缘至少应有一段 0.8m 长的水平移动距离。在水平运动段内，两个相邻梯级之间的高度误差最大允许为 4mm。若额定速度大于 0.50m/s 或提升高度大于 6m，该水平移动距离应至少为 1.2m。

5. 扶梯相邻区域

（1）环境照度：自动扶梯及其周边，特别是在梳齿板的附近应有足够和适当的照明。室内或室外自动扶梯出入口处的光照度分别至少为 50Lx 或 15Lx。用照度计置于出入口的地面上测量。

（2）出入口：在自动扶梯的出入口应有充分畅通的区域以容纳乘客。该畅通区的宽度至少等于扶手带中心线之间距离，其纵深尺寸至少为2.5m。如果该区宽度增至扶手带中心距的两倍以上，则其纵深尺寸允许减少至2m。目测检查，必要时卷尺测量，纵深尺寸应从扶手带转向端端部算起。

（3）垂直高度：自动扶梯的梯级的踏板或胶带上空，垂直净高度不应小于2.3m。

（4）障碍物：如果建筑物的障碍会引起人员伤害时，则应采取相应的预防措施。特别是在与楼板交叉处以及各交叉设置的自动扶梯之间，应在外盖板上方设置一个无锐利边缘的垂直防碰挡板，其高度不应小于0.3m。

（5）扶手带外：扶手带外缘与墙壁或其他障碍物之间的水平距离在任何情况下均不得小于80mm。

（6）相邻扶梯：对相互邻近平行或交错设置的自动扶梯，扶手带的外缘间距离至少为120mm。

6. 扶手装置和围裙板

（1）开口距离：扶手带开口处与导轨或扶手支架之间的距离均不得超过8mm。

（2）扶手装置：扶手装置应没有可供人员站立的部位，并有阻止人们翻越的扶手装置，以免除跌落的危险。

朝向梯级、踏板或胶带一侧扶手装置部分应是光滑的。其压条或镶条的装设方向与运行方向不一致时，其凸出高度不应超过3mm，其边缘应坚固且具有圆角或倒角。

（3）护壁板：护壁板之间的空隙不应大于4mm，其边缘应呈圆角或倒角状。护壁板应是单层安全玻璃（钢化玻璃），玻璃的厚度不应小于6mm。

（4）围裙版：围裙板应是坚固、平滑且是对接缝的。自动扶梯的围裙板设置在梯级、踏板或胶带的两侧，任何一侧的水平间隙不应小于4mm，在两侧对称位置处测得的间隙总和不应大于7mm。

7. 扶梯梳齿与梳齿板

（1）梳齿：梳齿板梳齿与踏板面齿槽的啮合深度应至少为6mm。间隙不应超过4mm；梳齿板梳齿与胶带齿槽啮合深度应至少为4mm。间隙不应超过4mm；梳齿板梳齿或踏板面齿应完好，不得有缺损。

（2）梳齿板：梳齿板或其支撑结构应为可调试的，以保证正确啮合。梳齿板应易于更换。

8. 扶梯安全装置

（1）保护装置：在扶手带入口处应设手指和手的保护装置，并应装设一个使自动扶梯自动停止运行的开关，且灵活可靠。

（2）异物保护：如有异物卡入梯级、踏板或胶带与梳齿板之间，且产生损坏梯级、踏板、胶带或梳齿板支撑结构的危险时，自动扶梯应停止运行。

检查方法：拆下梳齿板中间部位的梳齿，用工具使梳齿板向后或向上移动（或前后、上下），检查安全开关是否动作，自动扶梯是否启动。

（3）限速保护：自动扶梯应配备速度限制装置，使其在速度超过额定速度1.2倍之前自动停车，同时切断自动扶梯的电源。

（4）方向保护：自动扶梯应设置一个装置，使其在梯级，踏板或胶带改变规定运行方向时，自动停止运行。

检查方法：因制造厂和型号不相同，采取的检验方法也不同，通常采用测速原理的机型，可采用切除信号来检测。采用其他原理的可采用相应的检测方法。

（5）断裂保护：直接驱动梯级、踏板或胶带的元件的断裂或过分伸长，自动扶梯应自动停止运行。

（6）距离保护：驱动装置与转向装置之间的距离（无意性）缩短，自动扶梯应自动停止运行。

（7）下陷保护：梯级或踏板任何位置下陷能使保护装置动作，并能保证下陷的梯级或踏板不能到达梳齿相交线。

检查方法：卸除1级～2级梯级或踏板检修运行至安全装置处；检查安全开关装置设置的离梳齿板的距离是否大于工作制动器最大的制停距离；检查检测杆与梯级或踏板最低点的间隙是否不大于6mm；手动试验测杆是否能使安全开关动作。

9. 扶梯检修装置

（1）控制装置：自动扶梯应设置检修控制装置，检修控制装置的电缆长度至少为3m。

（2）检修插座：在驱动站和转向站内至少应提供一个用于便携式控制装置连接的检修插座，检修插座的设置应能使检修控制装置到达自动扶梯的任何位置。

（3）操作元件：控制装置的操作元件应能防止发生意外动作，自动扶梯只允许在操作元件用手长期按压时间内运转。

（4）停止开关：每个检修控制装置应配置一个停止开关，停止开关一旦动作就应保持在断开位置；开关的指示装置上应有明显识别运行方向的标记。

（5）检修保护：当使用检修控制装置时，其他所有启动开关都应不起作用。所有检修插座应这样设置：即当连接一个以上的检修控制装置时，或者都不起作用，或者需要同时都启动才能起作用，安全开关和安全电路应仍起作用。

10. 扶梯启动与停止装置

（1）制动器：在下列任何一种情况下，自动扶梯应设置一只或多只附加制动器，该制动器直接作用于梯级、踏板或胶带驱动系统的非摩擦元件上；工作制动器和梯级、踏板或胶带驱动轮之间不是用轴、齿轮、多排链条、两根或两根以上的单根链条连接的；工作制动器不是机一电式制动器；提升高度超过6m；附加制动器应为机械式的。

（2）启动与停止：使用者经过而自动启动的扶梯，应在该使用者走到梳齿相交线之前启动运行：光束的设置应在梳齿相交线之前1.3m以外；触点踏垫其外缘应设置在梳齿相交线之前至少1.8m处，沿运行方向的触点踏垫长度至少为0.85m。施加在其表面为25cm²的任何点上的载荷达150N之前就应作出响应。

检查方法：使用者从与预定运行方向相反的方向进入自动扶梯时，自动扶梯仍应按预先确定的方向启动，运行时间应不少于10s；控制系统应能使由使用者通过而自动启动的自动扶梯经过一段足够的时间（至少为预期乘客输送时间再加上10s）才能自动停止运行。

11. 扶梯标识

（1）电气元件：电气元件标志和导线端子编号应清晰，并与技术资料相符。

（2）使用须知：在自动扶梯入口处应设置使用须知的标牌，标牌应包括握紧扶手带；必须紧拉住小孩；宠物必须被抱住；面朝运行方向站立，脚须离开梯级边缘。

（3）停止装置：紧急停止装置应涂成红色，并在此装置上或紧靠它的地方标上"停止"字样。

（4）盘车装置：手动盘车装置附近应备有使用说明，并且应明确地标明自动扶梯的运行方向。

（5）厂家标识：自动扶梯至少在一个出入口的明显位置，应用中文标明制造厂的名称、产品型号标志。

（6）信号系统：若为自动启动式自动扶梯，则应配备一个清晰可见的信号系统，以便向乘客指明自动扶梯是否可供使用及其运行方向。

5.2.3 电梯系统承接查验用表

电梯系统承接查验可参考表 5-1～表 5-7，并根据承接查验的具体情况听证使用。

电梯随机图纸、资料及备品备件查验表　　　　　　　　　　表 5-1

物业项目：＿＿＿＿＿＿＿＿＿查验日期：＿＿＿＿＿＿＿＿编号：＿＿＿＿＿＿＿＿

建设单位：＿＿＿＿＿＿＿＿＿参加人员：＿＿＿＿＿＿＿＿

物业服务企业：＿＿＿＿＿＿参加人员：＿＿＿＿＿＿＿＿

序号	查验项目	查验内容	查验结果	备注
1	建设单位	电梯安全使用登记证		
		电梯年检报告		
		电梯检验合格证书		
2	生产单位	电梯装箱单		
		产品出厂合格证		
		机房井道布置图		
		使用维护说明书（应含电梯润滑汇总图表和电梯标准功能表）		
		动力和安全电路的电梯示意图及符号说明		
		电气敷线图		
		部件安装图		
		安装说明书		
		门锁装置、限速器、安全钳及缓冲器型式试验报告结论副本，其中限速器与渐进式安全钳还须有调试证书副本		
3	安装单位	自检记录和检验报告		
		安装过程中事故记录与处理报告		
		改造部分的清单、主要部件合格证、型式试验报告副本等资料，必要时还应提供图样和计算资料		
4	其他	电梯的备品备件		
		专业工具		
		轿厢及机房钥匙		
		防护用品等		

其他：

记录人：　　　　　时间：　　　　　审核人：

电梯轿厢与对重设备现场查验记录表　　　　　　　　　　表 5-2

物业项目：_____　查验日期：_____　编号：_____

建设单位：_____　参加人员：_____

物业服务企业：_____　参加人员：_____

序号	查验项目	查验情况	备注
1	电梯规格与型号		
2	轿厢材质与颜色		
3	轿厢地面与顶棚		
4	灯具与应急照明		
5	操纵按钮与显示		
6	电梯对讲功能		
7	轿厢排气扇		
8	轿顶检修照明与插座		
9	安全检测证书与乘梯须知		
10	电梯检修功能		
11	轿顶护栏装置		
12	导轨的固定情况		
13	安全窗保护装置		
14	紧急停止开关		
15	超载报警功能		
16	安全钳		

其他：

记录人：_____　　时间：_____　　审核人：_____

电梯机房设备现场查验记录表　　　　　　　　　　表 5-3

物业项目：_____　查验日期：_____　编号：_____

建设单位：_____　参加人员：_____

物业服务企业：_____　参加人员：_____

序号	查验项目	查验情况	备注
1	电气元件标志与导线编号		
2	导体的绝缘电阻		
3	线管、线槽的敷设		
4	供电电源的设置		
5	供电电源的控制范围		

续表

序号	查验项目	查验情况	备注
6	曳引机的润滑		
7	制动器的间隙		
8	紧急操作装置的使用说明		
9	松闸扳手及盘车手轮		
10	曳引机、限速器的颜色		
11	钢丝绳上的平层标识		
12	限速器的标牌		
13	限速器调节部位的封记		
14	限速器的电气开关		
15	限速器的动作校验		
16	接地系统的类型及质量		
17	电气外壳与地线的电阻值		
18	随行缆中保护地线的根数		

其他：

记录人：   时间：   审核人：

电梯井道设备现场查验记录表   表 5-4

物业项目：_____ 查验日期：_____ 编号：_____

建设单位：_____ 参加人员：_____

物业服务企业：_____ 参加人员：_____

序号	查验项目	查验情况	备注
1	对重完全压在缓冲器上的检查		
	电梯井道的封闭与安全门的设置		
	检修门、安全门及检修活板门的开启		
	电气安全装置的检测		
	多台电梯运动部件之间的隔障设置		
2	导轨工作面每 5m 的相对最大偏差值		
	两列轿厢导轨顶面间的距离偏差值		
	两列对重导轨顶面间的距离偏差值		
	轿厢导轨和对重导轨工作面接头缝隙		
	导轨支架的间距及地脚螺栓的固定		
	极限位置保护开关的功能		
	线管、线槽的敷设情况		

序号	查验项目	查验情况	备注
3	电缆与其他装置的干涉问题		
	随行电缆的敷设与固定		
	封闭井道照明灯具的设置		
	曳引绳的质量问题		
4	曳引绳的张力与平均偏差值		
	曳引绳的绳端固定情况		
5	张紧轮、电气开关、防绳脱槽和防护罩		
	张紧轮、防跳装置及电气保护装置		
	补偿绳（链）的质量与固定情况		
6	底坑清洁、强排装置及爬梯装置		
	底坑的停止开关和电源插座		
7	轿厢撞板与缓冲器顶面间的距离		
	对重装置的撞板与缓冲器顶面间的距离		
	同一基础缓冲器顶部与轿底对应距离值		
	轿厢完全压在缓冲器上的检查		
	液压缓冲器的安装质量及油位		
	液压缓冲器的电气安全开关		
	同一基础上缓冲器与轿底的距离差值		

其他：

记录人：   时间：   审核人：

层站与轿门设备测试与试运行记录表 表 5-5

物业项目：_____ 查验日期：_____ 编号：_____

建设单位：_____ 参加人员：_____

物业服务企业：_____ 参加人员：_____

序号	测试项目	测试情况	备注
1	层门外观质量		
	层门地坎水平度与高度		
	层门地坎与轿门地坎的水平距离		
	层门、轿门的门扇之间、门扇与门套之间、门扇与地坎之间的间隙		
	井道内表面与轿厢地坎、轿门或门框的间距		
	门刀与层门地坎、门锁滚轮与轿门地坎的间隙		
	层站指示信号及按钮		
	层门、轿门的运行情况		
	层门自动关闭装置		
	防止门夹人的保护装置		

续表

序号	测试项目	测试情况	备注
2	层门的紧急开锁装置		
	弹簧（磁铁）失效时，重力开锁情况		
	锁紧装置与安全触点元件间的连接情况		
	门锁锁钩、锁臂及动接点的动作情况		
	层门与轿门的锁闭功能及电气装置		
3	消防开关的标识与防护玻璃		
	消防开关动作后的运行状态		

其他：

记录人： 　　　　时间： 　　　　审核人：

电梯综合性能现场查验记录表　　　　表 5-6

物业项目：_____　　查验日期：_____　编号：_____

建设单位：_____　　参加人员：_____

物业服务企业：_____　　参加人员：_____

序号	测试项目	测试情况	备注
1	限速器与安全钳联动试验		
2	耗能型缓冲器的复位试验		
3	电梯平衡系数的测量		
4	断电后的轿厢制动试验		
5	对重压在缓冲器上的空轿厢的提升试验		
6	150％额定载荷时的曳引静载检查		
7	平层精度的检查		
8	电梯运行速度的检查		
9	电梯加速度和减速度的检查		
10	电梯垂直和水平振动的检查		
11	井道上下极限保护开关的试验		
12	电梯检修模式的安全保护		
13	电梯机房噪声的测试		
14	电梯轿厢噪声的测试		
15	电梯开关门噪声的测试		

其他：

记录人： 　　　　时间： 　　　　审核人：

自动扶梯随机图纸、资料现场查验表　　　　　　　　　　表 5-7

物业项目：＿＿＿＿＿＿＿＿　　查验日期：＿＿＿＿＿＿＿　　编号：＿＿＿＿＿＿

建设单位：＿＿＿＿＿＿＿＿　　参加人员：＿＿＿＿＿＿＿

物业服务企业：＿＿＿＿＿＿　　参加人员：＿＿＿＿＿＿＿

序号	查验项目	查验结果	备注
1	扶梯型式试验合格证（复印件）		
2	扶梯总体布置图		
3	扶梯安装、使用、维护说明书		
4	扶梯电气原理图和接线图及安全开关示意图		
5	扶梯施工情况记录和自检报告		
6	扶梯安装过程中事故记录与处理报告		
7	扶梯变更设计的证明文件		
8	扶梯改造（大修）部分的清单、主要部件合格证		
9	扶梯注册登记档案		
10	扶梯运行管理制度及设备技术档案		
11	扶梯维修保养、常规检查和故障与事故的记录		

其他：

记录人：　　　　　　时间：　　　　　　审核人：

5.2.4　问题的汇总与解决办法

详见 2.3.4 问题的汇总与解决办法。

小　　结

　　本章主要介绍了电梯系统的承接查验。电梯系统的承接查验应依据电梯系统相关验收规范及项目图纸资料及承接查验方案进行。电梯系统承接查验现场查验前，物业服务企业主要应该做好如下准备工作：组织准备；资料准备；查验工具和仪器仪表准备；现场查验计划与进度安排。现场查验人员应熟悉电梯系统承接查验的内容和标准，对电梯系统的资料、外观、安装质量和功能进行详细查验并如实详细填写《电梯系统承接查验表》。现场查验结束后，查验人员应将《电梯系统承接查验表》汇总和存在的问题进行登记，交由建设单位签署并负责解决，然后物业服务企业进行复验，直至合格。对于确实无法及时解决的问题，应填入遗留问题登记表，按有关的程序规定与建设单位协商最终解决方案。

拓 展 阅 读

为了让读者更好地理解和掌握本章知识，下面附一个拓展阅读材料，读者可扫描下方二维码阅读。

电梯安全事故频发原因

习 题

一、单项选择题

1. 我国通常把速度在（   ）的电梯称为高速电梯。

A. 5m/s 以上　　　　　　　　　　　B. 3m/s～5m/s

C. 2m/s～3m/s　　　　　　　　　　 D. 小于 1m/s

2. 下列哪一项不是电梯的开门方式（   ）。

A. 左开门　　　　　　　　　　　　 B. 右开门

C. 后开门　　　　　　　　　　　　 D. 中开门

3. （   ）其功能是限制轿厢和对重的活动自由度，使轿厢和对重沿着导轨上下运动。

A. 曳引系统　　　　　　　　　　　 B. 导向系统

C. 轿厢　　　　　　　　　　　　　 D. 门系统

4. 电梯承接查验应由物业服务企业的电气专业工程师、项目设备维修主管、（   ）与建设单位专业技术人员组成承接查验小组。

A. 监理单位　　　　　　　　　　　 B. 电梯维保公司

C. 房地产主管部门　　　　　　　　 D. 项目负责人

5. 自动扶梯的倾斜角不应超过（   ），当提升高度不超过 6m，额定速度不超过 0.50m/s 时，倾斜角允许增至（   ）。

A. 20°，30°　　　　　　　　　　　 B. 25°，30°

C. 30°，35°　　　　　　　　　　　 D. 35°，40°

二、多项选择题

1. 按电梯的拖动方式分类，可将电梯分为（   ）等几类。

A. 直流电梯　　　　　　　　　　　 B. 交流电梯

C. 液压电梯　　　　　　　　　　　 D. 智能控制电梯

E. 齿轮齿条电梯

2. 电梯的四大空间包括(　　)。

A. 机房
B. 井道
C. 轿厢
D. 层站
E. 轿门

3. 门系统的主要构件与装置有(　　)。

A. 轿厢门
B. 层门
C. 开门机
D. 曳引机
E. 控制屏

4. 电梯系统承接查验的准备工作包括(　　)。

A. 年检
B. 组织准备
C. 资料准备
D. 查验工具和仪器仪表准备
E. 现场查验计划与进度安排

5. 在对电梯机房进行承接查验时,应重点查验哪些部分(　　)。

A. 电气元件
B. 供电系统
C. 曳引机
D. 紧急操作装置与限速器
E. 接地

三、简答题

1. 电梯由哪几个系统组成?
2. 请简述垂直电梯的承接查验内容。
3. 在对电梯轿厢进行承接查验时,应进行哪些检查?
4. 如何进行电梯综合性能的查验?
5. 请简述自动扶梯的承接查验内容。

四、实训题

【实训情境设计】

人和物业服务有限公司即将对佳苑小区 5 栋高层住宅的 20 部垂直电梯进行承接查验,请你根据已学知识,编写一份电梯部分的承接查验方案并组织实施。

【实训任务要求】

1. 将全班同学分成若干小组,组建电梯承接查验小组,每组选派组长一名,实训采用小组长负责制。

2. 教师带领各组成员到校园或物业项目现场观察电梯的各组成部分,讲解电梯承接查验方法和标准。

3. 组长进行任务分解,确定分工,共同编写电梯部分承接查验方案并实施。

4. 提交电梯部分承接查验方案,小组长负责在课堂上汇报分析该电梯承接查验方案,每个小组汇报时间不超过 10min。

【实训提示】

1. 参考教材"5.2.1 垂直电梯的承接查验内容和标准"。

2. 分析提纲

(1) 电梯系统承接查验的准备;

(2) 垂直电梯随机图纸与资料的承接查验内容;

（3）垂直电梯的承接查验内容和标准；

（4）电梯系统存在问题的处理方法。

【实训效果评价】

物业设施设备承接查验方案实训效果评价表　　　　　　　表 5-8

评价项目	分值	得分	备注
准备工作	20		
方案制定	30		
方案实施	30		
结果汇报	20		
实训效果总体评价	100		

6 消防系统的承接查验

【能力目标】

1. 能够按要求进行消防系统的承接查验工作；
2. 能够合理填写查验记录并能够对查验问题进行汇总和跟踪处理。

【知识目标】

1. 了解消防系统的种类和构成；
2. 熟悉消防系统承接查验的依据和准备工作的内容；
3. 掌握消防系统查验的方法及标准；
4. 掌握遗留问题处理的方式方法。

【引例】

火灾发生时消防栓无水，物业服务企业是否应该承担赔偿责任

某日，小区业主刘某独自在家，突然发生火灾，市公安消防支队接报后调派一中队赶赴现场将火扑灭，火灾烧毁该住宅内的物品一批、造成公共部分被烧黑及造成楼上住户的财产部分损失。市公安消防支队出具《火灾事故认定书》，认为起火原因为：该户客厅东北角的空调电气线路故障引燃周围的可燃物所致。小区物业公司的安全管理人员、工作人员在公安机关陈述，火灾发生时，火灾住户所在楼座消防栓无水，使用其他楼座消防栓灭火。

房屋产权人刘某将小区物业公司告上法院，要求被告物业公司赔偿财物损失。原告起诉的理由是：其与被告物业公司签订了物业服务协议，协议中明确约定"各类消防设施完好、有效，消防水泵供水率达100％，其他消防设备设施完好率98％以上，并健全消防组织、建立消防责任制"，而事发时消防栓中无水，导致火情扩展，被告的不作为致原告损失扩大，理应承担赔偿责任。

【解析】

法院认为，物业公司对于本次火灾的发生没有过错，房主应当对火灾的发生承担全部责任。而在火灾发生时被告物业公司未按照物业服务协议保证消防栓供水，导致火情扩大，因此，物业公司对火灾扩大存在较为严重的过错。本案火灾造成的损失实际上是由火灾发生造成的损失及火灾扩大造成的损失两方面构成，但是火灾发生造成的损失与火灾扩大造成的损失客观上难以区分。法院判决由房主及小区物业公司分别承担50％的责任。

【点睛】

根据以上案例，需要明确消防栓没有水的原因，是承接查验的时候就没有水，还是因为后期管理不善导致没有水，责任承担是不一样的，如果是承接查验的时候就没有水，应该进行记录责成开发商限期整改，否则后期因此造成的损失应该由开发商负责。因此，物

业服务企业在承接查验阶段，应对消防系统进行全面细致的查验；在日常管理中，应重视消防监控、巡查，确保消防设备设施的正常运行，确保消防通道畅通。发现消防隐患在自己能力范围内无法消除时及时向公安部门报告。

6.1 消防系统承接查验的依据和准备工作

6.1.1 消防系统概述

随着现代建筑物自动化程度的不断提高，电气设备的种类与用量也在不断增加，加之内部陈设与装修材料多是易燃的，使火灾的发生频率不断增高。其次，高层建筑物的内部管道竖井，楼梯和电梯等如同一座座烟筒，一旦起火拔火力很强，火势扩散迅速。此外高层建筑物发生火灾时，由于高度所致，外部灭火器材和设施几乎无法达到，火灾的扑救主要是依靠内部的消防设施来完成。因此高层建筑的消防报警和灭火系统越发重要。

1. 火灾自动报警系统

火灾自动报警系统是一套不需要人工操作的智能化系统，一旦建筑物内某个部位发生火灾，火灾探测器就可以检测到现场的火焰、烟雾、高温和特有气体等信号，并转换成电信号，经过与正常状态阈值比较后，给出火灾的报警信号，通过自动报警控制器上的报警显示器显示出来，告知值班人员某个部位失火。同时通过自动报警控制器启动报警装置报警，告知现场人员投入灭火战斗或撤离火灾现场。

火灾自动报警系统一般由探测器、信号线路和自动报警装置三部分组成。火灾探测器是整个报警系统的检测元件，就像人的眼睛，它的工作稳定性、可靠性和灵敏度等技术指标直接影响着整个消防系统的运行；信号线路就像人的神经网络系统，用于向控制中心或者自动报警装置传输信号指令；自动报警装置接收到火灾探测器、手动报警按钮或其他触发器件发送来的火灾信号时，能发出声光报警信号，记录时间、自动打印火灾发生的时间、地点、并输出控制其他消防设备的指令信号。

2. 自动灭火系统

自动灭火系统是目前世界上广泛使用的一种固定式消防设施，它具有价格低廉、灭火效率高等特点。在火灾发生后，能自动进行喷水灭火，并在喷水灭火的同时发出警报。在我国，随着建筑业的快速发展及消防法规的逐步完善，自动喷水灭火系统也得到了广泛的应用。常规自动灭火系统主要包括消火栓灭火系统、自动喷水灭火系统、自动气体灭火系统和自动泡沫灭火系统。

消火栓灭火系统是最常用的灭火方式，它由蓄水池、水泵及室内消火栓等主要设备构成。室内消火栓则由水枪、水龙带、消火栓、消防管道等组成。为保证喷水枪在灭火时具有足够的水压，需要采用加压设备。常用的加压设备有两种：消防水泵和气压给水装置。消火栓的种类可分为室内消火栓和室外消火栓。室外消火栓又可分为地上式、地下式、直埋伸缩式。室外消火栓通常安装于市政给水管网上，是供水管网上重要设施之一。

自动喷水灭火系统主要由洒水喷头、报警阀组、水流报警装置管道以及供水设施组成。自动喷水灭火系统按喷头的开启形式，可分为闭式喷头系统和开式喷头系统；按报警阀的形式，可分为湿式系统、干式系统、预作用系统和雨淋系统。

湿式自动喷水灭火系统适用于环境温度4～70℃的场所。干式自动喷水灭火系统适用于环境温度小于4℃或大于70℃的场所，如冷库、寒冷地区的房间等场所。预作用自动喷水灭火系统适用于怕水渍损失的场所，可以代替湿式自动灭火系统，目前很多建筑物的地下车库也多有采用。雨淋系统适用于火灾水平迅速蔓延的场所。如舞台、火加工厂以及高度超过闭式喷头保护能力的空间等。

气体自动灭火系统主要用在不适于设置水灭火系统和其他灭火系统的环境中，如计算机机房、图书馆、档案室、移动通信基站、柴油发电机房等。平时气体灭火系统的灭火剂存贮于压力容器内，灭火时以气体状态向外喷射，实现扑灭该防护区火灾的目的。该系统主要由贮存容器、容器阀、选择阀、液体单向阀、喷嘴和阀驱动装置组成。

泡沫自动灭火系统是采用高效合成型泡沫灭火剂储存于储液罐中，当出现火灾时，通过火灾自动报警联动控制或手动控制，在高压氮气驱动下，推动储液罐内的合成型泡沫灭火剂，通过管道和水雾喷头后，将泡沫灭火剂喷射到保护对象上，迅速冷却保护对象表面，并产生一层阻燃薄膜，隔离保护对象和空气，使之迅速灭火的灭火系统。由于泡沫灭火系统是采用储存在钢瓶内的氮气直接启动储液罐内的灭火剂，经管道和喷头喷出实施灭火，故其同时具有冷却、窒息、乳化、隔离等灭火机理。整个灭火系统设备简单、布置紧凑。

3. 应急广播和消防电话

消防应急广播系统是火灾疏散和灭火指挥的重要设备，在整个消防控制管理系统中起着极其重要的作用。火灾发生时，应急广播信号音源设备发出，给功率放大器放大后，由模块切换到指定区域的音箱实现应急广播。系统主要由音源设备、功率放大器、输出模块、音箱等设备构成。

消防电话系统是一种消防专用的通信系统，通过消防电话可及时了解火灾现场的情况，并及时通告消防人员救援。它有总线制和多线制两种主机。总线制消防电话系统由消防电话总机、消防电话接口模块固定消防电话分机、消防电话插孔、手提消防电话分机等设备构成。所有电话插孔和电话分机与主机通话都要经过电话接口模块。而多线制消防电话系统则没有电话接口模块，一路线上的所有电话插孔和电话分机与多线制电话主机面板上的呼叫操作键是一一对应的。一般设置为每个单元一路电话。

4. 防排烟系统

防排烟系统是防烟系统和排烟系统的总称，其中防烟系统是采用机械加压送风方式或自然通风方式，防止烟气进入疏散通道；排烟系统采用机械排烟方式或自然通风方式，将烟气排至建筑物外。建筑物低于50m的公共建筑和建筑低于100m的居住建筑，均利用靠外墙的楼梯间、消防电梯前室或合用前室自然向外排烟。

防排烟系统是由送排风管道、管井、防火阀、门开关设备、送、排风机等设备组成。

5. 消防疏散

应急照明和紧急疏散指示灯是在火灾确认后，切断照明电源后点亮的。当采用了自备电式灯具时，它点亮的条件是交流电一旦被切断就自动点亮。所以，它应当接在照明回路上，才能实现正确的动作。当然，如果采用了统一供电，统一控制的应急灯就必须接到消防电源上，以保证在切断照明供电时控制应急灯点亮。

6. UPS直流不间断电源

UPS直流不间断电源在火灾自动报警及消防联动控制系统中是为联动控制模块及被

控设备供电的设备。直流不间断电源主要由智能电源盘和蓄电池组成，以交流220V作为主电源，DC24V密封铅电池作为备用电源。备用电源应能断开主电源后保证设备工作至少8h。电源盘应具有输出过流自动保护、主备电自动切换和备电自动充电及备电过放电保护等功能。

7. 消防联动

消防联动系统是指联动控制器与火灾报警控制器配合，通过数据通信，接收并处理来自火灾报警控制器的报警数据，然后对其配套执行器发出控制信号，实现对各类消防设备的控制作用。消防联动系统通常包括消防联动控制器、消防控制室显示装置、传输设备、消防电气控制装置、消防设备应急电源。消防电动装置、消防联动模块、消防栓按钮、消防应急广播设备、消防电话等设备和组件。该系统的控制范围主要有：

（1）切断火灾发生区域的正常供电电源，接通消防电源；

（2）启动消火栓灭火系统的消防泵、并显示状态；

（3）启动自动喷水灭火系统的喷淋泵，并显示状态；

（4）打开雨淋灭火系统的控制阀，启动雨淋泵并显示状态；

（5）打开气体或泡沫灭火系统的容器阀，能在容器阀动作之前手动急停，并显示状态；

（6）控制防火卷帘门的半降、全降，并显示其状态；

（7）控制平开防火门，显示其所处的状态；

（8）关闭空调送风系统的送风机、送风阀门，并显示状态；

（9）打开防排烟系统的排烟机、正压送风机及排烟阀、正压送风阀，并显示其状态；

（10）控制常用电梯，使其自动降至首层；

（11）使火灾应急广播投入使用；

（12）使应急照明系统投入工作；

（13）疏散、诱导指示设备投入工作，警报装置进入工作状态。

6.1.2 消防系统现场查验的依据

对消防系统进行承接查验，主要的参考依据如下：

1.《火灾自动报警系统设计规范》GB 50116—2013；

2.《消防给水及消火栓系统技术规范》GB 50974—2014；

3.《自动喷水灭火系统施工及验收规范》GB 50261—2005；

4.《泡沫灭火系统施工及验收规范》GB 50281—2006；

5.《气体灭火系统施工及验收规范》GB 50263—2007；

6.《建筑灭火器配置验收及检查规范》GB 50444—2008；

7.《固定消防炮灭火系统施工与验收规范》GB 50498—2009；

8. 消防系统竣工图及设备的技术资料；

9. 公安消防机构出具的有关法律文件；

10. 消防系统的设备安装技术文件、安装验收单；

11. 设备的使用说明书（包括电路图以及备用电源的充放电说明）；

12. 消防设备联动逻辑说明或设计要求；

13. 其他有关设备安装技术文件、验收报告、变更设计文件以及验收单等。

6.1.3 消防系统现场查验的准备工作

1. 承接查验的范围

(1) 火灾自动报警系统

1) 探测器类设备：点型火灾探测器、线型感温火灾探测器、红外光束感烟火灾探测器、空气采样式火灾探测器、点型火焰探测器、图像型火灾探测器、可燃气体探测器等。

2) 控制器类设备：火灾报警控制器、消防联动控制器、区域显示器、气体灭火控制器、可燃气体报警控制器等。

3) 其他设备：手动报警按钮、消防电话、消防应急广播、消防电话、设备应急电源、消防控制中心图形显示装置等。

(2) 自动喷水灭火系统

1) 供水设施：消防水泵、稳压泵、消防水箱、消防水池、气压给水设备、水泵接合器等。

2) 管网及组件：报警阀组、管网、喷头、其他组件等。

3) 系统试压：水压试验、气压试验、冲洗

4) 系统调试：水源测试、消防水泵调试、稳压泵调试、报警阀组调试、排水装置调试、联动试验等。

(3) 消火栓灭火系统

1) 供水设施：消防水泵、消防水箱、消防水池、气压给水设备、消防水泵接合器等。

2) 管网组件：管网、消火栓、消防软管卷盘、水龙、水枪等。

3) 系统试压：水压试验、气压试验、冲洗等。

4) 系统调试：水源测试、消防水泵调试、消火栓试射试验、联动试验等。

(4) 气体灭火系统

1) 系统组件：灭火剂储存装置、选择阀、信号反馈装置、阀驱动装置、灭火剂输送管道、喷嘴、预制灭火系统、控制组件等。

2) 系统验收：储存装置间、灭火剂输送管道、系统功能等。

(5) 泡沫灭火系统

1) 系统组件：泡沫液储罐、泡沫比例装置、泡沫产生装置、消防泵、泡沫消火栓、阀门、压力表、管道过滤器、金属软管等。

2) 系统验收：低、中倍数泡沫灭火系统：喷泡沫功能、混合比、发泡倍数、到最远防护区域储罐的时间、湿式联用系统水与泡沫的转换时间；高倍数泡沫灭火系统：喷泡沫功能、混合比、泡沫供给速率和自接到火灾模拟信号至开始喷泡沫的时间。

(6) 固定消防炮灭火系统

1) 系统组件：消防炮、泡沫比例混合装置和泡沫液罐、干粉罐和氮气瓶组、消防泵组、管道与阀门、消防炮塔、动力源等。

2) 喷射功能：水炮、泡沫炮、干粉炮的喷射压力、转角、混合比、喷射响应时间等

3) 系统验收：手自动启动、主备电源切换、消防泵组、联动控制。

在对消防各系统进行承接查验之前，应对设备的有关图纸、资料、备品备件和专用工具进行查验和移交。查验的依据是设备的出厂装箱单与有关合同，查验情况应记录在案。

2. 组织准备

(1) 由物业服务企业成立消防系统承接查验小组。小组长由有资格的专业工程师、项目主管或领班担任，会同建设单位、施工单位的专业技术人员组成查验小组，并进行人员分工，有专门记录和拍照人员，共同实施承接查验。

(2) 由设备生产厂家或安装单位的专业技术人员对物业服务企业参与查验的技术人员进行专业技术培训，合格后方可参加承接查验。

3. 资料准备

承接查验小组人员应提前准备、熟悉和了解消防系统与查验工作有关的图纸和资料，在承接查验时应同时核对资料的有效性。有关图纸和资料具体如下：

(1) 竣工图、竣工资料、竣工报告。

1) 系统图；

2) 系统的建筑平面图；

3) 消防设备联动逻辑说明或设计要求；

4) 设备安装技术文件：

① 安装尺寸图（包括控制设备、联动设备的安装图、探测器预埋件，端子箱安装尺寸等）；

② 设备的外部接线图（包括设备尾线编号、端子板出线等）；

5) 变更设计部分的实际施工图；

6) 变更设计的证明文件（包括消防设备联动逻辑设计要求变更）；

7) 安装验收单：

① 安装技术记录（包括隐蔽工程检验记录）；

② 安装检验记录（包括绝缘电阻、接地电阻的测试记录）；

8) 设备的使用说明书（包括电路图以及备用电源的充放电说明）。

(2) 系统的检验报告、合格证及相关材料。

4. 查验工具和仪器仪表准备

承接查验前应准备的工具和仪表主要包括：钢卷尺、直尺、流量计、压力表、秒表、梯子、安全帽、移动照明灯、数码相机等。

6.2　消防系统承接查验的实施

6.2.1　消防系统承接查验的内容与方法

1. 火灾自动报警系统

(1) 技术资料的查验：

1) 竣工验收报告；

2) 竣工图；

3) 火灾自动报警系统的检验报告。

(2) 火灾报警功能的查验

1) 查验火灾报警控制器的规格、型号、容量、数量应符合设计要求。查验方法：对照图纸观察查验。

2) 报警控制器的查验：

① 查验自检功能和操作级别；

② 查验报警功能：人为将控制器与探测器之间的连线断路和短路，控制器应在100s内发出故障信号；在此状态下，使任一非故障部位的探测器发出火灾报警信号，控制器应在1min内发出火灾报警信号，并应记录火灾报警时间；再使其他探测器发出火灾报警信号，控制器应能再次进行报警；

③ 查验消音和复位功能；

④ 查验屏蔽功能；

⑤ 查验总线隔离保护功能：人为使总线隔离器保护范围内的任一点短路，检查总线隔离器的隔离保护功能；

⑥ 查验控制器的负载功能：使任一总线回路上不少于10只的火灾探测器同时处于火灾报警状态，检查控制器的负载功能（要求主、备电源分别测试）；

⑦ 查验主、备电源的自动转换功能。

3）火灾探测器的查验

点型火灾探测器（含感烟、感温）：

① 火灾探测器的规格、型号、数量应符合设计要求；

② 查验备品数量：点型火灾探测器的备品数量应为安装总数的10%，但不少于50只；

③ 火灾探测器的报警功能：采用专用的检测仪器，逐个检查每只探测器的报警功能，探测器应能发出火灾报警信号；对于不可恢复的火灾探测器应采取模拟报警方法逐个检查其报警功能，探测器应能发出火灾报警信号；当有备品时，可抽样检查其报警功能；查验结果均应符合设计要求。

线型感温探测器：

① 感温探测器的规格、型号、数量应符合设计要求；

② 感温探测器的报警功能：采用专用或模拟火灾的办法使其发出火灾报警信号，并在终端盒上模拟故障，探测器应能分别发出火灾报警和故障信号。

红外光束感烟探测器：

① 红外光束感烟探测器的规格、型号、数量应符合设计要求；

② 红外光束感烟探测器的报警功能：调整探测器光路调节装置，使探测器处于正常监视状态；用减光率为0.9dB的减光片遮挡光路，探测器不应发出火灾报警信号；用产品生产企业设定减光率（1.0～10.0dB）的减光片遮挡光路，探测器应发出火灾报警信号；用减光率为11.5dB的减光片遮挡光路，探测器应发出故障信号或火灾报警信号；查验结果应符合设计要求。

4）手动报警按钮的查验

① 手动火灾报警按钮的规格、型号、数量应符合设计要求；

② 按钮的报警功能：施加适当推力或模拟动作时，手动火灾报警按钮应能发出火灾报警信号。

5）消防联动控制器的查验

① 消防联动控制器的规格、型号、数量应符合设计要求；

② 状态显示功能：使消防联动控制器分别处于自动工作和手动工作状态，查验其状

态显示；

③自检功能和操作级别。

④故障报警功能：使消防联动控制器与各模块之间的连线断路和短路，消防联动控制器应能在100s内发出故障信号（主、备电源分别测试）；

⑤消音、复位功能；

⑥屏蔽功能；

⑦总线隔离器的隔离保护功能：使总线隔离器保护范围内的任一点短路，查验总线隔离器的隔离保护功能；

⑧消防联动控制器的最大负载功能：使至少50个输入/输出模块同时处于动作状态（模块总数少于50个时，使所有模块动作），查验消防联动控制器的最大负载功能；

⑨主、备电源的自动转换功能；

⑩查验消防联动控制器的联动逻辑关系。使消防联动控制器处于自动状态，按设计的逻辑关系，使相应的火灾探测器发出火灾报警信号，查验消防联动控制器接收火灾报警信号情况、发出联动信号情况、模块动作情况、消防电气控制装置的动作情况、现场设备动作情况、接收反馈信号及各种显示情况、手动插入优先功能等。使消防联动控制器的处于手动状态，按设计的联动逻辑关系，依次启动相应的受控设备，检查消防联动控制器发出联动信号情况、模块动作情况、消防电气控制装置的动作情况、现场设备动作情况、接收反馈信号及各种显示情况。

6）区域显示器的查验

①查验区域显示器（火灾显示盘）的规格、型号、数量应符合设计要求；

②查验区域显示器（火灾显示盘）的报警功能，区域显示器（火灾显示盘）应在3s内正确接收和显示火灾报警控制器发出的火灾报警信号；

③查验区域显示器（火灾显示盘）的消音、复位功能；

④查验操作级别；

⑤查验区域显示器（火灾显示盘）的主、备电源切换和故障报警功能。

7）可燃气体报警控制器的查验

①可燃气体报警控制器的规格、型号、容量、数量应符合设计要求；

②可燃气体报警控制器的自检功能和操作级别应符合设计要求；

③可燃气体报警控制器的报警功能，查验方法：在故障状态下，使任一非故障探测器发出报警信号，控制器应在1min内发出报警信号，并应记录报警时间；再使其他探测器发出报警信号，查验控制器的再次报警功能；

④可燃气体报警控制器的故障报警正常；查验内容：控制器与探测器之间的连线断路和短路时，控制器应在100s内发出故障信号；控制器与备用电源之间的连线断路和短路时，控制器应在100s内发出故障信号；

⑤消音和复位功能正常；

⑥高限报警或低、高两段报警功能正常；

⑦报警设定值的显示功能正常；

⑧控制器最大负载功能正常，主、备电源应分别进行；查验时，至少有4只可燃气体探测器同时处于报警状态；

⑨ 主、备电源的自动转换功能。

8）可燃气体探测器的查验

① 可燃气体探测器的规格、型号、数量应符合设计要求；

② 可燃气体探测器的功能查验内容和方法：逐个将可燃气体探测器按生产企业提供的调试方法使其正常动作，探测器应发出报警信号；对探测器施加达到响应浓度值的可燃气体标准样气，探测器应在 30s 内响应。撤去可燃气体，探测器应在 60s 内恢复到正常监视状态。

9）消防电话的查验

① 消防电话的规格、型号、数量应符合设计要求；

② 在消防控制室与所有消防电话、电话插孔之间互相呼叫与通话，总机应能显示每部分机或电话插孔的位置，呼叫铃声和通话语音应清晰；

③ 消防控制室的外线电话与另外一部外线电话通话，语音应清晰；

④ 群呼、录音等功能应符合设计要求。

10）应急广播的查验

① 消防应急广播设备的规格、型号、数量应符合设计要求；

② 以手动方式在消防控制室对所有广播分区进行选区广播，对所有共用扬声器进行强行切换，应急广播应以最大功率输出；

③ 对扩音机和备用扩音机进行全负荷试验，应急广播的语音应清晰；

④ 对接入联动系统的消防应急广播设备系统，使其处于自动工作状态，然后按设计的逻辑关系，检查应急广播的工作情况，系统应按设计的逻辑广播；

⑤ 使任意一个扬声器断路，其他扬声器的工作状态不应受影响。

11）消防备用电源的查验

① 备用电源的容量应满足相关标准和设计要求；

② 使备用电源放电终止，再充电 48h 后断开设备主电源，备用电源至少应保证设备工作 8h，且应满足相应的标准及设计要求。

12）消防应急电源的查验

按下述要求检查应急电源的控制功能和转换功能，并观察其输入电压、输出电压、输出电流、主电工作状态、应急工作状态、电池组及各单节电池电压的显示情况，做好记录，显示情况应与产品使用说明书规定相符，并满足要求：

① 手动启动应急电源输出，主电源和备用电源应在 5s 内完成转换，且不应同时输出；

② 手动停止应急电源的输出，应急电源应恢复到启动前的工作状态；

③ 断开应急电源的主电源，应急电源应能发出声提示信号，声信号应能手动消除；接通主电源，应急电源应恢复到主电工作状态；

④ 给具有联动自控功能的应急电源输入联动启动信号，应急电源应在 5s 内转入到应急工作状态；联动信号停止，应急电源应恢复到主电工作状态；

⑤ 具有手动和自控功能的应急电源处于自动控制状态，然后手动插入操作，应急电源应有手动插入优先功能，且应有自动控制状态和手动控制状态指示；

⑥ 断开应急电源的负载，要求检查应急电源的缺相保护、过载保护、电池开路保护

等功能正常。

13）图形显示装置的查验

① 消防控制中心图形显示装置的规格、型号、数量应符合设计要求。

② 操作显示装置使其显示完整系统区域模拟图和各层平面图，图中应明确指示出报警区域、主要部位和各消防设备的名称和物理位置，显示界面应为中文界面；

③ 使火灾报警控制器和消防联动控制器分别发出火灾报警信号和联动控制信号，显示装置应在3s内接收，准确显示相应信号的物理位置，并能优先显示火灾报警信号相对应的界面；

④ 使具有多个报警平面图的显示装置处于多报警平面显示状态，各报警平面应能自动和手动查询，并应有总数显示，且应能手动插入使其立即显示首次火警相应的报警平面图；

⑤ 使显示装置显示故障或联动平面，输入火灾报警信号，显示装置应能立即转入火灾报警平面的显示。

2. 自动喷水灭火系统

（1）承接查验的方法

自动喷水灭火系统的查验工作，由建设单位或生产厂家的专业技术人员操作，物业服务企业的技术人员提供查验要求和范围，并做好查验记录。

（2）承接查验的基本条件

1）消防水池、消防水箱已按照设计要求蓄满水量；

2）消防气压给水设备的水位、气压符合设计要求；

3）湿式喷水灭火系统管网内已充满水；干式、预作用喷水灭火系统管网内的气压符合设计要求；管道、阀门均无泄漏；

4）与系统配套的火灾自动报警系统处于工作状态。

（3）消防水源的查验

1）查验消防水箱、消防水池的容积、消防水箱设置高度应符合设计要求；消防储水应有不作他用的技术措施；

2）当采用天然水源作系统的供水水源时，其水量、水质应符合设计要求，并应检查枯水期最低水位时确保消防用水的技术措施；

3）查验消防水泵接合器的数量和供水能力，应符合按设计要求。

（4）消防水泵的查验

1）工作泵、备用泵、吸水管、出水管及出水管上的泄压阀、水锤消防设施、止回阀、信号阀等的规格、型号、数量，应符合设计要求；吸水管、出水管上的控制阀应锁定在常开位置，并有明显标记；

2）分别开启系统中的每一个末端试水装置和试水阀，水流指示器、压力开关等信号装置的功能均符合设计要求；

3）打开消防水泵出水管上试水阀，当采用主电源启动消防水泵时，消防水泵应启动正常；关掉主电源，备用电源应能正常切换；

4）消防水泵停泵时，水锤消除设施后的压力不应超过水泵出口额定压力的1.3～1.5倍；

5) 以自动或手动方式启动消防水泵时，消防水泵应在30s内投入正常运行；

6) 以备用电源切换方式或备用泵切换启动消防水泵时，消防水泵应在30s内投入运行；

7) 消防水泵启动控制应置于自动启动档；

（5）稳压水泵的查验

1) 当稳压泵达到设计启动条件时，稳压泵应立即启动；当达到系统设计压力时，稳压泵应自动停止运行；当消防主泵启动时，稳压泵应停止运行；

2) 当系统气压给水设置下降到设计最低压力时，通过压力变化信号应启动稳压泵。

（6）报警阀的查验

1) 报警阀组的查验应符合下列要求：

控制阀均应锁定在常开位置；打开系统放水阀，流量、压力应符合设计要求；水力警铃位置应正确，水力警铃喷嘴处压力不应小于0.05MPa，且距水力警铃3m处声强不应小于70dB；

2) 湿式报警阀

启动一只喷头或以0.94～1.5L/s的流量从末端试水装置处放水时，水力警铃和消防水泵应及时动作，带延迟器的水力警铃应在90s内发出报警铃声，不带延迟器的水力警铃应在15s内发出报警铃声；压力开关和水流指示器应动作，并有信号反馈到消防控制中心；

3) 干式报警阀

启动一只喷头或模拟一只喷头的排气量排气，报警阀应及时启动，压力开关、水力警铃应动作，并有信号反馈到消防控制中心；

4) 雨淋报警阀

自动和手动方式启动雨淋阀，应在15s之内启动；公称直径大于200mm的雨淋阀，应在60s之内启动，压力开关、水力警铃应动作并有信号反馈到消防控制中心。。查验应利用试验管道进行。

（7）管网查验

1) 消防管道应为红色、物质流向标识用箭头表示，消防管道上应标识"消防专用"、"湿式喷水系统"等识别符号等；

2) 管道上的防腐和防冻措施应符合设计要求；

3) 系统末端试水装置、试水阀、排气阀应符合设计要求；

4) 管网不同部位安装的报警阀组、闸阀、止回阀、电磁阀、信号阀、水流指示器、减压孔板、节流管、减压阀、柔性接头、排水管，排气阀、泄压阀等，均应符合设计要求；

5) 干式喷水灭火系统的管道充水时间不应大于3min；

6) 预作用喷水灭火系统的管道充水时间不应大于1min；

7) 报警阀后的管道上不应安装其他用途的支管或水龙头；

8) 配水支管、配水管、配水干管设置的支架、吊架和防晃支架，应符合自动喷水灭火系统验收规范的规定。

（8）喷头查验

1）喷头设置场所、规格、型号、公称动作温度、响应时间指数（RTI）应符合设计要求；

2）喷头安装间距，喷头与楼板、墙、梁等障碍物的距离应符合设计要求；

3）有腐蚀性气体的环境和有冰冻危险场所安装的喷头，应采取防护措施；

4）有碰撞危险场所安装的喷头应加设防护罩；

5）各种不同规格的喷头均应有一定数量的备用品，其数量不应小于安装总数的1%，且每种备用喷头不应少于10个；

6）喷头数量为总数量的10%，但不少于40个，合格率应为100%。

3. 消火栓灭火系统

（1）承接查验的方法

消火栓灭火系统的查验工作，由建设单位或生产厂家的专业技术人员操作，物业服务企业的技术人员提供查验范围和要求，并做好查验记录。

（2）承接查验的基本条件

1）消防水池、消防水箱已按照设计要求蓄满水量；

2）消火栓灭火系统管网内已充满水，管道、阀门均无泄漏；

3）与系统配套的火灾自动报警系统处于工作状态。

（3）消防水源的查验

1）查验消防水箱、消防水池的容积、消防水箱设置高度应符合设计要求；消防储水应有不作他用的技术措施；

2）当采用天然水源作系统的供水水源时，其水量、水质应符合设计要求，并应检查枯水期最低水位时确保消防用水的技术措施；

3）查验消防水泵接合器的数量和供水能力，应符合按设计要求。

（4）消火栓水泵

1）查验工作泵、备用泵、吸水管、出水管及出水管上的泄压阀、水锤消除设施、止回阀、信号阀等的规格、型号、数量，应符合设计要求，吸水管、出水管上的控制阀应锁定在常开位置，并有明显标记；

2）打开消火栓水泵出水管上试水阀，当采用主电源启动消火栓水泵时，消火栓水泵应启动正常：关掉主电源，备用电源应能正常切换；

3）消火栓水泵停泵时，水锤消除设施后的压力不应超过水泵出口额定压力的1.3～1.5倍；

4）消火栓水泵电源控制开关应置于自动启动挡。

（5）管网

1）管道的防腐、防冻措施符合设计要求；

2）管道识别色应为红色，物质流向的标识用箭头表示，管道上的标识符号齐全，如"消防专用"、"消火栓系统"识别符号等；

3）管网的排水坡及辅助排水设施符合设计要求。

（6）室内消火栓

1）消火栓箱以及阀门处应标注"消火栓"永久性固定红色标志；

2）消火栓箱门的开启与关闭的质量应符合设计要求；

3）消火栓箱内的消防水带、水枪以及消防软管卷盘的配置应符合设计要求；

4）室内消火栓应对照设计要求，全数观察查验。

（7）模拟灭火功能

1）在消防控制室内查验手动启、停消火栓水泵功能，应控制正常；

2）消火栓水泵启动后，应有反馈信号在消防控制中心登陆，并可以显示消火栓按钮的位置；

3）取屋顶层或水箱间内试验消火栓和首层取二处消火栓做试射查验，建筑高度不超过100m的高层建筑消火栓的水枪充实水柱不应小于10m；建筑高度超过100m的高层建筑消火栓的水枪充实水柱不应小于13m；

4）当消火栓按钮发送启动信号后，在消防控制室应有声、光信号显示，联动控制器按相应的灭火程序启动消防水泵，并可以监视水泵的运行状态，同时消火栓箱内启泵反馈信号灯闪亮。

4. 气体灭火系统

（1）防护区和储存装置间

1）防护区的位置、用途、划分、几何尺寸、开口、通风、环境温度、可燃物的种类、防护区围护结构的耐压、耐火极限及门、窗可自行关闭装置应符合设计要求；

2）防护区的疏散通道、疏散指示标志和应急照明装置应符合设计要求；

3）防护区入口处的声光报警装置、气体喷放指示灯、入口安全标志应符合设计要求；

4）无窗或固定窗扇的防护区的排气装置应符合设计要求；

5）门窗设有密封条的防护区的泄压装置应符合设计要求；

6）防护区应配备有专用的空气呼吸器或氧气呼吸器；

7）储存装置间的位置、通道、耐火等级、应急照明装置、火灾报警控制装置及地下储存装置间机械排风装置应符合设计要求；

8）火灾报警控制装置及联动设备应符合设计要求。

（2）设备和灭火剂输送管道查验

1）灭火剂储存容器的数量、型号和规格，位置与固定方式，油漆和标志，以及灭火剂储存容器的安装质量应符合设计要求；

2）储存容器内的灭火剂充装量和储存压力应符合设计要求。按储存容器全数（不足5个的按5个计）的20％进行称重检查；储存压力按储存容器的总数全数查验；低压二氧化碳储存容器按全数查验；

3）集流管的材料、规格、连接方式、布置及其泄压装置的泄压方向应符合设计要求和规范的有关规定；

4）选择阀及信号反馈装置的数量、型号、规格、位置、标志及其安装质量应符合设计要求和规范的有关规定；

5）阀驱动装置的数量、型号、规格和标志，安装位置，气动驱动装置中驱动气瓶的介质名称和充装压力，以及气动驱动装置管道的规格、布置和连接方式应符合设计要求和规范有关规定；

6）驱动气瓶和选择阀的机械应急手动操作处，均应有标明对应防护区或保护对象名称的永久标志。驱动气瓶的机械应急操作装置均应设安全销并加铅封，现场手动启动按钮应有防护罩；

7）灭火剂输送管道的布置与连接方式、支架和吊架的位置及间距、穿过建筑构件及其变形缝的处理、各管段和附件的型号规格以及防腐处理和涂刷油漆颜色，应符合设计要求和规范有关规定；

8）喷嘴的数量、型号、规格、安装位置和方向，应符合设计要求和规范有关规定。

（3）系统功能的查验

1）进行模拟启动试验。按防护区或保护对象总数（不足 5 个按 5 个计）的 20％检查。查验方法：按模拟启动试验方法的规定执行；

2）进行模拟喷气试验。检查数量：组合分配系统应不少于 1 个防护区或保护对象，柜式气体灭火装置、热气溶胶灭火装置等预制灭火系统应各取 1 套。查验方法：按模拟喷气试验方法或按产品标准中有关"联动试验"的规定执行；

3）对设有灭火剂备用量的系统进行模拟切换操作试验。查验方法：按模拟切换操作试验方法的规定执行；

4）对主、备用电源进行切换试验。查验方法：将系统切换到备用电源，按模拟启动试验方法的规定执行。

5. 泡沫灭火系统

（1）泡沫液储罐、泡沫比例混合器（装置）、泡沫产生装置、消防泵、泡沫消火栓、阀门、压力表、管道过滤器、金属软管等系统组件的规格、型号、数量和安装位置应符合设计要求；

（2）管道及管件的规格、型号、位置应符合设计要求；

（3）固定管道的支、吊架，管墩的位置、间距及牢固程度应符合设计要求；

（4）管道和系统组件的防腐应符合设计要求；

（5）对泡沫灭火系统的动力源和备用动力进行切换试验。查验方法：当为手动控制时，以手动的方式进行 1~2 次试验；当为自动控制时，以自动和手动的方式各进行 1~2 次试验。

6. 固定消防炮灭火系统

（1）外观查验

1）系统组件及配件的规格、型号、数量、安装位置符合设计要求；

2）管道和系统组件的防腐符合设计要求；

3）动力源、备用动力及电气设备符合设计要求。

（2）系统启动功能

1）系统手动启动功能查验

使系统电源处于接通状态，各控制装置的操作按钮处于手动状态。逐个按下各消防泵组的手动操作启、停按钮，观察消防泵组的动作及反馈信号应正常；逐个按下各电控阀门的手动操作启、停按钮，观察阀门的启、闭动作及反馈信号应正常；用手动按钮或手持式无线遥控发射装置逐个操控相对应的消防炮做俯仰和水平回转动作，观察各消防炮的动作及反馈信号是否正常，观察消防炮在设计规定的回转范围内是否与消防炮塔干涉，消防炮塔的防腐涂层是否完好。对带有直流喷雾转换功能的消防炮，还应检验其喷雾动作控制功能。

2) 主、备电源的切换功能查验试验

系统主、备电源处于接通状态，关闭主电源，备用电源应能自动投入运行；在备用电源上设定一个故障，主电源应能自动投入运行。

3) 消防泵组运行查验

启动消防泵组，观察该消防泵组及相关设备动作是否正常，若正常，消防泵组在设计负荷下，连接运转不应少于 2h。

4) 主、备泵组自动切换功能查验试验

使消防泵组控制装置处于自动状态，人工启动一台消防泵组，观察该消防泵组及相关设备动作是否正常，若正常，则在消防泵组控制装置内人为为该消防泵组设定一个故障，使之停泵。此时，备用消防泵组应能自动投入运行。消防泵组在设计负荷下，连续运转不应少于 30min。

5) 联动控制功能验收试验

接通系统电源，使待检联动控制单元的被控设备均处于自动状态，按下对应的联动启动按钮，该单元应能按设计要求自动启动消防泵组，打开阀门等相关设备，直至消防炮喷射灭火剂（或水幕保护系统出水）。该单元设备的动作与信号反馈应符合设计要求。

(3) 系统喷射功能

1) 水炮、水幕、泡沫炮的实际工作压力不应小于相应的设计工作压力；

2) 水炮、泡沫炮、干粉炮的水平、俯仰回转角应符合设计要求，带直流喷雾转换功能的消防水炮的喷雾角应符合设计要求；

3) 保护水幕喷头的喷射高度应符合设计要求；

4) 泡沫炮系统的泡沫比例混合装置提供的混合液的混合比应符合设计要求；

5) 水炮系统和泡沫系统自启动至喷出水或泡沫的时间不应大于 5min；干粉炮系统自启动至喷出干粉的时间不应大于 2min。

7. 灭火器的配置

(1) 灭火器的类型、规格、灭火级别和配置数量应符合建筑灭火器配置设计规范要求。

查验方法：对照建筑灭火器配置设计图进行。

(2) 灭火器的外观质量以及合格证书应符合国家有关产品标准的要求。查验方法：现场直观检查，查验产品有关质量证书。

(3) 在同一灭火器配置单元内，采用不同类型灭火器时，其灭火剂应能相容。查验方法：对照建筑灭火器配置设计文件和灭火器铭牌，现场核实。

(4) 灭火器的保护距离应符合现行国家标准《建筑灭火器配置设计规范》GB 50140—2005 的有关规定，灭火器的设置应保证配置场所的任一点都在灭火器设置点的保护范围内。

(5) 灭火器设置点附近应无障碍物，取用灭火器方便，且不得影响人员安全疏散。

(6) 灭火器箱不应被遮挡、上锁或栓系；灭火器箱的箱门开启应方便灵活，其箱门开启后不得阻挡人员安全疏散。除不影响灭火器取用和人员疏散的场合外，开门型灭火器箱的箱门开启角度不应小于 175°，翻盖型灭火器箱的翻盖开启角度不应小于 100°。

（7）灭火器的挂钩、托架应符合，挂钩、托架安装后应能承受一定的静载荷，不应出现松动、脱落、断裂和明显变形；挂钩、托架安装应保证可用徒手的方式便捷地取用设置在挂钩、托架上的手提式灭火器；当两具及两具以上的手提式灭火器相邻设置在挂钩、托架上时，应可任意地取用其中一具。设有夹持带的挂钩、托架，夹持带的打开方式应从正面可以看到。当夹持带打开时，灭火器不应掉落。

（8）灭火器采用挂钩、托架或嵌墙式灭火器箱安装设置时，灭火器的设置高度应符合现行国家标准《建筑灭火器配置设计规范》GB 50140—2005 的要求，其设置点与设计点的垂直偏差不应大于 0.01m。

（9）推车式灭火器应设置在平坦场地，不得设置在台阶上。在没有外力作用下，推车式灭火器不得自行滑动。灭火器的设置和防止自行滑动的固定措施等均不得影响其操作使用和正常行驶移动。

（10）在有视线障碍的设置点安装设置灭火器时，应在醒目的地方设置指示灭火器位置的发光标志。在灭火器箱的箱体正面和灭火器设置点附近的墙面应设置指示灭火器位置的标志，并宜选用发光标志。

（11）灭火器的摆放应稳固。灭火器的设置点应通风、干燥、洁净，其环境温度不得超出灭火器的使用温度范围。设置在室外和特殊场所的灭火器应采取相应的保护措施。

6.2.2 现场查验记录

1. 设备图纸、资料及备品备件的查验记录。

在对消防各系统设施设备进行现场查验之前，应对设备的有关图纸、资料及备品备件和专用工具进行查验和移交。查验的依据是设备的出厂装箱单与有关合同，查验情况填入表 6-1。

设备图纸、资料及备品备件查验表　　　　　　　　　　表 6-1

物业项目：_____　　查验日期：_____　　编号：_____

建设单位：_____　　参加人员：_____

物业服务企业：_____　　参加人员：_____

序号	项目	内容	设计配置标准				查验实际				备注
			1	2	3	4	1	2	3	4	
1	图纸资料	图名									依据设备出厂装箱单与有关合同
		图号									
		页数									
		说明书									
2	备品备件	名称									
		型号									
		规格									
		数量									
		完好程度									

续表

序号	项目	内容	设计配置标准				查验实际				备注
			1	2	3	4	1	2	3	4	
3	专业工具	名称									依据设备出厂装箱单与有关合同
		型号									
		规格									
		数量									
		完好程度									
		使用说明									
4	防护用品	名称									
		型号									
		规格									
		数量									
		完好程度									
		使用说明									
5	其他										

记录人：　　　　　日期：　　　　　审核人：　　　　　日期：

2. 火灾自动报警系统的查验记录（表6-2）。

火灾自动报警系统查验记录表　　　　表6-2

物业项目：＿＿＿＿＿＿＿＿　查验日期：＿＿＿＿＿＿＿＿　编号：＿＿＿＿＿＿＿＿

建设单位：＿＿＿＿＿＿＿＿　参加人员：＿＿＿＿＿＿＿＿

物业服务企业：＿＿＿＿＿＿　参加人员：＿＿＿＿＿＿＿＿

序号	查验项目名称	配置标准	实际配置	查验内容记录	查验评定结果
1	技术文件				
2	火灾报警控制器				
3	点型火灾探测器				
4	线型感温火灾探测器				
5	红外光束感烟火灾探测器				
6	空气吸气式火灾探测器				
7	点型火焰探测器和图像型火灾探测器				
8	手动火灾报警按钮				
9	消防联动控制器				
10	消防电气控制装置				
11	区域显示器（火灾显示盘）				
12	可燃气体报警控制器				
13	可燃气体探测器				
14	消防电话				
15	消防应急广播设备				

序号	查验项目名称	配置标准	实际配置	查验内容记录	查验评定结果
16	系统备用电源				
17	消防设备应急电源				
18	消防控制中心图形显示装置				
19	气体灭火控制器				
20	防火卷帘控制器				
21	系统性能				
22	室内消火栓系统的控制功能				
23	自动喷水灭火系统的控制功能				
24	泡沫、干粉等灭火系统的控制功能				
25	电动防火门、防火卷帘门、挡烟垂壁的联动控制功能				
26	防烟排烟系统的联动控制功能				
27	消防电梯的联动控制功能				
28	火灾应急照明和疏散指示系统				
29	其他				

记录人：　　　　　　日期：　　　　　　审核人：　　　　　　日期：

3. 自动喷水灭火系统查验记录（表6-3）。

自动喷水灭火系统查验记录表　　　　　　　　　表6-3

物业项目：＿＿＿＿＿＿＿＿＿　　查验日期：＿＿＿＿＿＿＿　　编号：＿＿＿＿＿＿＿

建设单位：＿＿＿＿＿＿＿＿＿　　参加人员：＿＿＿＿＿＿＿

物业服务企业：＿＿＿＿＿＿＿　　参加人员：＿＿＿＿＿＿＿

序号	查验项目名称	配置标准	实际配置	查验内容记录	查验评定结果
1					
2					
3					
4					
5					
6					
7					
8					
9					
10					
11					
查验结论					

记录人：　　　　　　日期：　　　　　　审核人：　　　　　　日期：

4. 消火栓灭火系统查验记录（表6-4）。

消火栓灭火系统查验记录表 表 6-4

物业项目：_____ 查验日期：_____ 编号：_____

建设单位：_____ 参加人员：_____

物业服务企业：_____ 参加人员：_____

序号	查验项目名称	配置标准	实际配置	查验内容记录	查验评定结果
1					
2					
3					
4					
5					
6					
7					
8					
9					
查验结论					

记录人：_____ 日期：_____ 审核人：_____ 日期：_____

5. 气体灭火系统查验记录（表6-5）。

气体灭火系统查验记录表 表 6-5

物业项目：_____ 查验日期：_____ 编号：_____

建设单位：_____ 参加人员：_____

物业服务企业：_____ 参加人员：_____

序号	查验项目名称	配置标准	实际配置	查验内容记录	查验评定结果
1	防护区域或保护对象与储存装置间查验				
2	设备和灭火剂输送管道查验				
3	系统功能查验				
查验结论					

记录人：_____ 时间：_____ 审核人：_____ 日期：_____

6. 泡沫灭火系统查验记录，查验记录格式参见表6-6。

泡沫灭火系统查验记录表 表 6-6

物业项目：_____ 查验日期：_____ 编号：_____

建设单位：_____ 参加人员：_____

物业服务企业：_____ 参加人员：_____

序号	查验项目名称	查验内容记录	查验评定结果
1	泡沫液储罐	查验规格、型号、数量、安装位置及安装质量等	
	泡沫比例混合器（装置）		
	泡沫产生装置		
	消防泵		
	泡沫消火栓		
	阀门、压力表、管道过滤器		
	金属软管		
2	管道及管件	规格、型号、数量、位置、坡向、坡度、连接方式及安装质量等	
3	管道的支、吊架、管墩	位置、间距及牢固程度	
4	管道穿防火堤、楼板、防火墙、变形缝的处理	套管尺寸和空隙的填充材料及穿变形缝时采取的保护措施	
5	管道和设备的防腐	涂料种类、颜色、涂层质量及防腐层的层数、厚度	
6	消防泵房、水源及水位指示装置	消防泵房的位置和耐火等级；水池或水罐的容量及补水设施；天然水源水质和枯水期最低水位时确保用水量的措施；水位指示标志应明显	
7	动力源、备用动力及电气设备	电源负荷级别；备用动力的容量；电气设备的规格、型号、数量及安装质量；动力源和备用动力的切换试验	
系统功能查验	低、中倍数泡沫灭火系统喷泡沫试验	混合比、发泡倍数，到最远防护区或储罐的时间和湿式联用系统水与泡沫的转换时间	
	高倍数泡沫灭火系统喷泡沫试验	混合比、泡沫供给速率和自接到火灾模拟信号至开始喷泡沫的时间	

查验结论：

记录人：_____ 时间：_____ 审核人：_____ 日期：_____

7. 固定消防炮灭火系统查验记录，查验记录格式参见表 6-7。

固定消防炮灭火系统查验记录表
表 6-7

物业项目：＿＿＿＿＿＿＿＿ 查验日期：＿＿＿＿＿＿ 编号：＿＿＿＿＿＿

建设单位：＿＿＿＿＿＿＿＿ 参加人员：＿＿＿＿＿＿

物业服务企业：＿＿＿＿＿＿ 参加人员：＿＿＿＿＿＿

分项工程名称	查验项目名称	查验内容记录	查验评定结果
系统施工质量验收	系统组件及配件	规格、型号、数量、安装位置及安装质量	
	管道及管件	规格、型号、位置、坡向、坡度、连接方式及安装质量	
	管道的支、吊架、管墩	位置、间距及牢固程度	
	管道穿防火堤、楼板、防火墙、变形缝的处理	套管尺寸和空隙的填充材料及穿变形缝时采取的保护措施	
	管道和设备的防腐	涂料种类、颜色、涂层质量及防腐层的层数、厚度	
	消防泵房、水源及水位指示装置	消防泵房的位置和耐火等级；水池或水罐的容量及补水设施；天然水源水质和枯水期最低水位时确保用水量的措施；水位指示标志	
	电源、备用动力及电气设备	电源负荷级别；备用动力的容量；电气设备的规格、型号、数量及安装质量；电源和备用动力的切换试验	
系统功能查验	系统启动功能	系统手动启动功能	
		主、备电源的切换功能	
		消防泵组的功能	
		联动控制功能	
	系统喷射功能	水炮、泡沫炮、干粉炮、水幕的喷射压力、转角、混合比、系统喷射响应时间等	

查验结论：

记录人：＿＿＿＿ 时间：＿＿＿＿ 审核人：＿＿＿＿ 日期：＿＿＿＿

6.2.3 问题的汇总与解决办法

详见 2.3.4 问题的汇总与解决办法。

小　结

水火无情，要想做好物业项目的消防管理，必须把好承接查验这一关。本章围绕物业项目消防系统的承接查验工作，主要阐述了物业消防系统承接查验的依据和准备工作；承接查验的实施，具体包括火灾自动报警系统、自动喷水灭火系统、消火栓灭火系统、气体灭火系统、泡沫灭火系统、固体消防炮灭火系统和灭火器的配置等方面的承接查验内容和查验标准、现场查验记录、问题汇总和解决方案。

拓 展 阅 读

为了让读者更好地理解和掌握本章知识，下面附一个拓展阅读材料，读者可扫描下方二维码阅读。

新版《建筑设计防火规范》关于住宅防火的要求

习 题

一、单项选择题

1. 火灾自动报警系统一般由（　　）、信号线路和自动报警装置三部分组成。

A. 探测器　　　　B. 洒水喷头　　　　C. 水流报警装置　　　　D. 排烟系统

2. 消防联动控制器的故障报警功能进行查验时，使消防联动控制器与各模块之间的连线断路和短路，消防联动控制器应能在（　　）内发出故障信号。

A. 10s　　　　B. 100s　　　　C. 50s　　　　D. 60s

3. 对消防备用电源进行查验时，使备用电源放电终止，再充电48h后断开设备主电源，备用电源至少应保证设备工作（　　），且应满足相应的标准及设计要求。

A. 2h　　　　B. 5h　　　　C. 8h　　　　D. 10h

4. 对稳压水泵进行查验时，当稳压泵达到设计启动条件时，稳压泵应立即启动；当达到系统设计压力时，稳压泵应自动（　　）；当消防主泵启动时，稳压泵应（　　）。

A. 立即启动；立即启动　　　　　　B. 停止运行；停止运行

C. 立即启动；停止运行　　　　　　D. 停止运行；立即启动

5. 对消火栓灭火系统进行查验时，取屋顶层或水箱间内试验消火栓和首层取二处消火栓做试射查验，建筑高度不超过100m的高层建筑消火栓的水枪充实水柱不应小于（　　）；建筑高度超过100m的高层建筑消火栓的水枪充实水柱不应小于13m。

A. 5m　　　　B. 8m　　　　C. 10m　　　　D. 15m

二、多项选择题

1. 常规自动灭火系统主要包括（　　）。

A. 消火栓灭火系统　　　　　　　　B. 自动喷水灭火系统

C. 自动气体灭火系统　　　　　　　D. 自动泡沫灭火系统

E. 防排烟系统

2. 火灾探测器的主要类型有（　　）。

A. 点型火灾探测器　　　　　　　　B. 线型感温探测器

C. 手动火灾探测器　　　　　D. 红外光束感烟探测器

E. 可燃气体报警控制器

3. 消火栓灭火系统查验的内容包括（　　　）。

A. 管网　　　　　　　　　　B. 消防水源的查验

C. 消火栓水泵　　　　　　　D. 室内消火栓

E. 模拟灭火功能

4. 下列属于气体灭火系统查验内容的有（　　　）。

A. 消音和复位功能　　　　　B. 防护区和储存装置间

C. 主、备电源的自动转换功能　D. 设备和灭火剂输送管道查验

E. 系统功能的查验

5. 固定消防炮系统查验的内容包括（　　　）。

A. 消防水源的查验　　　　　B. 报警阀的查验

C. 外观查验　　　　　　　　D. 系统启动功能

E. 系统喷射功能

三、简答题

1. 请简述消防系统承接查验的范围。

2. 消防系统现场查验的准备工作有哪些？

3. 火灾报警功能的查验内容是什么？

4. 自动喷水灭火系统查验内容是什么？

5. 请简述灭火器的配置要求。

四、实训题

【实训情境设计】

请你根据已学知识，分别对学校的教学楼、实验楼、食堂、学生公寓等建筑物的消防系统进行查验，找出问题所在，并提出解决办法，编写一份消防系统承接查验报告，并做相应汇报。

【实训任务要求】

1. 将全班同学分成若干小组，组建承接查验小组，每组选派组长一名，实训采用小组长负责制。

2. 由指导教师指定承接查验的物业项目，组长进行任务分解，确定分工，共同对消防设施设备的配备情况，完好情况等进行查验。

3. 查验过程中找出问题所在，提出解决办法，编写并提交学校物业消防系统承接查验报告。

【实训提示】

1. 参考教材"6.2 消防系统承接查验的实施"。

2. 分析提纲

（1）学校物业消防系统存在的问题（提示：安全出口、逃生指示标志是否齐全；灭火器配备是否合理；火灾自动报警系统能否正常工作，是否有专人值班；消防设备是否被遮挡、覆盖，消防通道是否被阻塞或占用；消防组织安排是否到位等）。

（2）提出解决办法。

【实训效果评价】

物业设施设备承接查验方案实训效果评价表　　　　　表 6-8

评价项目	分　值	得　分	备　注
准备工作	20		
组织实施	30		
查验情况	30		
查验报告	20		
实训效果总体评价	100		

7 给水排水系统的承接查验

【能力目标】
1. 能够按要求进行给水排水系统的承接查验工作；
2. 能够设计承接查验表格并能够对查验问题进行汇总和跟踪处理。

【知识目标】
1. 了解给水排水系统查验的依据和准备工作的内容；
2. 熟悉给水排水系统的查验范围；
3. 掌握给水排水系统查验的方法及标准；
4. 掌握遗留问题处理的方式方法。

【引例】

雨水淹车库，百余辆车受损，责任谁负？

由于持续降雨，与海相距约 70m 的帝柏湾小区变成"低泊湾"，地下上万平方米的车库进水约 7000t，约百辆车被淹，包括奔驰、宝马等豪车。近日，中山区人民法院公开开庭审理了帝柏湾小区业主诉物业公司和开发商的财产损害赔偿纠纷案件，并驳回车主的诉讼请求。

【案情简介】

业主方：

帝柏湾小区车场大量进水，造成某业主在车场停放的一辆奔驰车被淹受损。业主向物业公司及开发商索赔 20.3 万元。业主认为索赔理由如下：

(1) 排水不畅致车受损。原告认为，车场排水设施设计不合理，大雨天因排水不畅造成车场大量进水，才使原告车辆严重受损。

(2) 事前事后处置不当。原告诉小区物业公司对当日的大雨预报不做提醒，大雨来临之前不做防范，大雨之时没有采取有效措施避免损失，大雨之后更不能及时有效地处置，造成原告车辆被淹 17h 后才被 4S 店拖走，车辆长时间在污水中浸泡扩大了原告的车损。

(3) 因为被淹新车贬值。原告的车辆是 2012 年购置的新车，车被淹后导致新车贬值，保险赔付后还差 20 万。在车辆被淹修车期间，没有车辆使用给原告的生活和工作带来不便，为此产生的交通费用 3000 元，也应由两被告承担。因此，原告要求物业公司和开发商赔偿原告经济损失 20.3 万元。

物业公司方：

物业公司方认为，公司对水淹事故不存在过错，且水淹车库后已尽管理义务，不应承担赔偿责任。物业对小区承接查验时，已对给排水系统进行了细致的查验，地下排水设施及管网均符合设计及使用要求。造成车库水淹事故的原因为暴雨，是不能预见、不能避免且不能克服的客观情况，属于不可抗力。物业公司在水淹事故发生之时通过拨打业主电话、利用可视对讲、上楼敲门、消防广播等方式尽力通知业主。事故发生时多次查看雨情，并开启了邻近的 3 个市政排水井盖，设两道沙袋墙抗洪。事故发生后积极协助业主抢险并维修电梯等相关设备，在保障业主权益方面已经作出了努力。

开发商：

地下车库开发建设单位认为，地下车库已经竣工验收合格并取得竣工验收备案证。小区市政基础设施工程质量（安全）手续齐全，地下排水设施及管网均符合设计及使用要求。地下车库也符合设计及使用要求。本案情况是属于不可抗力，公司无过错，不承担赔偿责任。另外，开发商提出，原告的车辆投保了车损险，正常的财产损失不具有双重赔偿的性质，原告不能重复主张赔偿。

【案例分析】

法院审理

1. 事发当天暴雨属于不可抗力，暴雨强度超出预计

法院审理查明，当日 24 小时降雨达到暴雨强度，暴雨强度超出气象部门一般预计，属于大暴雨。物业公司和开发商都没有办法对事发当天雨量的强度作出准确评估，也无法作出准确的预防措施来避免损害的发生。因此，法院认为，当天大暴雨具有不可抗力因素，符合法律规定的不可抗力的要件。

2. 排水设备正常运作

原告诉开发商未按规定将排水设施交付排水处管理的问题。法院查明，小区正常投入使用至今已有 5 年，排水系统均正常运作，未出现过污水外溢及雨水排泄不畅倒灌现象，足以说明小区内排水管网已经实际并入市政排水管网正常使用。小区周边市政外网排水系统不能排泄如此大雨量，导致雨水不能及时排泄而倒灌进入小区车库，不是开发商评定能力和防范能力所及。因此，不是开发商和物业公司的责任。

3. 车主请求赔偿证据不足被驳回

物业公司在事发后确已采取各项应急抢险措施，尽到物业管理义务。地下车场的设计和使用符合要求，并通过验收合格且已备案。由于业主要求物业公司和开发商赔偿车损的请求证据不足，法院根据《中华人民共和国民法则》和《中华人民共和国侵权责任法》的相关规定，驳回原告的诉讼请求，并由原告负担案件受理费 4350 元。

【点睛】

通过本案例，充分说明物业承接查验认真履行，资料完整、手续合规，为后期管理过程中出现的纠纷，提供了强有力的证据。

（来源：《大辽网》）

7.1 给水排水系统承接查验的依据和准备工作

7.1.1 给水排水系统概述

1. 给水排水系统分类

（1）给水系统：给水系统就是将经过净化处理后的水源，通过给水管道输送到各用水点，为用户提供所需的生活、生产、市政、消防等足够数量和要求的用水。给水系统按照

使用用途划分，有生活给水、消防给水及生产给水三大类型。

1）生活给水

主要是满足生活饮用水和各类卫生设备冲洗用水，供给人们饮用、盥洗、洗涤、沐浴、烹饪等。其水质必须符合国家规定的饮用水质标准。系统是由市政管网、水表、水池、水箱、给水泵、管系、阀门、减压阀、气压罐、仪表等组成。

2）消防给水

主要是满足建筑物消防灭火用水。消防用水对水质要求不高，但必须按照建筑防火规范保证供给足够的水量和水压。消防给水系统主要由市政消防水管网、水泵结合器、消防水池、消防泵（喷淋泵）、稳压泵、气压罐、消防箱、消防管系、阀门、消火栓、水流指示器、压力开关、湿式报警器、喷淋头、仪表等组成。

3）生产给水

主要是根据工艺要求，提供所需的水质、水量和水压，供给生产设备冷却、原料和产品的洗涤，以及各类产品制造过程中所需的用水。该系统主要由市政管网、水表、水池、水箱、给水泵、管系、阀门、水处理设备、仪表等组成。

（2）排水系统：通过管道及辅助设备，把屋面雨雪水，生活和生产产生的污水、废水及时排放出去的网络，称为排水系统。

（3）建筑中水系统：将建筑内的冷却水、沐浴排水、盥洗排水，洗衣排水经过物理、化学处理，用于厕所冲洗便器、绿化、洗车、道路浇洒、空调冷却及水景等的给水系统称为建筑中水系统。

2. 给水系统概述

（1）建筑给水系统的组成

建筑给水是以建筑物内的给水引入管上的阀门井或水表井为界。典型的建筑内部给水系统由下列几部分组成：

1）水源：指市政城镇给水或自备水井等。

2）管网：建筑内的给水管网是由水平或垂直干管、立管、横支管和建筑物引入管组成。

3）水表节点：指建筑物引入管上装设的水表及其前后设置的阀门的总称或在配水管网中装设的水表。

4）给水附件：指管网中的阀门及各式配水龙头等。

5）升压和贮水设备：在室外给水管网提供的压力不足或建筑内对安全给水、水压稳定有一定要求时，需设置各种附属设备，如水箱、水泵、气压装置、水池等升压加贮水设备。

6）消防给水设备：消防给水设备有消火栓、水泵接合器、自动喷水灭火设施。

7）局部给水处理设备：当建筑物水源水质达不到使用要求时，需设置局部给水处理设备，包括沉淀、过滤、软化、消毒设备等。

（2）建筑给水方式

1）直接给水方式：当室外给水管网提供的水压、水量、水质都能满足建筑给水要求时，可直接将室外管网的水引向建筑物内各用水点，这样的给水方式称为直接给水方式。此种方式的优点是系统简单、维护方便、投资较少、充分利用室外管网水压，并且供水安全可靠；缺点是系统内部无储备水量，当室外管网停水时，室内系统立即断水。该方式适用于室外管网水压充足，并能全天保证用户用水要求的地区。

2）单设水箱给水方式：当室外管网提供的水压在大部分时间内能满足要求，仅在用水高峰时出现水压不足，可采用设置高位水箱的给水方式，这样，当室外管网水压过剩时，向水箱供水，当室外管网水压不足时，由水箱出水，达到调节水压、水量的作用，该给水方式节约建筑物的用电量，但水箱容量和高度设置不当时，易造成水质二次污染等问题，同时在水压较长时间持续不足时，需增大水箱容积，并有可能出现断水情况。优点是系统比较简单，投资少；系统具有一定的储备水量，供水的安全可靠性较好，同时由于充分利用了室外管网的压力供水，节省电耗。该方式适用于室外管网水压周期性不足，室内用水要求水压稳定，并且允许设置水箱的建筑物。

3）水池、水箱、水泵给水方式：当外网水压经常性不足，且不允许直接抽水，或外网不能保证高峰用水，而建筑物用水量较大，或要求贮备一定容积的消防水量时。该方式水泵和水箱联合工作，水泵及时向高位水箱充水，可以减小水箱容积。同时，在高位水箱的调节下，水泵能稳定在高效点工作，节省电耗。在高位水箱上采用水位继电器控制水泵启动，易于实现管理自动化。由于储水池和水箱能够储备一定水量，增强了供水的可靠性，目前大部分建筑采用了此种方式，是一种成熟的供水方式。该方式的缺点是一次性投资较大，设备和运行费用较高，安装及维护比较麻烦。

4）恒压变频供水方式：恒压变频供水主要通过蓄水池—变频水泵—用水管网—用水点来满足用水需求。该系统不设屋顶水箱，给水水泵通过变频器自动切换，夜间用水量小时主泵自动切换到副泵，以维持系统压力不变。该给水方式初装费用较高，但投入后系统根据用水量进行变频供水，既节约电能，又可以延长水泵使用寿命。各台水泵轮换工作，一旦工作水泵出现故障，系统能自动投入另一台泵运行。同时由于没有了屋顶水箱，减少了屋顶水箱的二次污染，目前在高层建筑中使用越来越广泛。该系统的缺点是：一旦外部管网断水，整栋大楼将无法供水，同时水泵在自动切换时，供水会出现短暂的低压，顶层住户会受到轻微影响；在变频控制柜出现故障时，一般需要厂家专业技术人员来解决，维修工作耗时较长，供水也会受到影响。

5）无负压（叠压）给水方式（图 7-1）

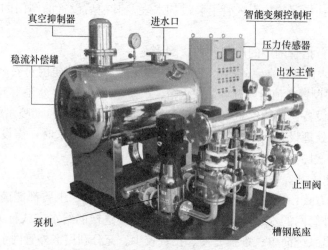

图 7-1　无负压（叠压）给水设备

无负压（叠压）给水方式是在变频供水方式基础上发展的一种新型供水方式。该方式的主要特征是去除了水泵前的水池或水箱，水泵直接从市政管网上吸水，通过先进的自控系统对水泵前后的压力进行调节，可以有效地抑制负压的产生，以避免系统对市政管网产生的不良影响，保证了用水的安全性和稳定性。该系统的优点是：给水设备与市政管网直接串接加压，充分利用了进水口原有管网压力，降低了水泵的功率，同时系统全封闭式运行，不需要设置水池或水箱，杜绝了水质污染。该系统与传统给水方式相比，具有占地面积小，安装灵活，节省水源、运行费用低等优点。目前使用越来越广泛。

该系统的不足是：因为无负压给水系统没有水箱，能储水量非常少，一旦市政管网停水，用户很快会没水。在经常性停水的区域、供水管网水头过低、供水管网供水压力波动过大以及供水管网供水总量不能满足用水需求的区域不宜选用。

6）分区给水方式

多层建筑或高层建筑的室外给水管网水压往往只能满足一至六层的给水要求。为了充分利用室外管网水压，可将建筑物分为上下两个给水区，下区采用直接给水方式，上区采用水泵和其他设备联合组成的给水方式。

高层建筑竖向分区给水方式：由于给水系统中管道、配件和附件所能承受的水压有一定的限制（允许工作压力），当建筑内总高度较高时，向建筑内统一给水，满足上部楼层的给水水压，下部楼层的水压就会超过管道等部件的允许工作压力，极易造成管道及部件崩裂，因此必须对建筑内给水系统作竖向分区处理。

高层建筑竖向分区给水方式有高位水箱式、气压水箱式和无水箱式三种类型。这三种方式各有利弊，应根据使用要求、管材质量、卫生器具配件所能承受的工作压力，结合建筑层数合理划分，选择合适的一种，以保证高层建筑供水的合理性以及实用性。

（3）给水用管材、附件和水表

1）管道材料：建筑用给水管材最常用的有钢管、铸铁管和塑料管，其他常用的给水管材还有铜管、不锈钢管和复合管等。

① 钢管：钢管有焊接钢管、无缝钢管两种，钢管强度高，承受流动压力大，抗震性能好，重量比铸铁管轻，加工安装方便，但抗腐蚀性能差，为提高其抗腐蚀性能，可进行镀锌处理。

② 铸铁管：普通铸铁管耐腐蚀性强，使用期长，适宜埋地敷设，但其性脆、重量大、长度小、强度低、抗震性能差。现在生产的球墨铸铁管既有普通铸铁管的上述优点，且强度和抗震性能显著提高，因此球墨铸铁管在工程中的应用越来越广泛。

③ 塑料管：塑料管有优良的化学稳定性，耐腐蚀，不受酸、碱、盐、油类等物质的侵蚀，重量轻安装方便，管壁光滑，代替金属管道使用可节省金属材料，但其强度低、易老化、耐温性差，热膨胀系数大，在使用上受到一定限制，特别是不能作为消防水系统管材。

④ 铜管和不锈钢管：主要用于水质要求较高的场所，铜管对水中的某些有害菌有一定的杀灭作用，但这两种管材价格较高。

⑤ 钢塑复合管：分衬塑和涂塑两类，钢塑复合管兼有钢管强度高和塑料管耐腐蚀等优点。复合管常用中的还有铝塑复合管。

2）管道的连接方式：管道的连接方式有焊接、螺丝连接、法兰连接、沟槽连接、卡套连接、热熔连接和粘接等。

3）给水管道附件：可分为配水附件和控制附件，配水附件主要是各式配水龙头，其功能是调节和分配水流；控制附件用于调节水量、水压、关断水流，主要是各种类型的阀门，常用的阀门有闸阀、截止阀、止回阀、球阀、蝶阀、安全阀、减压阀、柱塞阀等。

4）水表：用于计量累计用水量的仪表，有螺翼式水表和旋翼式水表两种。

3. 排水系统概述

（1）排水系统的组成

1）卫生器具或生产设备受水器：用来承受用水和将用后的污（废）水排出的容器；

2）排水管：由器具排水管（含存水弯）、横支管、立管、总干管和排出管组成，作用是将污（废）水迅速安全地排出室外；

3）通气管：使排水管与大气相通的管道，作用是调节排水管内气压，保证排水通畅；

4）清通设备：用于疏通管道，有检查口、清扫口、检查井等；

5）污水提升设备：当建筑物内污水不能自动排到室外时，应设置污水提升泵；

6）污水局部处理设施：生活、生产的污、废水不允许直接排入城市排水管网，应设置局部处理设施，有沉淀、过滤、消毒、冷却和生化处理设施等。

（2）排水系统的分类

建筑排水系统大致可分为生活污水、生活废水、工业废水、屋面雨水。

（3）排水系统的排水形式

生活污（废）水、工业废水、雨水分别设置管道排放，称为分流制；将两类以上合并在同一种管道内排放，称为合流制；根据我国的有关规定，根据污水排放的性质不同，可以将无毒害物质且排放量不大的生产废水和生活污水合并成一个排水系统；对含有毒、含酸碱、含油含病毒细菌的生产污水应独立排放，不应与生活污水和雨水合并；雨水系统一般独立排放，不应与生活污水合流，一是减少生活污水处理量，二是防止雨量骤增，系统排放不及时造成污水倒灌。

（4）排水管道、附件和卫生器具

1）排水管道

常用的排水管道有普通铸铁管、柔性抗震铸铁管以及相应的管箍、三通、四通、异径管接、存水弯和检查口等管件，其中柔性抗震铸铁管因其具有可曲挠性、可伸缩性、密封性好及抗震等性能，主要用于高层和超高层和有抗震要求地区的建筑物。

2）排水附件

① 存水弯：其作用是在其内部形成一定高度的水柱，阻止排水管道内的污染气体（臭气）进入室内。其形式有 S 型存水弯、P 形存水弯、瓶形存水弯以及带通气装置存水弯、存水盒等；

② 检查口与清扫口：为保持室内排水管道畅通而设置的用于管道疏通的装置，检查口一般装于气管上，清扫口一般装于横管上；

③ 地漏：用于排除地面积水，有普通地漏、高水封地漏、多用途地漏、双算杯式水封地漏，防回流地漏等；

④ 隔油器具：当污水中油脂含量过高，直接排入管道内易造成管道堵塞，故在室内装设隔油器具以降低排入管道污水的油脂含量；

⑤ 滤毛器和集污器：可防止毛发等絮状物堵塞管道。

3）卫生器具

卫生器具是收集和排除生活及生产中产生的污、废水的设备，主要有以下几类：

① 便溺用卫生器具：如大便器、小便器等；

② 盥洗、淋浴用卫生器具：如洗脸盆、淋浴器等；

③ 洗涤用卫生器具：如洗涤盆、污水盆等；

④ 专用卫生器具：如医疗、科学研究实验室等特殊需要的卫生器具。

（5）排水通气系统

1）伸顶通气管：污水气管顶端延伸出屋面的管段；

2）专用通气管：与排水主管连接，为污（废）水主管内空气流通而设置的垂直通气管道；

3）主通气管：为连接环形通气管和排水管，并为排水支管和排水主管内空气流通而设置的垂直管道；

4）副通气立管：与环形通气管连接，为使排水横支管内空气流通而设置的通气管道；

5）环形通气管：在多个卫生器具的排水横支管上，从最始端卫生器具的下游端接至通气立管的那一段通气管段；

6）器具通气管：卫生器具存水弯出口端，在高于卫生器具上一定高度处与主通气立管连接的通气管段；

7）结合通气管：指排水立管与通气立管的连接管段。

4. 中水系统概述

（1）中水系统的组成

将建筑物的冷却水、沐浴排水、盥洗排水、洗衣排水等水源，经过物理、化学的工艺处理后，用于冲洗便器、绿化、洗车、道路浇洒、空调冷却及水景等系统的统称。

（2）中水原水和中水水质标准

为了保证建筑中水使用的安全可靠，建筑中水原水目前主要为洗浴废水，其次为洗手池排水、洗衣房排水等，处理后的建筑中水主要用于冲洗厕所，此外还可用于绿化、洗车、空调系统补水、锅炉补充水、景观用水、喷洒地面、清扫用水等方面。建筑中水用于景观时，其水质应符合《城市污水再生利用 景观环境用水水质》GB/T 18921—2002 的要求。

（3）中水处理工艺

1）中水处理方式及设备

中水处理方式主要有：预处理，生物处理、物化处理、固液分离处理、深度处理和消毒处理等。

中水处理设备：

① 预处理：格栅、调节池、毛发聚集器、隔油池等设施；

② 生物处理：接触氧化池、活性污泥池、生物转盘、生物填料塔等；

③ 物化处理：混凝沉淀、气浮、臭氧氧化等方法；

④ 固液分离：砂过滤器、纤维球过滤器、沉淀池等设备；

⑤ 深度处理：可视水质情况取舍，有活性炭吸附、焦炭吸附等；

⑥ 消毒：常用药剂有次氯酸钠、液氯、臭氧、次氯酸等。

2）中水处理典型工艺

原水→预处理→生物（或物化）处理→固液分离→（深度处理）→消毒→出水。

3）常见的中水处理工艺

中水处理技术按其机理可分为物理化学法、生物化学法和物化生化组合法等。

① 生物化学法：原水→格栅→调节池→生物接触氧化池→（加混凝剂）沉淀池→过滤→消毒→出水；

② 物理化学法：这种工艺主要用于有机物浓度较低的原水，如雨水，原水→格栅→调节池→（加混凝剂）絮凝沉淀池→超滤膜→消毒→出水；

③ 物化生化结合法：这种方法可以处理优质杂排水或综合生活污水。原水→格栅→调节池→活性污泥池→膜生物反应器斗消毒→出水。

7.1.2 给水排水系统现场查验的依据

对给水排水系统进行承接查验，主要的参考依据如下：

1.《建筑给水排水及采暖工程施工质量验收规范》GB 50242—2002；

2.《建筑给水排水设计规范（2009 年版）》GB 50015—2003；

3.《小区集中生活热水供应设计规程》CECS 222—2007；

4.《无负压给水设备》CJ/T 265—2016；

5.《城镇污水处理厂工程质量验收规范》GB 50334—2017；

6.《给水排水管道工程施工及验收规范》GB 50268—2008；

7. 给水设备设施的安装、维护、使用说明书；

8. 给水排水系统竣工图、竣工资料，竣工验收合格报告；

9. 给水排水系统设施设备清单，设备调试报告和试运行记录，隐蔽工程验收报告，给水系统压力试验报告，排水通水试验报告；

10. 能源表底读数和供用水合同。

7.1.3 给水排水系统现场查验的准备工作

1. 组织准备

（1）由物业服务企业的水暖专业工程师、项目设备维修主管、水暖工与建设单位专业技术人员组成现场查验小组，由水暖工程师为组长，并进行人员分工，指定专门记录人员，共同做好现场查验。

（2）由设备生产厂家或安装单位的专业技术人员对物业服务参与查验的技术人员进行专业技术培训，合格后方可参加现场查验。

2. 查验项目

（1）给水系统：给水泵房、生活水池、水箱、给水水泵、电源控制柜、给水管道及附件、消毒设备及供暖设备等；

（2）排水系统：排污水泵、排水管道、通气管道、卫生器具、污水池、中水处理设备等；

3. 设备随机图纸、资料及备品、备件的查验

在对给水排水系统设施设备进行现场查验之前，应对设备的随机图纸、资料及备品、备件和专用工具进行查验和移交。查验的依据是设备的出厂装箱单与有关合同，查验情况

填入相应的表格。

7.2 给水排水系统承接查验的实施

7.2.1 生活给水系统承接查验的内容及标准

1. 给水泵房

(1) 泵房应安装防火防盗门，窗户及通风孔应设防护格栅式网罩；

(2) 泵房应采取减振防噪措施，其环境噪声应符合现行国家标准的要求；

(3) 泵房内电控柜宜与水泵、水箱、管道等设备隔离设置，并有防水和防潮措施；

(4) 泵房的内墙、地面应选用符合环保要求、易清洁的材料铺砌或涂覆；

(5) 泵房应设置排水设施，泵房内地面应有不小于 0.01 的坡度坡向排水设施；

(6) 泵房应设置通风装置，保证泵间内通风良好；

(7) 水泵基础高出地面的距离不应小于 0.1m；

(8) 电机额定功率小于 11kW 时，多台水泵可设在同一基础上；基础周围应有宽度大于 0.8m 的通道；

(9) 泵房内不得放置易燃易爆和有污染的物品。

2. 生活水池、水箱

(1) 水池、水箱宜独立设置，且结构合理、内壁光洁、内拉筋无毛刺、不渗漏；并且距污染源、污染物的距离应符合现行国家标准《建筑给水排水设计规范（2009 年版）》GB 50015—2003 的规定；

(2) 水池（箱）无跑冒滴漏现象，室外设置的水池（箱）及管道应有防冻、隔热措施。

(3) 目测水质无杂质，无异味、无漂浮物，水位面在规定范围内；

(4) 水池高度不宜超过 3.5m，水箱高度不宜超过 3m。当水池（箱）高度大于 1.5m 时，水池（箱）内外应设置爬梯；

(5) 建筑物内水池（箱）侧壁与墙面间距不宜小于 0.7m，安装有管道的侧面，净距不宜小于 1.0m；水池（箱）与室内建筑凸出部分间距不宜小于 0.5m；水池（箱）顶部与楼板间距不宜小于 0.8m；水池（箱）底部应架空，距地面不宜小于 0.5m，并应具有排水条件；

(6) 水池（箱）应设进水管、出水管、溢流管、泄水管、通气管、人孔，并应符合下列规定：

1) 出水管管底应高于水池（箱）内底，高差大于 0.1m；

2) 进、出水管的布置不得产生水流短路，必要时应设导流装置；

3) 进、出水管上必须安装阀门，水池（箱）宜设置水位监控和溢流报警装置；

4) 溢流管管径应大于进水管管径，宜采用水平喇叭口集水，溢流管出口末端应设置耐腐蚀材料防护网，与排水系统不得直接连接并应有不小于 0.2m 的空气间隙；

5) 泄水管应设在水池（箱）底部，管径不应小于 DN50。水池（箱）底部宜有坡度，并坡向泄水管或集水坑。泄水管与排水系统不得直接连接并应有不小于 0.2m 的空气间隙；

6）通气管管径不应小于 DN25，通气管口应采取防护措施；

7）水池（箱）人孔必须加盖、带锁，人孔高出水池（箱）外顶不应小于 0.1m。圆形人孔直径不应小于 0.7m，方型人孔每边长不应小于 0.6m；

（7）水池（箱）应有液位控制装置，当遇超高水位和超低水位时，应自动报警。

3. 给水水泵

（1）外观质量

1）核对水泵的规格型号、流量、扬程、转速、数量、安装位置等符合设计要求；

2）水泵的外观无磕碰，没有裂纹、砂眼及凹凸不平的缺陷，油漆完好，铭牌清晰，手动盘车灵活；

3）水泵基础没有裂缝、蜂窝、空洞、漏筋等缺陷，外形尺寸和空间位置应符合设计要求、地脚螺栓和防振隔振措施符合规范；

4）阀门应转动灵活，无卡阻和不正现象，阀门关闭严密，阀门没有向下安装现象，法兰固定螺栓连接应紧密，螺纹连接的阀门，其螺纹应完整无缺，止回阀须水平安装，安全阀不得偏歪。其开启压力和回座压力应符合设计规定，并有《安全阀调整试验记录》；

5）管道油漆、标识、介质流向以及各种仪表应完好。

（2）试运转准备

1）各紧固件连接部分的紧固情况，不得松动；

2）润滑状况良好，润滑油和油脂已按规定加入；

3）附件设备及管路已冲洗干净，管路应保持畅通；

4）安全保护装置已齐备、可靠；

（3）无负荷试运转

1）开启入口阀门，关闭出口阀门，并在吸入管充满水；

2）水泵运转 1～3min，水泵无异常声响，叶轮与泵壳不应相碰，法兰盘无松动现象，轴承无明显温升；

（4）负荷试运转：

1）水泵的流量、扬程、压力等指标符合设计要求，各种仪表指示正常；

2）水泵运转无杂音，紧固件无松动，水泥基础无裂纹，减震完好；

3）滚动轴承温度不超过 75℃，滑动轴承温度不高于 70℃；

4）轴封填料温度正常，软填料每分钟泄漏不得超过 20 滴，机械密封泄漏量每分钟不得超过 3 滴；

5）水泵电机的电流、温度以及震动不超过额定值；

6）负荷试运转不应少于 2h。

4. 电源控制柜

（1）电源控制柜应有过载、短路、过压、缺相、欠压、过热和缺水等故障报警及自动保护功能。对可恢复的故障应能自动或手动消除，恢复正常运行；

（2）电控柜（箱）应符合现行国家标准《电气控制设备》GB/T 3797—2016 的规定；

（3）电源应满足设备的安全运行，宜采用双电源或双回路供电方式。

5. 给水管道及附件

（1）安装地点、材质、规格、连接及固定应符合设计要求，管道的阀门、压力表、用水附件、安全阀、水表、减压装置等完好，无跑冒滴漏现象；

（2）查验给水管道的水压试验是否符合设计要求。当设计未注明时，给水管道的试验压力应为工作压力的 1.5 倍，最低不小于 0.6MPa；

（3）进行管道的通水试验，开启阀门、水嘴等部件，观察水流是否畅通；

（4）查验管道是否进行了冲洗和消毒，并符合国家《生活饮用水标准》。检验方法是检查有关部门提供的检测报告；

（5）查验室内直埋给水管道（塑料管道和复合管道除外）有否做防腐处理。埋地管道防腐层材质和结构应符合设计要求。检验方法可以采用局部解剖方法；

（6）给水管道应有标识，标识宜为蓝色；

（7）给水管道严禁与非饮用水（如中水）管道连接；

（8）给水阀门应设置在易操作和方便检修的位置，室外阀门宜设置在阀门井内；

（9）给水管道的压力高于配水点允许的最高使用压力时，应设置减压装置；

（10）给水管道的末端和最高点应设置自动排气装置；

（11）给水管道的过滤器滤网应采用耐腐蚀材料，滤网目数应为 20～40 目；

（12）做灌水满水试验，持续 1h 以上，观察管道与附件，无渗漏。

6. 消毒设备

（1）给水设施的水池（箱）必须设置消毒设备；

（2）消毒设备可选择臭氧发生器、紫外线消毒器和二氧化氯消毒器等，其设计、安装和使用应符合国家现行有关标准的规定；

（3）臭氧发生器应设置尾气消除装置；

（4）紫外线消毒器应具备对紫外线照射强度的在线检测，并宜有自动清洗功能；

（5）水箱自洁消毒器宜外置。

7. 热水管道

（1）热水管道水压试验应符合设计要求，管道试验压力应为系统顶点的工作压力加 0.1MPa，同时在系统顶点的试验压力不小于 0.3MPa；

（2）热水供应管道应有自然弯补偿热伸缩，直线段过长则应设置补偿器。补偿器型式、规格、位置应符合设计要求；

（3）热水管道的冲洗实验应符合规范要求。

8. 太阳能

（1）太阳能集热排管和上、下集管的水压试验合格，其试验压力应为工作压力的 1.5 倍；

（2）热交换器的水压试验 10min，压力不降，管道不渗不漏。蒸汽部分应不低于蒸汽供汽压力加 0.3MPa，热水部分应不低于 0.4MPa；

（3）水泵基础的混凝土强度、坐标、标高、尺寸和螺栓孔位置应符合设计要求；

（4）水泵试运转的轴承温升应符合设备说明书的规定；

（5）敞口水箱的满水试验和密闭水箱（罐）的水压试验必须符合规范要求。

9. 供暖管道

（1）同向热水采暖管道、蒸汽采暖管道以及凝结水管道，安装坡度应为 3‰，不得小于 2‰，逆向流动的热水采暖管道和蒸汽采暖管道安装坡度应为 5‰；

（2）散热器支管的坡度应为1‰，坡向应有利于排气和泄水；

（3）补偿器的型号、安装位置及预拉伸和固定支架的构造及安装位置应符合设计要求；

（4）平衡阀及调节阀型号、规格、公称压力及安装位置应符合设计要求。安装完后应根据系统平衡要求进行调试并作出标记。

（5）蒸汽减压阀和管道及设备上安全阀的型号、规格、公称压力及安装位置应符合设计要求。安装完毕后应根据系统工作压力进行调试。

（6）方形补偿器应水平安装，并与管道的坡度一致，如其臂长方向垂直安装必须设排气及泄水装置。

10. 散热器

（1）散热器的支架、托架的位置应准确，埋设牢固。散热器支架、托架数量应符合设计要求；

（2）散热器背面与装饰后的墙内表面安装距离应为30mm；

（3）散热器安装允许偏差应符合有关规范要求。

11. 地板采暖

（1）地面下敷设的盘管埋地部分不应有接头。

（2）盘管隐蔽前必须进行水压试验，试验压力为工作压力的1.5倍，但不小于0.6MPa，且不渗不漏。

（3）加热盘管弯曲部分不得出现硬折弯现象，塑料管曲率半径不应小于管道外径的8倍，复合管曲率半径不应小于管道外径的5倍。

12. 室外给水管网

（1）给水管道在埋地敷设时，应在当地的冰冻线以下，如必须在冰冻线以上铺设时，应做可靠的保温防潮措施；在无冰冻地区埋地敷设时，管顶的覆土埋深不得小于500mm，穿越道路部位的埋深不得小于700mm；

（2）给水管道不得直接穿越污水井、化粪池、公共厕所等污染源；

（3）管道接口法兰、卡扣、卡箍等应安装在检查井或地沟内，不应埋在土壤中；

（4）管井内的管道安装时，法兰或承口距井壁的距离不得小于250mm；

（5）管网水压试验合格，试验压力为工作压力的1.5倍，但不得小于0.6MPa；

（6）镀锌钢管、钢管的埋地防腐必须符合设计要求，卷材与管材间应粘贴牢固，无空鼓、滑移、接口不严等现象；

（7）给水管道竣工后的冲洗以及冲洗后消毒，必须满足饮用水卫生要求。

13. 管沟及井室

（1）管沟的基层处理和井室的地基必须符合设计要求；

（2）各类井室的井盖应符合设计要求，且有明显的文字标识，各种井盖不得混用；

（3）设在通车路面下或小区道路下的各种井室，必须使用重型井圈和井盖，井盖上表面应与路面相平，允许偏差为+5mm。绿化带上和不通车的地方可采用轻型井圈和井盖，井盖的上表面应高出地坪50mm，并在井口周围以2%的坡度向外做水泥砂浆护坡；

（4）重型铸铁或混凝土井圈不得直接放在井室的砖墙上，砖墙上应做不小于80mm厚的细石混凝土垫层。

7.2.2 消防给水系统承接查验的内容及标准

1. 消防水泵房

(1) 消防水泵房设置的应急照明、安全出口应符合设计要求;

(2) 消防水泵房的采暖通风、排水和防洪等应符合设计要求;

(3) 消防水泵房的设备进出和维修安装空间应满足设备要求;

(4) 消防水泵控制柜的安装位置和防护等级应符合设计要求。

2. 消防水池和高位消防水箱

(1) 消防水池和高位消防水箱的有效容积、水位、报警水位等,应符合设计要求;

(2) 进出水管、溢流管、排水管等应符合设计要求,且溢流管应采用间接排水;

(3) 管道、阀门和进水浮球阀等应便于检修,人孔和爬梯位置应合理;

(4) 消防水池出水管喇叭口等设置和位置应符合设计要求。

3. 消防水泵

(1) 消防水泵运转应平稳,无异常噪声和振动;

(2) 消防水泵、进水管、出水管及出水管上的泄压阀、水锤消除设施、止回阀、信号阀等的规格型号应符合设计要求;进水管、出水管上的控制阀应锁定在常开位置,并应有明显标记;

(3) 消防水泵应采用自灌式引水方式,并应保证全部有效储水被有效利用;

(4) 分别开启系统中的每一个末端试水装置、试水阀和试验消火栓,水流指示器、压力开关、高位消防水箱流量开关等信号的功能,均应符合设计要求;

(5) 打开消防水泵出水管上试水阀,当采用主电源启动消防水泵时,消防水泵应启动正常;关掉主电源,主、备电源应能正常切换;备用泵启动和相互切换正常;消防水泵就地和远程启停功能应正常;

(6) 消防水泵停泵时,水锤消除设施后的压力不应超过水泵出口设计额定压力的1.4 倍;

(7) 消防水泵启动控制应置于自动启动挡;

(8) 采用流量计和压力表测试消防水泵的性能,应满足设计要求;

(9) 在室内取二处(顶层和首层)的消火栓做试射试验,其射程和流量应符合设计要求。

4. 稳压水泵

(1) 稳压泵的控制应符合设计要求,并应有防止稳压泵频繁启动的技术措施;

(2) 稳压泵在 1h 内的启停次数应符合设计要求,并不宜大于 15 次/h;

(3) 稳压泵供电应正常,自动手动启停应正常;关掉主电源,主、备电源应能正常切换;

(4) 气压水罐的有效容积以及调节容积应符合设计要求,并应满足稳压泵的启停要求式网罩。

5. 消防水泵接合器及室外消火栓

(1) 水压试验合格,试验压力为工作压力的 1.5 倍,但不得小于 0.6MPa;

(2) 消防水泵接合器和消火栓的位置标志应明显,栓口的位置应方便操作,当采用墙壁式安装时,进、出水栓口的中心安装高度距地面应为 1.10m,其上方应设有防坠落物打击的措施；

（3）地下式消防水泵接合器顶部进水口或地下式消火栓的顶部出水口与消防井盖底面的距离不得大于 400mm，井内应有足够的操作空间并设爬梯。寒冷地区井内应有防冻保护；

（4）消防水泵接合器的安全阀及止回阀安装位置和方向应正确，阀门启闭应灵活。

7.2.3 排水系统承接查验的内容及标准

1. 排水管道

（1）查验隐蔽或埋地排水管道的灌水试验合格，检测方法：查验灌水检验报告；

（2）查验生活污水管道的坡度应符合设计要求；

（3）查验排水塑料管必须按设计要求装设伸缩节，伸缩节间距不得大于 4m；

（4）高层建筑中明设排水塑料管道应按设计要求设置阻火圈或防火套管；

（5）排水主立管及水平干管管道均应做通球试验，通球球径不小于排水管道管径的 2/3，通球率必须达到 100。

2. 排水管沟及井池

（1）排水管沟及井池室外沟基的处理和井池的底板强度应符合设计要求；

（2）排水检查井、化粪池的底板及进、出水管的标高，必须符合设计，其允许偏差为 ±15mm。

3. 通气管

（1）排水通气管不得与风道或烟道连接且通气管应高出屋面 300mm，但必须大于最大积雪厚度。

（2）在通气管出口 4m 以内有门、窗时，通气管应高出门、窗顶；

（3）在经常有人停留的平屋顶上，通气管应高出屋面 2m，并应根据防雷要求设置防雷装置。

4. 雨水管道

（1）查验室内的雨水管道的灌水试验记录，灌水试验持续 1h，雨水管道不渗不漏；

（2）采用塑料管的雨水管道，其伸缩节安装应符合设计要求；

（3）悬吊式雨水管道的敷设坡度不得小于 5‰，埋地雨水管道的最小坡度，应符合设计要求；

（4）雨水管道不得与生活污水管道相连接；

（5）雨水斗管的连接应固定在屋面承重结构上。雨水斗边缘与屋面相连处应严密不漏。连接管管径当设计无要求时，不得小于 100mm；

（6）悬吊式雨水管道的检查口或带法兰堵口的三通的间距，应符合设计要求。

5. 排污水泵

（1）排污水泵的规格型号、数量、安装位置、连接方式符合设计要求，排污泵的叶轮和泵体之间的密封、防腐与油漆完好；

（2）检查污水泵与管道的连接处不得有松动，用手或工具转动污水泵，水泵应转动灵活；

（3）将水泵的电源控制旋钮转至手动位置，启动电泵，检查水泵运转情况，其转向、噪声、温度、排水量以及电机电流，应符合厂家技术要求；水泵应逐台实验；

（4）将污水泵电源控制旋钮转至自动位置；挑起上限水位浮标，水泵应自动启动排水；放下下限水位浮标，水泵应停止运行；

（5）检查污水泵的运行时的温度，其轴承温度不能超过环境温度35℃，最高温度不能超过80℃；

（6）检查超高水位报警功能应正常。

6. 污水池

（1）污水池内应清洁，无杂物、无裂缝，无建筑垃圾；

（2）污水池井盖安装稳固合理、无破损，井盖上方没有放置杂物，没有设置车位，并便于日常的维修检查。

7. 卫生洁具

（1）洁具外观应周正，瓷质细腻程度和色泽一致，表面光滑，边缘平滑，无裂纹、斑点，无损伤；

（2）用木棍轻轻敲击，声音实而清脆未受损伤，重点轻敲击盆边排水口处；

（3）卫生洁具排水栓和地漏的安装应平正、牢固，低于排水表面，周边无渗漏。地漏水封高度不得小于50mm。

（4）对圆形孔洞可做通球试验，检验用球直径应为孔洞直径的0.8倍；

（5）卫生器具的满水和通水试验，满水后各连接件不渗不漏，给水排水畅通。

8. 洁具配件

（1）给水配件应完好无损伤，接口严密，启闭灵活；

（2）给水配件安装标高的允许偏差应符合有关规范要求；

（3）浴盆软管淋浴器挂钩的高度应距地面1.8m。

9. 洁具排水

（1）与排水横管连接的各卫生器具的受水口和立管均应采取妥善可靠的固定措施，管道与楼板的接合部位应采取牢固可靠的防渗、防漏措施；

（2）连接卫生器具的排水管道接口应紧密不漏，其固定支架、管卡等支撑位置应正确、牢固与管道的接触应平整。

7.2.4 中水系统承接查验的内容及标准

1. 中水管道

（1）中水高位水箱应与生活高位水箱应设在不同的房间内，如条件不允许只能设在同一房间时，中水高位水箱与生活高位水箱的净距离应大于2m；

（2）中水给水管道不得装设取水水嘴，便器冲洗宜采用密闭型设备和器具，绿化、浇洒、汽车冲洗宜采用壁式或地下式的给水栓；

（3）中水供水管道严禁与生活饮用水给水管道连接，也不得通过单流阀或隔断阀连接，以防污染；

（4）除卫生间外，室内中水管道宜明装敷设，不得暗装于墙体和楼面内，如必须暗装于墙槽内时，必须在管道上有明显且不会脱落的标志，以便于检查维修；

（5）中水池（箱）内的自来水补水管应采取防污染措施，补水管出口应高于中水池（箱）内溢流水位，严禁采用淹没式浮球阀补水；

（6）中水池（箱）的溢流管不得直接与下水道连接，应采用间接排水的隔断措施，以防止下水道污染中水水质。

(7) 中水管道应采取下列误接、误用、误饮的措施：

1) 中水管道应涂浅绿色标志，以严格与其他管道的区别；

2) 水池（箱）、阀门、水表及给水栓均应有明显的"中水"标志；

3) 中水取水口应有带锁装置，用于冲洗地面和洗车用的龙头应上锁并明示不得饮用。

(8) 对于不能及时开通中水管线的用户，可以和有关单位办理相应手续，先使用自来水替代，用户应保留中水管线的切换功能，待条件成熟时，再自行实现中水切换。

2. 中水处理站

(1) 中水处理站的加药贮药间和消毒剂制备贮存间宜与其他房间隔开，并有直接通向室外的门；同时应设置值班室、化验室、维修间等附属房间；

(2) 处理站应设有采暖、通风、换气、照明、给水、排水设施，地面设集水坑，当不能重力排出时，应采用潜水泵排水；

(3) 处理工艺中采用的化学药剂、消毒剂等可能产生的危害，应采取必要的安全防护措施，对产生的臭气应采取有效的除臭措施；

(4) 处理站所产生的污泥、废渣及有害废水废物应及时处置，不得随意堆放。

3. 中水处理设备

(1) 各种设备基础的混凝土强度、坐标、标高、几何尺寸和螺栓孔位置应符合设计要求；

(2) 水泵试运转，轴承温升必须符合设计文件、设备说明书的规定；

(3) 鼓风机试运转，轴承温升及径向振幅应符合设计文件或设备说明书的规定；

(4) 格栅栅条对称中心与导轨的对称中心应符合要求，格栅栅条的纵向面与导轨侧面应平行；耙齿与栅条的啮合应无卡阻，间隙应不大于 0.5mm，啮合深度应不大于 35mm；栅片运行位置应正确，无卡阻、突跳现象；过载装置应动作灵敏可靠；栅片上的垃圾不应有回落渠内现象；

(5) 曝气设备应安装牢固；表面曝气设备和升降调节装置应灵敏可靠，并有锁紧装置；安装完毕后，微孔曝气器管路应吹扫干净，出气孔不应堵塞；

(6) 刮泥机、吸刮泥机刮板下缘与池底间隙应符合设计要求；过载装置应动作灵敏可靠；撇渣板和刮泥板不应有卡位、突跳现象。

7.2.5 游泳池及池水承接查验的内容及标准

1. 游泳池池水的水质应符合国家有关规范，游泳池初次充水和正常使用过程中的补充水水质应符合现行的《生活饮用水卫生标准》GB 5749—2006 的要求。

2. 游泳池的池水温度应符合游泳池的设计要求，其露天游泳池的池水温度不宜低于 22℃。

3. 游泳池应采用循环净化给水系统；

4. 循环水泵机组和管道应有减震和降噪措施，其温升、噪声、震动应符合设计要求；

5. 毛发聚集器和过滤设备应符合国家有关规范，过滤筒（网）应清洁，无堵塞现象；

6. 过滤器反冲洗设备良好，其反冲洗周期、反冲洗强度和反冲洗时间符合设计要求；

7. 加药设备运行正常，其投放药剂、投药时间、加药周期、加药量等符合使用要求；

8. 游泳池水应定期进行消毒杀菌处理，其处理设备应杀菌能力强，不污染水质，并在水中有持续杀菌性能，同时运行可靠、安全，操作管理方便。

7.2.6　现场查验记录

1. 设备随机图纸、资料及备品、备件的查验记录

在对给水排水系统设施设备进行现场查验之前，应对设备的随机图纸、资料及备品、备件和专用工具进行查验和移交。查验的依据是设备的出厂装箱单与有关合同，查验情况填入表 7-1。

给水排水设备随机图纸、资料及备品备件查验表　　　　　表 7-1

物业项目：＿＿＿＿＿＿＿＿　　查验日期：＿＿＿＿＿＿＿＿　　编号：＿＿＿＿＿＿＿

建设单位：＿＿＿＿＿＿＿＿　　参加人员：＿＿＿＿＿＿＿＿

物业服务企业：＿＿＿＿＿＿　　参加人员：＿＿＿＿＿＿＿＿

序号	项目	内容	配置标准				查验实际				备注
			1	2	3	4	1	2	3	4	
1	图纸资料	图名									
		图号									
		页数									
		说明书									
2	备品备件	名称									
		型号									
		规格									
		数量									
		完好程度									
3	专业工具	名称									依据设备出厂装箱单与有关合同
		型号									
		规格									
		数量									
		完好程度									
		使用说明									
4	防护用品	名称									
		型号									
		规格									
		数量									
		完好程度									
		使用说明									
5	其他										

记录人：　　　　　时间：　　　　　审核人：

2. 离心清水泵现场查验记录（表 7-2）

离心清水泵查验与试运行记录表　　　　　　表 7-2

物业项目：_____　　查验日期：_____　　编号：_____

建设单位：_____　　参加人员：_____

物业服务企业：_____　　参加人员：_____

查验项目	1		2		3		4	
	配置标准	实际	配置标准	实际	配置标准	实际	配置标准	实际
水泵名称								
品牌								
生产厂家								
型号								
用途与台数								
安装地点								
流量（m³/h）								
压力（MPa）								
电机电流（A）								
轴承温度（℃）								
电机温度（℃）								
填料渗漏（滴/min）								
是否振动								
异常声响								

其他事项：

记录人：　　　　　时间：　　　　　审核人：

3. 深井与深井水泵现场查验记录（表 7-3）

深井与深井水泵现场查验记录表　表7-3

物业项目：＿＿＿＿＿＿＿＿　查验日期：＿＿＿＿＿＿　编号：＿＿＿＿＿＿＿＿

建设单位：＿＿＿＿＿＿＿＿　参加人员：＿＿＿＿＿＿

物业服务企业：＿＿＿＿＿＿　参加人员：＿＿＿＿＿＿

序　号	1		2	
项目	配置标准	实际	配置标准	实际
名称				
用途与数量				
深井地点				
施工单位				
深井开凿深度（m）				
深井成井深度（m）				
深井开凿井径（mm）				
深井成井管径（mm）				
深井井管材质				
深井填料规格与数量				
深井滤水管径（mm）				
深井滤水管长度（m）				
滤水管位置				
深井沉砂管长度（m）				
深井泵房建筑物				
深井泵房构筑物				
电源、动力、照明				
深井泵名称				
深井泵品牌				
生产厂家				
深井泵型号				
深井泵规格				
深井泵出水量（m³/h）				
深井泵总扬程（m）				
出水含沙量（g/m³）				
出水 pH 值				
深井排砂时间（min）				
深井泵额定功率（kW）				
深井泵电流（A）				
试运行时间				
运行状态				

记录人：＿＿＿＿＿　时间：＿＿＿＿＿　审核人：＿＿＿＿＿

4. 水池、水箱现场查验记录（表7-4）

水池、水箱现场查验记录表　　　　表 7-4

物业项目：＿＿＿＿＿＿＿＿＿＿　查验日期：＿＿＿＿＿＿＿＿　编号：＿＿＿＿＿

建设单位：＿＿＿＿＿＿＿＿＿＿　参加人员：＿＿＿＿＿＿＿＿

物业服务企业：＿＿＿＿＿＿＿＿＿＿　参加人员：＿＿＿＿＿＿＿＿

序　号	1		2		3	
	配置标准	实际	配置标准	实际	配置标准	实际
名称						
用途与台数						
安装地点						
容积（m³）						
材质						
阀门						
仪表						
附件						
渗漏						
水位控制						
溢水试验						

其他事项：

记录人：＿＿＿＿＿　时间：＿＿＿＿＿　审核人：＿＿＿＿＿

5. 组合式供水设备现场查验记录（表 7-5）

组合式供水设备现场查验记录表　　　　表 7-5

物业项目：＿＿＿＿＿＿＿＿＿＿　查验日期：＿＿＿＿＿＿＿＿　编号：＿＿＿＿＿

建设单位：＿＿＿＿＿＿＿＿＿＿　参加人员：＿＿＿＿＿＿＿＿

物业服务企业：＿＿＿＿＿＿＿＿＿＿　参加人员：＿＿＿＿＿＿＿＿

项　目	配置标准	实　际
机组名称		
机组品牌		
生产厂家		
型号		
规格		
用途与数量		
安装地点		
稳流补偿器型号		
稳流补偿器规格		
真空补偿器型号		

项 目	配置标准	实 际
气压罐型号		
气压罐规格		
配备水箱材质及容积（m³）		
配备水箱尺寸（长/宽/高）		
配备变频器型号		
配备水泵型号与规格		
配备水泵台数		
配备控制柜型号		
各部阀门		
压力表		
负压表		
压力传感器		
过滤器		
止回阀		
超压保护装置		
供水压力（MPa）		
供水流量（m³/h）		
启动时负压值（kPa）		
气压罐压力（MPa）		
正常时变频器频率（Hz）		
变频器运行状况		
水泵运行状态		
水泵运行声响		
水泵运行振动		
电机电流（A）		
电机温度（℃）		
其他事项		

记录人： 时间： 审核人：

6. 室内供水管道与附件现场查验记录（表7-6）

室内供水管道与附件现场查验记录表　　　　　　　　表 7-6

物业项目：_____　　　　查验日期：_____　编号：_____

建设单位：_____　　　　参加人员：_____

物业服务企业：_____　　　　参加人员：_____

序　号	1		2		3		4		5	
查验项目	标准	实际	标准	实际	标准	实际	标准	实际	标准	实际
管道名称										
管道材质										
用途与数量										
安装地点										
规格（DN）										
连接方式										
安装质量										
固定支架及紧固										
防腐与油漆										
压力表										
用水附件										
阀门										
压力表										
安全阀										
减压装置										
防露措施										
与建筑体密封										

其他事项：

记录人：　　　　　时间：　　　　　审核人：

7. 热水器现场查验记录（表 7-7）

热水器现场查验记录表　　　　　　　　　　　　表 7-7

物业项目：_____　查验日期：_____　编号：_____

建设单位：_____　参加人员：_____

物业服务企业：_____　参加人员：_____

序　号	1		2		3	
项目	配置标准	实际	配置标准	实际	配置标准	实际
名称						
品牌						
生产厂家						
用途与台数						
安装地点						
型号						
规格						
阀门						
仪表						
附件						
渗漏						
水压试验						
安全阀试验						
试用时间						
水温（℃）						
压力（MPa）						
运行状态						

其他事项：

记录人：　　　　　　时间：　　　　　　审核人：

8. 太阳能热水器现场查验记录（表7-8）

太阳能热水器现场查验记录表 表 7-8

物业项目：_____　查验日期：_____　编号：_____

建设单位：_____　参加人员：_____

物业服务企业：_____　参加人员：_____

序　号	1		2		3	
项目	配置标准	实际	配置标准	实际	配置标准	实际
名称						
品牌						
生产厂家						
用途与台数						
安装地点						
型号						
规格						
阀门						
附件						
渗漏						
接地电阻（Ω）						
充水试验						
溢排水试验						
试用时间						
水温（℃）						
压力（MPa）						
试用状态						

其他事项：

记录人：　　　　　时间：　　　　　审核人：

9. 室内卫生器具现场查验记录（表 7-9）

室内卫生器具现场查验记录表　　　　　　　　　**表 7-9**

物业项目：＿＿＿＿＿＿＿＿＿＿＿　　查验日期：＿＿＿＿＿＿　　编号：＿＿＿＿＿＿

建设单位：＿＿＿＿＿＿＿＿＿＿＿　　参加人员：＿＿＿＿＿

物业服务企业：＿＿＿＿＿＿＿＿＿　　参加人员：＿＿＿＿＿

序　号	1		2		3		4		5	
项目	标准	实际	标准	实际	标准	实际	标准	实际	标准	实际
器具名称										
品牌										
生产厂家										
用途与数量										
安装地点										
规格（DN）										
连接方式										
安装质量										
固定支架及紧固										
防腐与油漆										
阀门										
用水附件										
与建筑体密封										
水压试验										
排水试验										
闭水试验										
开关灵活										
使用情况										

其他事项：

记录人：　　　　时间：　　　　审核人：

10. 中水设备现场查验记录（表 7-10）

中水设备现场查验记录表

表 7-10

物业项目：＿＿＿＿＿＿＿＿＿＿ 查验日期：＿＿＿＿＿＿＿ 编号：＿＿＿＿＿＿

建设单位：＿＿＿＿＿＿＿＿＿＿ 参加人员：＿＿＿＿＿＿

物业服务企业：＿＿＿＿＿＿＿＿ 参加人员：＿＿＿＿＿＿

序 号	1		2		3	
项 目	配置标准	实际	配置标准	实际	配置标准	实际
名称						
机组品牌						
生产厂家						
用途与台数						
安装地点						
型号						
规格						
阀门						
仪表						
附件						
渗漏						
水压试验						
安全试验						
试用时间						
水质						
水量						
运行状态						

其他事项：

记录人：　　　　　　时间：　　　　　　审核人：

11. 游泳池及附属设施设备现场查验记录（表 7-11）

游泳池及附属设施设备现场查验记录表　　　　　　　　　　　　**表 7-11**

物业项目：＿＿＿＿＿＿＿＿　　查验日期：＿＿＿＿＿＿＿＿　　编号：＿＿＿＿＿＿＿

建设单位：＿＿＿＿＿＿＿＿　　参加人员：＿＿＿＿＿＿＿＿

物业服务企业：＿＿＿＿＿＿　　参加人员：＿＿＿＿＿＿＿＿

序　号	1		2		3	
查验项目	配置标准	实际	配置标准	实际	配置标准	实际
名称						
品牌						
生产厂家						
用途与台数						
安装地点						
型号						
规格						
阀门						
仪表						
附件						
渗漏						
水压试验						
安全试验						
试用时间						
水温（℃）						
水质						
运行状态						

其他事项：

记录人：　　　　　　　　　时间：　　　　　　　　　审核人：

12. 室内排水管道与附件现场查验记录（表7-12）

室内排水管道与附件现场查验记录表　　　　　　　　　　表 7-12

物业项目：＿＿＿＿＿＿＿＿　　查验日期：＿＿＿＿＿＿＿＿　编号：＿＿＿＿＿

建设单位：＿＿＿＿＿＿＿＿　　参加人员：＿＿＿＿＿＿＿＿

物业服务企业：＿＿＿＿＿＿　　参加人员：＿＿＿＿＿＿＿＿

序号	1		2		3		4		5	
项目	标准	实际	标准	实际	标准	实际	标准	实际	标准	实际
管道名称										
管道材质										
用途与数量										
安装地点										
规格（DN）										
连接方式										
安装质量										
固定支架及紧固										
防腐与油漆										
排气管										
检查口										
清扫口										
与建筑体密封										
灌水试验										
通球试验										

其他事项：

记录人：　　　　时间：　　　　　　审核人：

13. 室外排水管道与附件现场查验记录（表7-13）

室外排水管道与附件现场查验记录表 　　**表 7-13**

物业项目：_____　　　查验日期：_____　　　编号：_____

建设单位：_____　　　参加人员：_____

物业服务企业：_____　　参加人员：_____

序号	1		2		3		4		5	
项目	标准	实际	标准	实际	标准	实际	标准	实际	标准	实际
管道名称										
管道材质										
用途与数量										
安装地点										
规格（DN）										
连接方式										
井、池、盖外观质量										
井盖防腐与油漆										
连接处的密封										
井、池内清洁										
灌水试验										
通球试验										

其他事项：

记录人：　　　　　　　　时间：　　　　　　　　审核人：

14. 排污电泵现场查验记录（表 7-14）

排污电泵现场查验记录表

表 7-14

物业项目：＿＿＿＿＿＿＿＿＿ 查验日期：＿＿＿＿＿＿＿ 编号：＿＿＿＿＿＿＿

建设单位：＿＿＿＿＿＿＿＿＿ 参加人员：＿＿＿＿＿＿＿

物业服务企业：＿＿＿＿＿＿＿ 参加人员：＿＿＿＿＿＿＿

序号	1		2		3		4		5	
项目	标准	实际	标准	实际	标准	实际	标准	实际	标准	实际
电泵名称										
品牌										
生产厂家										
数量										
安装地点										
电泵型号										
规格										
连接方式										
控制方式										
外观质量										
防腐油漆										
连接处的密封										
井、池内清洁										
安全措施										
排污试验										
自动控制试验										

其他事项：

记录人：＿＿＿＿ 时间：＿＿＿＿ 审核人：＿＿＿＿

7.2.7　问题的汇总与解决办法

详见 2.3.4 问题的汇总与解决办法。

小　　结

本章主要介绍了给水排水系统承接查验，包括给水排水系统的分类与构成，给水排水系统承接查验的依据和准备工作，给水设施设备、排水设施现场查验内容、标准与方法，现场查验记录和汇总以及遗留问题的解决等内容。

拓　展　阅　读

为了让读者更好地理解和掌握本章知识，下面附一个拓展阅读材料，读者可扫描下方二维码阅读。

城市中水利用的现状及未来

习　　题

一、单项选择题

1. 当室外给水管网提供的水压、水量、水质都能满足建筑给水要求时，可直接将室外管网的水引向建筑物内各用水点，这样的给水方式称为（　　）。

　A. 直接给水方式　　　　　　　　　　B. 单设水箱给水方式

　C. 水池、水箱、水泵给水方式　　　　D. 恒压变频供水方式

2. 下列哪项不属于建筑排水系统（　　）。

　A. 生活污水　　　　B. 生活废水　　　　C. 混合污水　　　　D. 屋面雨水

3. 将建筑物的冷却水、沐浴排水、盥洗排水、洗衣排水等水源，经过物理、化学的工艺处理后，用于冲洗便器、绿化、洗车、道路浇洒、空调冷却及水景等系统叫建筑（　　）。

　A. 污水系统　　　　B. 中水系统　　　　C. 排水系统　　　　D. 雨水系统

4. 给水泵房应设置排水设施，泵房内地面应有不小于（　　）的坡度坡向排水设施。

　A. 0.01　　　　　　B. 0.05　　　　　　C. 0.1　　　　　　　D. 0.5

5. 生活水池高度不宜超过（　　），生活水箱高度不宜超过（　　）。

　A. 3m，3m　　　　　　　　　　　　B. 3m，3.5m

　C. 3.5m，3m　　　　　　　　　　　D. 3.5m，3.5m

二、多项选择题

1. 给水系统按照使用用途划分，有（　　）等类型。

A. 生活给水　　　　B. 消防给水

C. 生产给水　　　　D. 绿化用水

E. 工业用水

2. 常见的中水处理工艺包括（　　）。

A. 实验法　　　　　　　　　B. 过滤法

C. 生物化学法　　　　　　　D. 物理化学法

E. 物化生化组合法

3. 下列室外给水管网查验标准正确的有（　　）。

A. 给水管道在埋地敷设时，应在当地的冰冻线以下

B. 在无冰冻地区埋地敷设时，管顶的覆土埋深不得小于 500mm

C. 给水管道不得直接穿越污水井、化粪池、公共厕所等污染源

D. 管道接口法兰、卡扣、卡箍等应安装在检查井或地沟内，不应埋在土壤中

E. 管井内的管道安装时，法兰或承口距井壁的距离不得小于 250mm

4. 排水管道查验标准包括（　　）。

A. 查验隐蔽或埋地排水管道的灌水试验合格，检测方法：实地灌水试验

B. 查验排水塑料管必须按设计要求装设伸缩节，伸缩节间距不得小于 4m

C. 高层建筑中明设排水塑料管道应按设计要求设置阻火圈或防火套管

D. 通球球径不小于排水管道管径的 2/3，通球率必须达到 100

E. 查验生活污水管道的坡度应符合设计要求

5. 中水管道应采取（　　）等防止误接、误用、误饮的措施。

A. 中水管道应涂浅绿色标志，以严格与其他管道的区别

B. 小区内禁止铺设中水管道

C. 水池（箱）、阀门、水表及给水栓均应有明显的"中水"标志

D. 中水取水口应有带锁装置

E. 中水管道沿线应设立明显的指示标志牌

三、简答题

1. 请简述建筑常见的给水方式。

2. 排水系统的组成有哪些？

3. 给水系统查验的项目包括哪些内容？

4. 雨水管道查验内容和标准是什么？

5. 污水池查验内容和标准是什么？

四、实训题

【实训情境设计】

嘉城物业服务有限公司即将对学校的给水排水系统进行承接查验，请你根据已学知识，编写一份给水排水系统的承接查验方案并组织实施。

【实训任务要求】

1. 将全班同学分成若干小组，组建承接查验小组，每组选派组长一名，实训采用小

组长负责制。

2. 各组成员到校园进行现场观察，记录学校给水排水系统的组成部分，并绘制平面草图。

3. 组长进行任务分解，确定分工，共同编写给水排水系统承接查验方案并组织实施。

4. 提交给水排水系统承接查验方案，小组长负责在课堂上汇报分析该物业承接查验方案和实施情况，每个小组汇报时间不超过10min。

【实训提示】

1. 参考本章教材内容。

2. 分析提纲

（1）给水排水系统承接查验的依据和准备工作；

（2）给水系统承接查验的内容、标准与方法；

（3）排水系统承接查验查验内容、标准与方法；

（4）现场查验记录和遗留问题的解决。

【实训效果评价】

物业设施设备承接查验方案实训效果评价表　　　　　　　表 7-15

评 价 项 目	分 值	得 分	备 注
准备工作	20		
方案制定	30		
方案实施	30		
结果汇报	20		
实训效果总体评价	100		

8 弱电系统的承接查验

【能力目标】

1. 能够按要求进行弱电系统的承接查验工作；
2. 能够设计承接查验表格并能够对查验问题进行汇总和跟踪处理。

【知识目标】

1. 了解弱电系统承接查验的依据和准备工作的内容；
2. 熟悉弱电系统承接查验工作的查验范围；
3. 掌握弱电系统承接查验的方法及标准；
4. 掌握遗留问题处理的方式方法。

【引例】

小区弱电设备遭雷击，责任应该谁承担？

某日南昌市突降暴雨，凌晨开始频繁打雷。为保护监控设备的安全，安全值班队长通知队员关闭监控中心的电源。早上 6：00 左右，天气状况趋于稳定，当班安全队员打开电源时，发现部分监控设备仍被雷击损坏，已无法正常工作，值班班长立刻通知维修技术人员到现场进行处理。通过维修技术人员检查发现，损坏的设备包括高层消防智能系统、小区云台 31 个、固定镜头 11 个、小区对讲主机 2 部、部分红外报警系统、部分门禁线路以及现场的安全岗亭用电线路等。此次雷击事件造成的设备损坏影响之大是少见的。

【解析】

1. 该小区系统逐期投入运行，从成本因素考虑，采用的是常规防雷设计。该地区属于落雷区，并且气候湿润，地势平坦，只有五期高层地势突出，这 3 栋高层无形中就成为了一个巨大的"引雷天线"，将周围地区的雷电全部吸引过来，造成高层附近成为感应雷的高危地区，使高层附近区域的落雷频率和雷击程度加大。对于这种情况，物业公司在项目前期介入阶段应该充分考虑弱电设备的防雷需要，提请地产公司提高弱电设备的防雷等级，积极防范雷电破坏弱电设备的风险。在弱电系统的承接查验阶段，应检查弱电设备的避雷器等防雷设备的完好程度；

2. 小区防雷系统需要定期检查维护，每年应定期检查建筑防雷接地的可靠性，检查设备避雷器等防雷设备的完好程度，确保在发生雷电侵袭时起到应有的保护作用；

3. 对于存在较高雷电风险的项目，应该为弱电设备购买保险以规避不确定的风险。

【点睛】那么应该如何避免或降低雷电损失呢？

虽然目前还不能完全避免雷电造成的危害，但采取有效措施和完善的防范机制是可以将雷电损失降到最低的，目前关于雷电预测和损失预防的技术已经构成完整的体系。由于雷电伤害是一种经常性现象，作为为社区提供物业服务的专业机构，我们应该建立对雷电和雷电危害防范的基础知识，在项目早期介入阶段积极协助和提示房地产公司在权威机构的帮助下了解项目今后受雷击伤害的几率。在充分了解情况的基础上，物业公司应提示房地产公司按照国家《建筑物电子信息系统防雷技术规范》GB 50343—2012 要求设计和配备弱电设备的防雷系统。

（来源：房地产 E 网）

8.1 弱电系统承接查验的依据和准备工作

8.1.1 弱电系统概述

1. 楼宇自控系统

（1）系统功能

楼宇自控系统是智能建筑必不可少的基本组成部分。它是一种采用现代传感技术、计算机技术和通信技术，对大楼内空调、给水排水、通风、电力、电梯、消防等系统进行集中监控与优化管理，使操作者在控制中心就对设备的运行情况了如指掌。其良好的可靠性可保证在无人操作时将报警提示信息自动送出，使操作者及时发现异常情况，并迅速进行处理。它可以实现：

1）保证建筑物内办公和生活环境舒适满意；

2）进行科学管理，使楼宇内的设备达到最佳运行状态；

3）节约能源，确保系统能耗保持最低；

4）提高维护水平，优化设备使用性能和寿命；

5）减少运行和巡视人员，降低劳动强度。

（2）系统结构

楼宇自控系统主要由工作站、网络控制器和直接数字控制器等三层结构组成（图8-1）。

1）工作站层

该层设备主要由计算机主机、显示器、打印机组成，实时监控大厦中各种设备的运行状况，是管理整个大厦设备设施及实施操作的工作平台。操作者通过计算机显示的各种信息以及打印机所记录的信息，及时了解之前或现在大厦机电设备的运行状况，同时可以通过计算机来控制和/或调整机电设备的运行状态，从而达到预先设定的各种技术指标要求。

2）网络控制器层

网络控制器根据现场设备的布置情况分别安装在楼宇自控系统控制室及现场弱电竖井中。除了进行信息的传递和网络的匹配以外，还可脱离网络独立工作，担负着复杂的高性能的控制任务。其随机记忆存储器可达 10MB 以上，带有自诊断功能，并有 72h 断电保护。当失电后，可保护数据在 72h 之内不丢失。

3）现场控制器层

直接数字控制器（DDC）是现场控制层的主要装置，它分布于建筑物内的设备现场，如空调机房、水泵房、冷冻站等。它连接于楼宇自控系统现场总线，网络控制器及系统工作站均可对它们实现上位机的超越控制。

（3）系统子系统

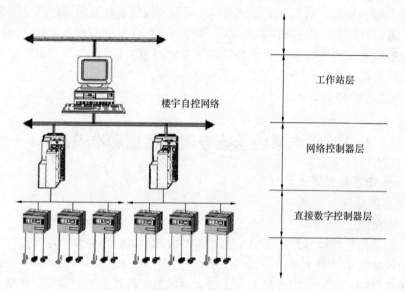

图 8-1　楼宇自控系统组成

　　根据现代楼宇自动化管理工作的需要，目前常用的自控系统的子系统主要有：冷冻机子系统、空调子系统、电梯子系统、给水排水子系统、照明子系统、变配电子系统等。各个子系统根据使用功能和管理要求的不同，其监控范围也有不同（图 8-2）。

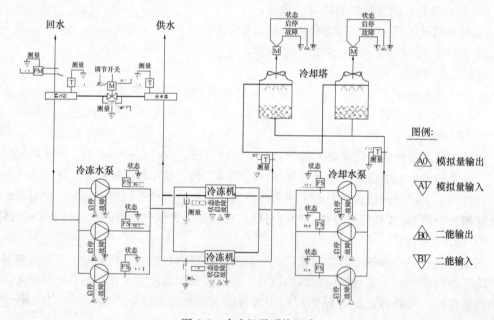

图 8-2　冷冻机子系统组成

　　1）冷冻机子系统：主要监控范围有冷冻机组启停、故障、水流开关状态，冷冻水泵启停、故障报警，冷却水泵启停、故障报警，冷却塔风机启停、故障报警，膨胀水箱高/低水位报警、冷却水供回水温度遥测、冷冻水总管供回水温度遥测、流量遥测、压差遥测以及电动阀门的调节控制等。

2）空调子系统的监控范围有：送风温度、送风湿度、回风温度、回风湿度、新风风阀的开度、手/自动状态、过滤器淤塞报警、送风机压差监测、低温报警、监测风机运行状态、监测风机过载报警状态等（图8-3）。

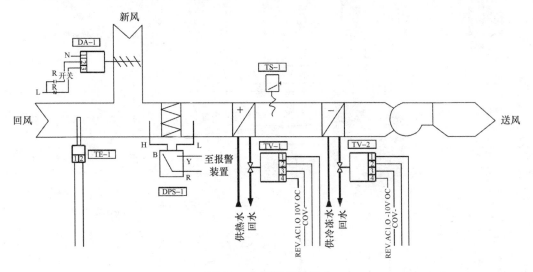

图 8-3 空调子系统组成

3）给水排水子系统的监控范围有：给水系统、排水系统和中水系统的水位、压力进行检测、对水泵的运行状态的监控和报警。

4）变配电子系统的监视范围有：高低压设备的电压、电流、有功功率、无功功率、功率因数、用电量统计、变压器的温度测量、高温报警功能等，同时有对过负荷、过电压、缺相、短路等事故的报警。

5）照明子系统的监控范围有：公共照明设备（公共区域、过道、园区和景观）的开关、时间控制、范围控制、照度控制等。

6）电梯子系统的监视范围有：电梯的运行状态、层站位置、开关门状态以及故障报警等。

2. 安全技防系统

安全技术防范系统主要由防盗报警、视频监控、周界防范、电子巡更、出入口控制和楼宇对讲等系统组成。各系统通过标准的计算机网络通讯等手段实现多系统的控制主机联网，进行必要的数据交流与共享，进行多等级、分范围、分功能、分优先权的保密管理和控制，协调各系统的运行，构成了楼宇的整体安全防范体系。

（1）防盗报警系统

防盗报警系统是采用无线、专用线或借用线的方式将各种防盗报警探测器、报警控制器等设备连接构成集中报警信息探测、传输、控制和声、光响应的完整系统。它能及时发现警情，并将报警信息传送至有关部门，达到及时发现警情、迅速传递、快速反应。组建一套合理、适用的报警系统，将起到预防、制止和打击犯罪的重要作用，能使损失减少到最低程度。

防盗报警系统主要由系统控制主机、区域报警收集器和前端报警探测器等组成（图8-4）。

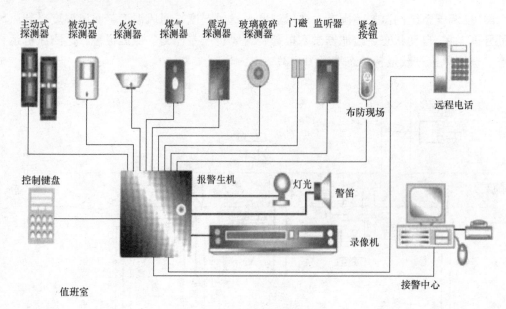

主动式探测器　被动式探测器　火灾探测器　煤气探测器　震动探测器　玻璃破碎探测器　门磁　监听器　紧急按钮

布防现场

远程电话

控制键盘

报警生机

灯光

警笛

录像机

值班室

接警中心

图 8-4　防盗报警系统

（2）视频监控系统

视频监控系统是用摄像机及其辅助设备（镜头、云台等），直接观察被监视场所的情况，同时把监视情况进行同步录像。在控制中心，只要一个人操作，就能够观察多个被控区域，以及远距离区域的监控功能。同时该系统还可以与其他技防系统联动，提高整体的安全防范能力。

视频监控系统一般设置有：摄像机，监视器、硬盘录像机、矩阵主机和画面处理器等，使用户能随时调看任意一个画面，遥控操作任一台摄像机。

（3）周界防范系统

周界防范系统主要有主动红外对射系统、电子围栏周界报警系统、张力式围栏周界报警系统等，其中主动红外对射系统设置有红外对射探测器、边界接口、边界信号处理器、管理主机等，该系统用来捕捉红外对射探测器的报警信号，及时地送给边界信号处理器（图 8-5）。边界信号处理器一方面对每一个边界接口进行查询，监督其运行情况；另一方面将边界接口送

图 8-5　主动红外对射系统

来的报警信号传给管理主机发出报警信号。

（4）电子巡更系统

电子巡更系统是技防与人防的结合，在规定要巡逻的地点安装信息点，通过软件编程设定巡逻的路线和时间。巡逻人员手持巡更棒（信息采集器），在规定时间内到达规定地点，采集信息钮（信息点）中的信息，完成巡逻后将巡更棒中的信息下载到电脑里，生成考勤记录。

电子巡更系统分为离线式和在线式两种。其中离线式电子巡更系统由于信息点的数量

及信息点的位置很容易通过软件进行变更，且信息钮的安装又十分方便，造价便宜。目前应用很广。

（5）出入口控制系统

出入口控制系统是指基于现代电子与信息技术，在建筑物的出入口安装自动识别系统，通过对人（或物）的进出实施放行、拒绝、记录等操作的智能化管理系统。它是利用非接触式智能卡或指纹，自动识别身份信息和门禁权限信息，持卡人只有在规定的时间和在有权限的门禁点刷卡后，门禁点才能自动开门放行允许出

图 8-6 出入口控制系统

入，否则对非法入侵者拒绝开门并输出报警信号（图 8-6）。

该系统主要由门禁控制器、读卡器（识别仪）、电控锁、卡片、出门按钮、门磁开关、电源等组成。

（6）楼宇对讲系统

楼宇对讲系统是当今小区普遍应用的门禁管理手段。它的作用是对来访客人与住户提供双向通话或可视通话，住户能遥控防盗门的开关及向保安管理中心进行紧急报警。楼宇对讲系统主要由主机、分机、UPS 电源、电控锁和闭门器等组成。

3. 会议设备系统

会议设备系统主要由扩音音响系统、数字会议系统、同声传译系统、视频会议系统、智能中央控制系统组成，各系统的概述如下：

（1）扩声音响系统（图 8-7）

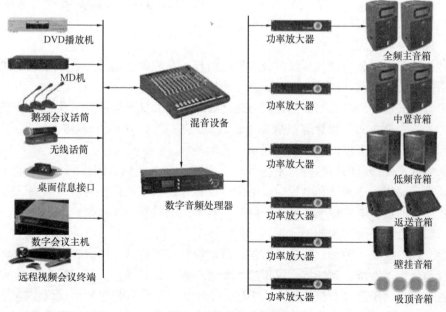

图 8-7 扩声音响系统

扩声音响系统根据用途分为室外扩声系统、室内扩声系统、流动演出系统和公共广播系统等。

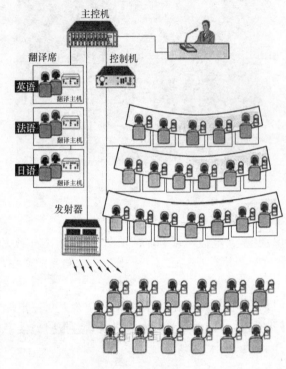

图 8-8　同声传译系统

典型的音响扩音系统由传声器、放大器、音箱、节目源设备、调音台、信号处理器等设备组成。

（2）同声传译系统（图 8-8）

同声传译系统是指口译员利用专门的同声传译设备，坐在隔音的同传室里，一面通过耳机收听源语发言人连续不断的讲话，另一面同步地对着话筒把讲话人所表达的全部内容准确、完整地传译成目的语，其译语输出通过话筒输送给需要传译服务的听众，听众可以通过接收装置，调到自己所需的语言频道，从耳机中收听相应的译语输出。译员的翻译与发言人的讲话几乎同步进行，因此这种翻译亦被称为同步翻译。同声传译的最大优点在于它时间效率高，可保证讲话者连贯发言，不会影响或中断讲话者的思绪，有利于听众对发言全文的通篇理解。由于同声传译具有上述优势，所以被认为是效率最高的翻译形式，目前是国际会议、学术报告等场合最常使用的传译手段。

同声传译系统从信号传输方式分为：有线传输和无线传输；无线传输技术又包括利用U段无线传输技术和红外线传输技术两种。

（3）视频会议系统

视频会议系统是利用现代音视频技术和通信技术在相距遥远的几个地点之间召开会议的一种通信手段。在召开视频会议时，处于两地或多个不同地点的与会代表，既可以听到对方的声音，又能看到对方的影像，同时还能看到对方会议室的场景以及在会议中展示的实物、图片、表格、文件和计算机数据等。会议电视系统可用于行政办公、紧急事务传达、远程教育、远程医疗诊断、家庭娱乐等多个领域。

会议电视交互信息的传输媒介是各种通信网络，如电信网、因特网、有线电视网等，电视会议不仅要依赖于网络和电视会议的硬件设备，还要依赖各种网络通信协议以及与这些协议相适应的会议电视标准，不同的网络具有不同的电视会议标准。

（4）数字会议系统（图 8-9）

数字会议系统是一种集计算机、通信、自动控制、多媒体、图像、音响等技术于一体的会务自动化管理系统。系统将会议报道、发言、表决、翻译、摄像、音响、显示、网络接入等各自独立的子系统有机地连接成一体，由中央控制计算机根据会议程协调各子系统工作。该系统可以为各种大型的国际会议、学术报告会及远程会议等提供最准确、即时

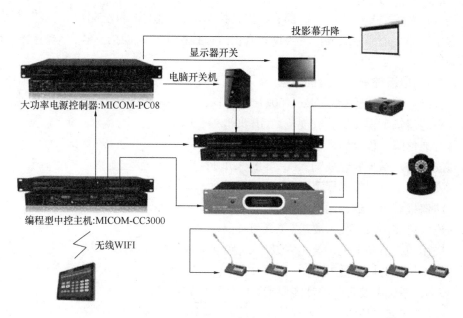

投影幕升降

显示器开关

电脑开关机

大功率电源控制器:MICOM-PC08

编程型中控主机:MICOM-CC3000

无线WIFI

图 8-9　数字会议系统

的信息和服务。

数字会议系统线路上传输的均为数字化信号，不仅大大改善了音质，提高了系统可靠性，而且从根本上消除了一般会议系统存在的干扰、失真、串音及系统不稳定等缺陷。使每一位与会代表均能收听到稳定、纯正的声音。

数字会议系统主要由中央控制子系统、多媒体投影显示子系统、发言子系统、音响子系统、监控报警子系统和网络接入子系统组成。所有系统均以计算机网络为平台，共享数据和控制信息，分散操作，集中控制。使设备操控人员可方便、快捷的实现对所有设备的监视和控制。

4. 停车场管理系统

停车场管理系统是利用高度自动化的机电设备对停车场进行安全有效的管理。从而最大限度地减少人员费用和人为失误造成的损失。也避免了贪污事件的发生，大大提高整个停车场的安全性与使用效率。停车场管理系统根据它的使用对象可划分为内部停车场、共用停车场及混合型停车场三大类，停车场管理中又由车位引导管理系统和收费管理系统两大部分组成。

（1）引导管理系统

引导管理系统是对进入停车场的车辆，实现无人全自动引导到停车场内空余车位停放。主要适用于大、中型地下室内停车场，广泛用于政府办公大楼、宾馆、酒店、写字楼、火车站、机场和购物中心等公共场所。它可以提高停车场的车位使用率，提高停车场的经营效益。同时又可以为顾客节省停车时间，轻松停车。车位引导系统是现代高级停车场必备的系统之一。车位引导系统由数据采集、实时数据库和信息发布三大系统组成。

（2）收费管理系统

收费管理系统是采用图形人机界面操作方式，自动计算停车费用，并配合语音提示把停车费显示在中英文显示屏上，使停车人可以在最短的时间内进入或离开停车场。

车场收费系统主要由入口控制部分、出口控制部分、图像对比部分、岗亭工作站、停车场管理中心等 5 个部分组成；主要设备有出入口控制机、自动挡车器、车辆检测器、软件管理系统等。

8.1.2 弱电系统承接查验的依据

1.《智能建筑设计标准》GB/T 50314—2015；

2.《智能建筑工程质量验收规范》GB 50339—2013；

3.《智能建筑工程检测规程》CECS 182—2005；

4.《安全防范系统验收规则》GA 308—2001；

5.《安全防范工程技术规范》GB 50348—2004；

6.《防盗报警控制器通用技术条件》GB 12663—2001；

7.《出入口控制系统技术要求》GA/T 394—2002；

8.《民用闭路监视电视系统工程设计规范》GB 50198—2011；

9.《厅堂扩声特性测量方法》GB/T 4959—2011；

10.《会议系统电及音频的性能要求》GB/T 15381—1994；

11.《红外线同声传译系统工程技术规范》GB 50524—2010；

12.《电子会议系统工程设计规范》GB 50799—2012；

13.《电子会议系统工程施工与质量验收规范》GB 51043—2014；

14. 弱电系统设备的安装、维护、使用说明书等；

15. 弱电系统竣工图、竣工资料、隐蔽工程验收报告等；

16. 弱电系统设备清单，设备调试报告和试运行记录；

17. 其他有关标准与文件。

8.1.3 弱电系统承接查验的准备

1. 组织准备

由物业服务企业的弱电专业工程师、弱电系统主管、弱电工与建设单位专业技术人员组成承接查验小组，由弱电工程师为组长，并进行人员分工，并指定专人进行记录和拍照，共同做好承接查验工作。

2. 图纸资料的准备

（1）弱电系统图纸设计说明书；

（2）弱电系统原理图；

（3）弱电系统接线图；

（4）弱电系统施工管线图；

（5）隐蔽工程验收资料；

（6）单体设备的测试记录；

（7）弱电系统调试报告及试运行记录。

3. 测试仪表的准备

（1）常用仪表：数字万用表、风速仪、光照度表、流量计、二氧化碳探测仪、兆欧表、可燃气体检测仪、红外线测温仪、数字式声级计、噪声发生器、相位仪、数字示波器等。

（2）测试仪表应具有产品证书和计量许可证书，且在检定有效期内。

4. 承接查验的内容与计划

（1）弱电系统分项查验表（表 8-1）

弱电系统分项查验表 表 8-1

序号	子系统工程	分项工程	备注
1	楼宇自控系统	中央计算机	
2		网络控制器	
3		冷冻机子系统	
4		热力站子系统	
5		空调机子系统	
6		给水排水子系统	
7		变配电子系统	
8		照明子系统	
9	安全技防系统	入侵报警系统	
10		视频监控系统	
11		周界防范系统	
12		电子巡更系统	
13		出入口控制系统	
14		楼宇对讲系统	
15	会议设备系统	厅堂扩声系统	
16		同声传译会议系统	
17		视频会议系统	
18		数字会议系统	
19	停车场管理系统	停车场管理系统	

（2）编制弱电系统的承接查验计划表，为承接查验做好准备。

8.2 弱电系统承接查验的实施

8.2.1 楼宇自控系统承接查验的内容及标准

1. 中央计算机

（1）外观检查

1）中央计算机的型号、规格、数量以及安装位置符合设计要求；

2）中央计算机的硬件配置齐全、接线正确，包括打印机、显示器、鼠标键盘等；

3）中央计算机的软件系统安装完毕，包括系统软件、运行软件、数据库软件以及防病毒软件等；

4）UPS电源的型号、规格、安放位置应正确；

5）接地系统可靠，其接地电阻应小于4Ω。

（2）软件功能检查

1）检测中央计算机的开机密码是否准确，对人员操作权限的设定是否正确，可否拒绝非法操作、越权操作等；

2）检测计算机的系统软件以及数据库软件运行是否正常，是否非法盗版；

3）中央计算机的人机界面是否直观、操作是否方便，界面是否友好；

4）现场观察中央计算机的数据是否不断被刷新并且随时进行响应；

5）检测中央计算机数据库数据备份情况、存储点的历史记录、趋势分析、操作员进入/退出记录、以及报警记录等是否齐全准确；

6）指令下达功能，在中央计算机下达模拟或数字输出指令，观察现场执行机构或对象是否动作准确、有效以及指令返回时间；

7）报警功能，在DDC输出端人为制造故障，观察中央计算机是否有报警故障登录，有否有声光报警提示及其响应时间；

8）检测中央计算机所设定的参数与现场所测得的对象参数是否相符，其数据精度是否在规定的范围以内；

9）报警与打印，检查计算机打印是否正确、清晰以及响应时间；进行报警打印时，查看报警点的名称、说明、时间和日期是否准确等；

10）应急电源功能，人为制造供电系统断电并恢复送电后，检查中央计算机的数据是否完好，有否丢失，应急电源转换是否安全可靠；

11）UPS电源不间断供电能力应大于30min，检查电压与容量应符合出厂要求。

2. 网络控制器NCU

（1）外观检查

1）网络控制器的名称、型号、规格、数量以及安装位置应符合设计要求；

2）网络控制器的外观良好，没有磕碰、变形、锈蚀等现象；

3）网络控制器的固定支架紧固、线路连接可靠，线路标识清晰、正确。

（2）功能查验

1）人为断开中央计算机，NCU应对DDC具有独立的监视、控制和通信能力；

2）NCU应具有自我诊断功能，后备电池的容量应满足设计要求；

3）NCU系统接口功能，连接笔记本电脑、打印机、网线以及调制解调器，检测数据存取是否正常；

4）检测NCU多用户使用环境，多位操作员应可以同时进行存取；

5）检测NCU密码口令以及权限的级别，以及和中央计算机是否一致；

6）与中央计算机联机，检测NCU设定的参数与中央计算机的参数是否相符，其数据精度是否在规定的范围以内。

（3）检测方式

按总数的20%抽检，且不得少于5台，不足5台时全部检测。被检测NCU的各项指标全部符合设计要求为检测合格。

3. 冷冻机子系统

（1）外观检查

1）检查 NCU、DDC 的规格、型号以及安装地点应符合设计要求；

2）检查传感器的规格、型号、数量以及安装地点应符合设计要求；

3）检查执行器的规格、型号、数量以及安装地点应符合设计要求；

4）设备外观质量良好，有无磕碰、锈蚀和变形情况；

5）设备线路连接可靠，各种保护套管以及端头连接符合规范要求；

6）检查固定支架是否紧固，材质是否符合设计要求；

7）检查相关设备标识、线路标识是否清晰、正确。

（2）功能查验

1）检查系统设备启停顺序和时间要求，可否自动启停冷水机组、冷冻水泵、冷却水泵、冷却塔风机以及有关阀门；

2）检测冷水机组、冷冻水泵、冷却水泵和冷却塔风机的运行状态、监测和故障报警功能是否正常；

3）检测系统对供回水温度、压力和流量的测量功能是否正确；

4）检测系统根据实际冷负荷，自动调整冷水机组运行台数的控制功能是否正确；

5）检测系统根据冷冻水供回水总管压差，自动调整冷冻水旁通阀的控制功能；

6）检测系统根据冷却水供回水温度，自动调整冷却水旁通阀的开度及冷却塔风扇启停的控制功能；

7）检测系统对运行时间和启动次数进行统计记录的功能；

8）检测系统对设备累计运行小时，优先运行时间少的设备的控制功能；

9）检测系统对冷冻水温度的再设定功能；

10）检测系统所有设备运行状态、参数和报警在中央计算机上的显示功能。

（3）检测方式

1）通过工作站和现场控制器改变参数设定，检测制冷机、冷冻泵、冷却泵的自控功能、预定时间表功能；

2）在工作站设置或现场模拟故障，进行故障监视、记录与报警功能检测；

3）核实冷冻和冷却水系统的能源计量与统计情况；

4）系统的检测应在系统试运行连续投运时间不少于 1 个月后进行；

5）系统指标全数检测，合格率 100％时为检测合格。

4. 热力站子系统

（1）外观检查

1）检查 NCU、DDC 的规格、型号以及安装地点应符合设计要求；

2）检查传感器的规格、型号、数量以及安装地点应符合设计要求；

3）检查执行器的规格、型号、数量以及安装地点应符合设计要求；

4）设备外观质量良好，有无磕碰、锈蚀和变形情况；

5）设备线路连接可靠，各种保护套管以及端头连接符合规范要求；

6）检查固定支架是否紧固，材质是否符合设计要求；

7）检查相关设备标识、线路标识是否清晰、正确。

（2）功能查验

在系统试运行连续投运时间不少于 1 个月后进行。

1）锅炉、水泵等设备的循序启停控制功能；

2）锅炉房可燃气体、有害物质浓度的检测报警功能；

3）烟道温度超限报警和蒸汽压力超限报警；

4）设备故障报警和安全保护功能；

5）料消耗量统计记录功能；

6）测量换热器一、二次管路的压力、温度和流量功能；

7）检测换热器一次水进口调节阀的开度；

8）检测循环水泵的运行状况和故障报警功能；

9）根据水量需求和运行时间，主备水泵的切换功能；

10）设备运行参数和运行时间的累计功能。

3）检测方式

检测全部指标，合格率 100% 时为检测合格。

5. 空调子系统

（1）外观检查

1）检查 NCU、DDC 的规格、型号以及安装地点应符合设计要求；

2）检查传感器的规格、型号、数量以及安装地点应符合设计要求；

3）检查执行器的规格、型号、数量以及安装地点应符合设计要求；

4）设备外观质量良好，有无磕碰、锈蚀和变形情况；

5）设备线路连接可靠，各种保护套管以及端头连接符合规范要求；

6）检查固定支架是否紧固，材质是否符合设计要求；

7）检查相关设备标识、线路标识是否清晰、正确。

（2）功能查验

在系统试运行连续投运时间不少于 1 个月后进行。

1）查验对送（回）风温度的控制功能；

2）查验对送（回）风相对湿度的控制功能；

3）查验对送（回）风空气质量的控制功能；

4）查验按照预定时间表自动启/停功能；

5）查验防冻保护功能；

6）查验电气连锁控制功能；

7）查验报警功能，如风机故障报警、过滤网堵塞报警、进风温度超低报警、二氧化碳浓度超标报警等。

（3）检测方式

检测数量按机组总数的 20% 抽检，且不得少于 5 台，机组不足 5 台时全部检测。检测结果应全部符合设计要求，被检测机组的合格率为 100%。

6. 给水排水系统的承接查验

（1）外观检查

1）检查 NCU、DDC 的规格、型号以及安装地点应符合设计要求；

2）检查传感器的规格、型号、数量以及安装地点应符合设计要求；

3）检查执行器的规格、型号、数量以及安装地点应符合设计要求；

4）设备外观质量良好，有无磕碰、锈蚀和变形情况；

5）设备线路连接可靠，各种保护套管以及端头连接符合规范要求；

6）检查固定支架是否紧固，材质是否符合设计要求；

7）检查相关设备标识、线路标识是否清晰、正确。

（2）功能查验

在系统试运行连续投运时间不少于1个月后进行。

1）查验给水泵根据液位高低自动开启及故障报警功能；

2）查验给水泵的运行状态、自动记录水泵的累计运行时间功能；

3）查验工作水泵与备用水泵的切换功能；

4）查验生活水箱的液位高低、超高报警、超低报警及溢流报警功能；

5）查验排水泵根据液位高低自动开启及故障报警功能；

6）查验排水泵的运行状态、自动记录水泵的累计运行时间功能；

7）查验根据排水泵的运行时间自动调整工作水泵和备用水泵的功能；

8）查验排污池的液位高低、超高报警、超低报警功能。

（3）检测方式

检测方式为抽检，抽检数量按每类系统的50％，且不得少于5套，总数少于5套时全部检测。被检系统合格率100％时为检测合格。

7. 变配电子系统

（1）外观检查

1）检查 NCU、DDC 的规格、型号以及安装地点应符合设计要求；

2）检查传感器的规格、型号、数量以及安装地点应符合设计要求；

3）检查执行器的规格、型号、数量以及安装地点应符合设计要求；

4）设备外观质量良好，有无磕碰、锈蚀和变形情况；

5）设备线路连接可靠，各种保护套管以及端头连接符合规范要求；

6）检查固定支架是否紧固，材质是否符合设计要求；

7）检查相关设备标识、线路标识是否清晰、正确。

（2）功能查验

在系统试运行连续投运时间不少于1个月后进行。

1）查验高低压开关运行状况和故障报警功能；

2）查验主供电回路的电流、电压、功率因数、电能测量和故障报警功能等；

3）查验变压器的温度测量及高温报警功能；

4）查验应急发电机组的工作电流、电压、频率及故障报警功能；

5）检测应急发电机储油罐的液位高低状态及故障报警；

6）各种运行参数均应在中央计算机有动态显示并自动记录。

（3）检测方式

检测方式为抽检，抽检数量按每类参数抽20％，且数量不得少于20点，数量少于20点时全部检测。被检参数合格率100％时为检测合格。其中高低压配电柜的运行状态、电力变压器的温度、应急发电机组的工作状态、储油罐的液位、蓄电池组及充电设备的工作状态、不间断电源的工作状态等参数应全部检测，合格率100％时为检测合格。

8. 照明子系统

（1）外观检查

1）检查 NCU、DDC 的规格、型号以及安装地点应符合设计要求；

2）检查传感器的规格、型号、数量以及安装地点应符合设计要求；

3）检查执行器的规格、型号、数量以及安装地点应符合设计要求；

4）设备外观质量良好，有无磕碰、锈蚀和变形情况；

5）设备线路连接可靠，各种保护套管以及端头连接符合规范要求；

6）检查固定支架是否紧固，材质是否符合设计要求；

7）检查相关设备标识、线路标识是否清晰、正确。

（2）功能查验

在系统试运行连续投运时间不少于1个月后进行。

1）查验照明设施及回路按照分区与时间的控制功能；

2）照明设施及回路根据室外亮度、人员存在与否的控制功能；

3）查验中央计算机对照明设施及回路的监视、用电量和电费统计的管理功能；

4）查验当停电情况发生时，相应照明回路的联动配合功能；

5）查验照明设施及回路的手动控制功能；

6）查验楼宇泛光照明及艺术照明根据程序和时间实现自动组合的功能；

7）查验高光照明系统与保安系统联锁动作的功能；

8）查验以上参数均应在中央计算机有记录和动态显示。

（3）检测方式

检测方式为抽检，按照明回路总数的20％抽检，数量不得少于10路，总数少于10路时应全部检测。抽检数量合格率100％时为检测合格。

8.2.2　安全技术防范系统承接查验的内容及标准

1. 入侵报警系统

（1）外观检查

1）检查系统管理软件、密码、调试工具以及配品配件是否齐全；

2）核对施工系统图、布线图、点位图等是否完整、有效，厂家提供的主要设备使用说明和维护手册是否齐全；

3）根据图纸或设备清单核查设备数量、安装部位、规格型号等是否符合要求；

4）检查设备有无外伤、管线有无磕碰，设备和管线标识是否清晰、完整等；

5）检查弱电竖井，有无垃圾、积水，传输接头防水是否良好，线路标识是否清晰、管线支架是否牢固。

（2）功能查验

1）软件的设计功能：在管理计算机上对管理软件的所有功能逐项进行演示和操作，系统软件功能应全部符合设计要求；

2）软件的安全性能：在管理计算机上对管理软件的安全性能进行演示和操作，包括操作人员的分级授权、操作人员操作信息的详细只读存储记录等；

3）系统监控功能：在管理计算机上检查系统有无漏报、误报情况，检查系统布防和撤防的管理功能、非正常关机报警功能以及系统自检和巡检功能；

4）系统报警功能：人为触发防盗探测器，报警控制中心应可实时接收来自入侵探测器发生的报警信号，包括时间、区域及类别。报警信号应能保持至手动复位；

5）系统报警速度：人为触发入侵探测器，以探测器指示灯亮为起点，以报警控制中心接收到报警信号为终点，测其持续时间；令外部连线断路或短路，以断路或短路为起点，以报警控制中心接收到报警信号为终点，测其持续时间，应在报警信号发出后报警，响应时间＜4s；

6）系统联动功能：人为触发报警器，检查系统联动功能，包括报警信号对相关现场照明系统的自动触发、对监控摄像机的自动启动、视频监视画面的自动调入，相关出入口的自动启闭，录像机的自动启动等；

7）探测器防破坏功能：分别在系统布防和撤防状态下，人工模拟破坏（包括拆除报警器、线路开路、短路、电源线被剪等），检查现场探测器的防破坏报警功能，报警信号应持续到报警原因被排除后方能实现复位；故障报警不应影响非故障回路的报警功能；

8）信息存储和上传功能：在系统管理计算机上检查报警信号的显示、记录、存储和联网上传功能，包括：报警信号显示装置的功能和准确性、报警信息的不可篡改性、报警系统的通信接口、通信协议和数据格式与城市110报警系统的兼容性、报警信号上传时的人工确认等功能；

9）系统漏报误报：在现场采用模拟法给出若干报警事件，在监控中心检查应无漏报和误报现象；

10）主/备电源的切换：模拟市电停电的方式，检测系统备用电源自动投入的切换功能和切换时间；当主电源恢复时，又能自动转换到主电源供电，并对备用电源自动充电；电源转换时，不应出现误报警；在主电源断电时，备用电源容量应满足满载设置警戒条件下连续工作8h要求；

11）系统的稳定性能：系统处于正常警戒状态下，在正常大气条件下连续工作七天，不应产生误报和漏报。

（3）查验方式

查验方式为抽检。前端设备抽检数量不应低于设备总数的20%，且不少于3台，少于3台时应全部检测；系统防范功能、联动功能和报警数据记录的保存等应全数检测。接测结果符合设计要求，被检测设备的合格率为100%。

2. 视频监控系统

（1）外观检查

1）核对施工系统图、布线图、点位图等，应完整有效，厂家提供的设备使用说明和维护手册齐全；

2）检查程序软件、密码、调试工具以及配品配件，应完好齐全；

3）核准设备数量、外观质量良好、安装部位、规格型号等符合设计要求；

4）检查摄像机、云台和支架，外观良好、无磕碰、漆面无损伤、位置正确、视野合理，运转灵活；

5）检查弱电竖井和室外管井，应无垃圾、无积水，传输接头和防水良好，线路标识清晰、管线支架牢固。

(2) 功能查验

1) 设备的接入率和完好率：按照前端设备的20%抽取，在监控中心进行操作，检查对摄像机和云台的所有控制功能，100%符合设计要求；

2) 对前端设备的选配和使用功能：在监控主机进行各项操作，检查主机对前端设备的操作功能、图像切换功能，应全部符合设计要求；

3) 图像清晰度和抗干扰能力：检测视频信号在监视器输入端的电平值，应达到1Vp－p±3dBVBS；视频图像质量主观评价，不应低于4级标准；

4) 图像的字符叠加功能：在监控主机上人为修改年/月/日/星期/时/分/秒，摄像机编号以及录像模式等设定，检查字符叠加功能符合设计要求；

5) 系统报警功能：人为设置报警事件，如视频丢失、硬盘满、报警满等警告；检测监控主机和相关设备的响应功能和时间，应符合设计要求；

6) 布防设置功能：在监控主机进行布防设置，现场检查布防情况，符合设置要求；

7) 图像存储和回放功能：现场检查图像的回放模式、回放质量、保存时间、图像压缩格式、分辨率、录像速度、录像（帧或场）的时间间隔，应符合设计要求；

8) 矩阵控制器的切换功能：现场检查矩阵控制器的切换功能，包括通用巡视、序列巡视、监视器巡视，符合设计要求；

9) 矩阵控制器的控制功能：现场检查矩阵控制器对云台、镜头及其他附属设备的控制功能，符合设计要求；

10) 摄像机的低照度指标：摄像机在低照度下的图像质量应满足使用要求；

11) 系统联动功能：在现场人为设置2～3次不同的报警事件，检查系统联动，应符合设计要求。

(3) 查验方式

查验方式为抽检。前端设备（摄像机、镜头、护罩、云台）抽检数量不应低于设备总数的20%，且不少于3台，少于3台时应全部检测；系统监控功能、联动功能和图像记录等应全数查验。查验结果符合设计要求，被查验设备的合格率为100%。

3. 出入口控制系统

(1) 外观检查

1) 核对施工系统图、布线图、点位图等，应完整有效，厂家提供的设备使用说明和维护手册齐全；

2) 检查程序软件、密码、调试工具以及配品配件，应完好齐全；

3) 核准设备数量、外观质量良好、安装部位、规格型号等符合设计要求；

4) 检查各种设备有无外伤，管线有无磕碰，设备和管线标识是否清晰、完整等；

5) 检查弱电竖井和室外管井，应无垃圾、无积水，传输接头和防水良好，线路标识清晰、管线支架牢固。

(2) 功能查验

1) 系统软件的管理功能：软件对控制器进行设置，如增加卡、删除卡、设定时间表、级别、日期、时间、布/撤防等功能，应符合设计要求；

2) 电子地图功能：在电子地图上对门禁点进行定义、查看详细信息，包括门禁状态、报警信息、门号、通行人员的卡号及姓名、进入时间、通行是否成功等信息；

3）数据的查询功能：按部门、日期、人员名称、门禁点名称等查询事件记录；

4）数据的存储功能：控制器和监控主机的通行数据、强行通行报警记录应一致；对现场控制器的操作记录，对数据存储的时间应符合管理要求（一般大于 30 天）；

5）信息传输功能：管理主机对控制器的设定、信息下载以及通行信息和报警信号的传送应正常；

6）前端识别器的灵敏度：对非接触式识别器的识别距离、识别速度应符合设计要求，对生物特征（脸、指等）的识别速度、识别距离应符合设计要求；

7）强行通行报警功能：使用无效卡、无效时段、无效时限应拒绝放行，同时控制器应进行报警；

8）防破坏功能：当出现拆卸设备、信号线断开、短路、电源线切断等人为的破坏情况时，控制器报警功能应正常；

9）系统响应时间：识别器读入数据到控制器响应、打开通道，其时间应符合设计要求；

10）主机对控制器的控制功能：在联网状态，管理主机对控制器进行授权、取消授权、时间设定、报警设防/撤防等操作功能应正常，对现场电锁的开关控制应正常；

11）控制器的独立工作功能，在控制器与管理主机脱开时，控制器应能独立完成出入口的管理功能；

12）系统联动功能：联动功能应根据设计要求进行查验，如与视频监控系统、庭院照明系统的联动等；

13）备用电源自动投入功能：市电失电时，应急电源能自动投入，并保持系统能连续工作 8h；当市电恢复供电时，系统能自动切换到市电供电；并有断电事件数据记忆功能。

（3）查验方式：

检测方式为抽检。对出入口系统的设备（各类读卡器、识别器、控制器和门锁等）抽检数量不应低于设备总数的 20%，且不少于 3 台，少于 3 台时应全部检测；系统功能、软件功能和数据记录等应全数检测。接测结果符合设计要求为合格，被检测设备的合格率为 100%。

4．楼宇对讲系统

（1）外观检查

1）核对施工系统图、布线图、点位图等，应完整有效，厂家提供的设备使用说明和维护手册齐全；

2）检查程序软件、密码、调试工具以及配品配件，应完好齐全；

3）核准设备数量、外观质量良好、安装部位、规格型号等符合设计要求；

4）检查各种设备有无外伤、管线有无磕碰，设备和管线标识是否清晰、完整等；

5）检查弱电竖井和室外管井，应无垃圾、无积水，传输接头和防水良好，线路标识清晰、管线支架牢固。

（2）功能查验

1）小区出入口的管理副机应能正确选呼小区内各住户分机，并应听到回铃声；

2）单元出入口、地下车库以及通道出入口的对讲主机应能正确选呼该楼栋内任一住户分机，并应听到回铃声；

3）可视对讲系统的通话语音应清晰，图像能分辨出访客的面部特征，开锁功能应正常，提示信息应可靠、及时、准确；

4）系统主机应能与小区出入口的管理副机、单元对讲主机以及住户对讲分机之间进行双向选呼和通话；

5）每台系统主机管控的住户数应≤500，以避免音（视）频信号堵塞；

6）系统主机应有访客信息（访客呼叫、住户应答等）的记录和查询功能，以及异常信息的声光显示、记录和查询功能。信息内容应包括各类事件日期、时间、楼栋门牌号等。

（3）查验方式

检测方式为抽检。对出入口的管理副机、单元对讲主机以及住户对讲分机的抽检数量不应低于设备总数的20%，且不少于3台，少于3台时应全部检测；系统功能、软件功能和数据记录等应全数检测。接测结果符合设计要求为合格，被检测设备的合格率为100%。

5. 周界防范系统（主动红外报警）

（1）外观检查

1）核对施工系统图、布线图、点位图等，应完整有效，厂家提供的设备使用说明和维护手册齐全；

2）检查程序软件、密码、调试工具以及配品配件，应完好齐全；

3）核准设备数量、外观质量良好、安装部位、规格型号等符合设计要求；

4）检查各种设备有无外伤、管线有无磕碰，设备和管线标识是否清晰、完整等；

5）检查弱电竖井和室外管井，应无垃圾、无积水，传输接头和防水良好，线路标识清晰、管线支架牢固。

（2）功能查验

1）设备的接入率和完好率：按照红外探测器的20%抽取，检查报警主机对前端设备的通讯功能，100%符合设计要求；

2）红外探测器灵敏度和响应时间应符合设计要求；

3）报警主机的布防/报警/撤防/记录查询等功能正常，符合设计要求；

4）探测器的盲区检测及防破坏功能：包括拆卸报警器，断开、短路信号线，剪断电源等情况报警，应符合设计要求；

5）系统联动功能：联动功能应根据设计要求进行查验，如与出入口管理系统、视频监控系统、庭院照明系统的联动等。

（3）检测方式

检测方式为抽检。前端设备抽检数量不应低于设备总数的20%，且不少于3台，少于3台时应全部检测；系统防范功能、联动功能和报警数据记录的保存等应全数检测。检测结果符合设计要求，被检测设备的合格率为100%。

6. 电子巡更系统的查验

（1）外观检查

1）核对施工系统图、点位图等，应完整有效，设备使用说明和维护手册齐全；

2）检查程序软件、密码、调试工具以及配品配件，应完好齐全；

3）核准设备数量、外观质量良好、安装部位、规格型号等符合设计要求；

4）检查设备有无外伤、设备标识是否清晰、完整等。

（2）功能查验

离线式巡更系统：

1）检查巡更棒、下载器等巡更设备，其功能应符合技术要求；

2）检查巡更软件的各项功能，包括巡更班次、巡更路线的设置、软件启动密码保护、防止非法操作等，应符合设计要求；

3）检查巡更记录、下载和报表生成功能，包括巡更人员、巡更路线、巡更时间等记录的存储和打印输出功能；检查巡更记录查询和统计功能，包括人名、时间、班次、路线等，应符合设计要求；

4）模拟对巡更数据和信息的修改，检查认人为恶意破坏功能，应符合实际要求。

在线式巡更系统：

1）检查管理主机和读卡器之间进行的信息传输，包括巡更路线和巡更时间设置数据向现场读卡器的传输，现场读卡器向管理主机的传输，应符合设计要求；

2）在管理主机上检查系统的编程和修改功能，进行和多条巡更路线和不同巡更时间间隔的设置、修改等，应符合设计要求；

3）用管理主机对读卡器进行授权、取消授权等操作，检查系统对读卡器的管理功能，应符合设计要求；

4）人为使用无效卡、不按规定路线、不按规定时间巡更，检查系统故障报警情况，应符合设计要求；

5）模拟读卡器通信线路的故障，检查系统对通信回路自动检测能力及报警情况。

（3）查验方式

查验方式为抽检，巡更终端抽检的数量不应低于20％，且不少于3台，当少于3台时，应全部检测；系统功能、联动功能和数据记录应全部检测，功能符合设计要求为合格，被检设备的合格率应为100％。

8.2.3 会议设备系统承接查验的内容及标准

1. 厅堂扩音系统

（1）外观检查

1）各种设备的规格、型号、数量符合设计要求，外观良好，无磕碰、无变形；

2）信号线缆符合设计要求，连接牢固、极性清晰、相位正确，布线合理，管径和弯曲半径符合要求；

3）扬声器箱外部完好，安装位置正确，无机械振动，水平角、俯角、仰角调整灵活，能满足覆盖要求；

4）机柜安装牢固，位置合理，柜前、柜背留有检修距离；

5）电源主开关容量符合使用要求。

（2）功能查验

1）设备之间的阻抗匹配，应符合技术要求；

2）系统最大声压级，在室内空场稳态时，对语言扩音系统大约在85～95dB，对音乐扩音系统约在 90~100dB；

3）系统传输频率响应，在 125~4000Hz 范围，允差 6~8dB，在 100~8000Hz 范围，允差 10~14dB；

4）系统传声增益，一般要求－8~－12dB；

5）系统声场不均匀度，一般在±3dB 范围内；

6）系统输出信噪比，在室内最小声压级的位置上，信噪比应大于 30dB；

7）主观评定系统的音色和音质，音响效果符合设计要求；

8）各设备的保护接地，接地电阻应小于 1Ω。

（3）技术指标

1）最大声压级：采用电平输入法测量，将 1/3 频程的粉红色噪声信号直接接入调音台输入端，慢慢调节噪声源的输出电平，使扬声器的输入电压相当于 1/10~1/4 设计使用功率的电平值，在系统的传输频率范围内，测出每一个 1/3oct 声压级，加以换算获得相应频段的最大声压级，然后平均。相当于在各测点上测量声压级。测点分布合理并有代表性，最少不得低于 5 个点；

2）传输频率响应：采用电平输入法测量，将 1/3 频程粉红色噪声信号直接接入调音台输入端，改变滤波器的中心频率，并保持各频段电平值恒定，在各测点上测量声压级。测点分布合理并有代表性，最少不得低于 5 个点；

3）传声增益：把各测点的声压级的平均值，减去调音台输入端的声压级，按照频率加以平均，既得到了该频段的传声增益；

4）声场不均匀度：根据各测点在不同频带测得的频带声压级可以做出相应的声场分布图；

5）系统谐波失真：将中心频率为 F 的 1/3 频程粉红噪声信号接入调音台，调节扩声系统的增益，使扬声器输入电压相当于 1/4 设计使用功率的电平值，通过测试话筒和频谱仪测量 F、2F、3F 的信号，根据公式计算其谐波失真系数；

6）主观评定音色和音质：抽取一定比例观众，其中建设单位、施工单位和物业公司各占 1/3，进行现场听音评定。

（4）查验数量

各种设备应全数检测，系统指标符合设计要求，被检项目的合格率为 100%。

（5）查验要求

1）测量前，扩声设备须按设计要求安装完毕，扩声系统处于正常状态；

2）测量时，调音台的音调调节器和功率放大器的音调补偿均置于"平直"位置；

3）在进行最大声压级测量时，测点的声压级要高于厅堂总噪声 15dB；

4）根据管理场地的实际情况，各种测量应在空场下进行。

2. 视频会议系统

（1）外观检查

1）各种设备的规格、型号、数量符合设计要求，外观良好，无磕碰、无变形；

2）信号线缆符合设计要求，连接牢固、极性清晰、相位正确，布线合理，管径和弯曲半径符合要求；

3）摄像机、信号源、屏幕显示器、切换控制、监视、录像编辑以及解码器等设备外观良好、牢固平稳、位置正确、视野合理，运转灵活；

4）传声器、扬声器、调音台、功率放大器以及录音和监听等设备齐全，外部完好，安装位置正确，无机械振动，能满足覆盖要求；

5）所有灯光的色温应一致，显色指数大于85，灯具的外壳应可靠接地，灯光电缆应采用阻燃型铜芯电缆。

（2）功能查验

1）视频质量

视频复合信号指标应满足设计规范；

图像质量应满足设计图像质量；

图像清晰度：送至末端的固定物体的图像应清晰可辨；

图像连续性：送至末端的运动图像连续性应良好，无严重拖尾现象；

图像色调及色饱和度：末端观察到的图像与被摄实体对照，色调及色饱和度应良好。

2）音频质量

音频信号定量评定：音频信号指标应满足设计规范；

回声抑制：主观评定由本地和对方传输造成的回声量值，系统应无明显回声；

唇音同步：动作和声音无明显时间间隔；

声音质量：主观评定系统音质，应清晰可辨、自然、圆润。

3）系统功能

多种控制方式：主席控制方式、导演控制方式和演讲人控制方式，MCU组网中还能实现声音控制方式；

远端摄像机控制功能：主会场遥控参加会议的全部会场受控摄像机能实现摆动、倾斜、变焦、聚焦等动作。

（3）查验数量

各种设备应全数检测，系统指标符合设计要求，被检项目的合格率为100%。

3. 同声传译会议系统

（1）外观检查

1）机架和控制台安装平稳，合理，便于维护保养，各种开关、旋钮灵活可靠，线缆布设整齐，标识清晰正确；

2）红外辐射板安装牢固，屏幕平整、美观、规范，插接件可靠，电源线与控制线、数据线分开敷设，无扭绞；

3）有线耳机、红外线耳机以及扬声器的类型、规格、型号、数量和安装位置正确；传声器的类型、规格型号、数量和安装位置符合设计要求。

（2）查验内容

1）查验主席传声器的通断功能、状态显示功能、优先发言按钮功能，应符合设计要求；

2）查验代表传声器的通断功能、请求发言功能、状态显示功能，发言终止提示功能，应符合设计要求；

3）查验译音员的传声器通断功能、音量调节功能以及音调调节功能，应符合设计要求；

4) 查验红外线耳机收听系统的接收语言通道数量、音量调节功能、音调调节功能以及抗干扰能力，应符合设计要求；

5) 查验主场扩声器的功率、失真度、信噪比等指标应符合技术要求；

6) 查验系统的双向控制功能，对主席/副主席、传译员的双向管理功能，代表参与讨论等功能，应符合技术要求；

7) 查验有线传输系统中的分配放大器、干线分离器、多通道选择器、音量调节器以及头戴耳机的使用性能，应符合设计要求；

8) 查验无线传输系统中的环路发射机、环路天线和环路接收器的技术性能，应符合设计要求；

9) 查验红外传输系统中的红外发射机、供电设备、激励设备、红外辐射器、红外接收头和头戴耳机的技术性能，应符合设计要求。

（3）技术指标

1) 频率响应：模拟红外同声传译系统在 250～4000Hz 之间，数字红外同声传译系统在 125～10000Hz 之间；

2) 总谐波失真：模拟红外同声传译系统≤4dB（250～4000Hz），数字红外同声传译系统≤1dB（200～8000Hz）；

3) 串音衰减：模拟红外同声传译系统≥40dB（250～4000Hz），数字红外同声传译系统≥75dB（200～8000Hz）；

4) 信噪比：模拟红外同声传译系统≥40dB（A），数字红外同声传译系统≥75dB（A）。

（4）查验数量

各种设备应全数检测，系统指标符合设计要求，被检项目的合格率为 100%。

4. 电子会议系统

（1）外观检查

1) 核对话筒、会议表决器、代表机、主席机、译员台、双音频接口器、多功能连接器等发言设备的型号、数量以及外观质量；

2) 检查自动音频均衡处理器的数量、型号及外观质量；

3) 核对大型投影设备、自动跟踪和音视频矩阵设备的数量、型号和外观质量；

4) 核对电子白板、自动屏幕、投影机、灯光调控器和环境调控器的数量、型号和外观质量；

5) 核查快速摄像机的数量、型号和外观质量。

（2）功能查验

1) 电子会议系统的功能查验应包括功能演示、系统声音及图像质量主观评价。

功能演示：依据设计文件和合同技术条款的要求，对系统功能进行分系统逐项演示检验，其功能应符合设计要求；系统功能主要有：

① 话筒自动登记、越权运行以及限制与会人数的功能；

② 电子表决功能；

③ 同声传译功能；

④ 会议请求和登记功能；

⑤ 大屏对发言人、资料和图片的自动显示功能；

⑥ 摄像机自动跟踪、快速调整和跟踪目标锁定功能；

⑦ 视频矩阵自动控制功能；

⑧ 网络的语音、数据和图像文件传送功能；

⑨ 会议过程中的相关信息显示功能；

⑩ 话筒 ID 地址的设定，进行增减列席单元，检测系统扩展功能；

⑪ 电子白板的对话功能；

⑫ 自动控制屏幕和投影机的功能；

⑬ 现场灯光的调控功能；

⑭ 现场环境的调控功能。

2）声音主观评价：评价内容包括声音响度、语言清晰度、声音方向感、声音反馈、噪声干扰以及混响时间等内容，其主观评定可采用五级评分制，由评价人员独立打分，取算数平均值为评价结果，各项得分值均不低于 4 分。

3）图像主观评定：评价内容包括图像清晰度、亮度、对比度、色彩还原性、图像色彩以及色饱和度等内容；其主观评定可采用五级评分制，由评价人员独立打分，取算数平均值为评价结果，各项得分值均不低于 4 分。

（3）查验数量

各种设备应全数检测，系统指标符合设计要求，被检项目的合格率为 100%。

8.2.4　停车场管理系统承接查验的内容及标准

1. 外观检查

（1）检查管理主机、出入口控制器、摄像机、发卡器、读卡机、栏杆以及应急电源符合设计要求；

（2）检查车位信息显示屏（入口空位引导屏、路口空位引导屏、智能转向灯）状态正常，空位信息、转向信息显示清晰、准确；

（3）检查指路寻车器工作正常，指路功能、反向寻车功能正常；

（4）固定车位占位器工作显示正常，显示信息完整。

2. 功能查验

（1）系统软件功能

1）在管理主机上检查与出入口控制器的通信情况；

2）在管理主机上检查对系统操作人员的分级授权功能；

3）在管理主机上对日期、时间进行设置、修改，检查读卡器、发卡机和控制器的设置和修改情况；

4）在管理主机上对收费类型的进行设置，包括年租、季租、月租、免费、计时、计次等，各管理站的设置应与管理主机设置相同；

5）在管理主机上按车型、停车时间设置或修改计费标准，检查出入口控制器的设置和修改情况；

6）查验系统的统计、报表、备份数据以及查询功能；

7）查验系统的"防折返"（车辆已出库，再次持该卡进场）功能，应符合设计要求。

（2）前端设备

1) 用车辆或铁棍（ϕ10、长 20cm）分别压在出口或入口的感应线圈上，检测感应线圈是否有反应，并检查车辆探测器的灵敏度、有无电磁干扰；

2) 使用不同的通行卡（贵宾卡、长期卡、临时卡），检查出入口读卡机对有效卡和无效卡的识别能力，有无"误识"或"拒识"情况；

3) 用通行卡检查出入口非接触卡的读卡距离和灵敏度，应符合设计要求；

4) 实际检查入口发卡器，应每车一卡，无一次吐多卡或吐不出卡的现象；检查卡上记录的车辆进场日期、时间、入口点等数据的准确性；

5) 查验出入口控制器动作的响应时间，应符合设计要求；

6) 查验出入口自动栏杆的升降功能、升降速度，应符合设计要求；

7) 查验自动栏杆手动和遥控功能，应符合设计要求；

8) 用模拟法分别查验出入口栏杆的防砸车功能，当栏杆下有"车辆"时，手动操作栏杆下落，栏杆应不下落；当栏杆下落过程中碰到阻碍时，栏杆应自动抬起；

9) 检查满位显示器显示的数据应与停车场的实际空车位数目相符。

（3）图像对比功能

1) 在管理主机上检测出入口摄像机摄取的车辆图像信息（包括车厢、型、颜色、车牌号）等信息，应与实际情况相符；

2) 检测管理主机上对车辆图像信息的存储，应与实际相符；

3) 在管理主机上图像调用的正确性和调用的响应时间，应符合设计要求；

4) 当系统采用车牌自动识别时，在管理主机上检查识别情况，应该与实际情况相符。

（4）图像和数据的记录

1) 分别在管理主机和出入口控制器上检查通行数据记录，两者应一致；

2) 分别在管理主机和出入口控制器上检查非法入侵和误闯事件记录，两者应一致；

3) 查验管理主机对出入口控制器的操作记录，两者应一致。

（5）主/备电源的切换

1) 模拟试验停电，查验系统应急电源自动投入功能和切换时间；

2) 当主电源恢复时，查验系统自动转换到主电源供电，并对应急电源自动充电；

3) 在管理主机上检查断电记录，并查验在电源切换过程中出入口控制器的记录有无丢失。

3. 数量查验

停车场（库）管理系统功能应全部检测，功能符合设计要求为合格，合格为 100% 时，系统功能检测合格，其中车牌识别系统对车牌的识别率达 98% 以上时为合格。

8.2.5 现场查验记录

1. 楼宇自控系统现场查验记录

（1）中央管理工作站现场查验记录（表 8-2）

中央管理工作站现场查验记录表　　　　　　　　　　**表 8-2**

物业项目：＿＿＿＿＿＿＿＿＿＿＿＿　　查验日期：＿＿＿＿＿＿＿＿　　编号：＿＿＿＿＿＿＿

建设单位：＿＿＿＿＿＿＿＿＿＿＿＿　　参加人员：＿＿＿＿＿＿＿＿

物业服务企业：＿＿＿＿＿＿＿＿＿　　参加人员：＿＿＿＿＿＿＿＿

序号	名称	规格型号	数量	安放地点	外观查验	备注
1	中央管理工作站					
2	显示器					
3	键盘					
4	鼠标					
5	操作系统软件					
6	系统运行软件					
7	数据库软件					
8	防病毒软件					
9	打印机					
10	调制解调器					
11	专用附件					
12	UPS 电源					
13	接地系统					

其他：

记录人：　　　　　　　　时间：　　　　　　　　审核人：

（2）网络控制器 NCU 的现场查验记录（表 8-3）

网络控制器 NCU 的现场查验记录表　　　　　　　　**表 8-3**

物业项目：＿＿＿＿＿＿＿＿＿＿＿＿　　查验日期：＿＿＿＿＿＿＿＿　　编号：＿＿＿＿＿＿＿

建设单位：＿＿＿＿＿＿＿＿＿＿＿＿　　参加人员：＿＿＿＿＿＿＿＿

物业服务企业：＿＿＿＿＿＿＿＿＿　　参加人员：＿＿＿＿＿＿＿＿

序号	测试项目	测试情况	备注
1	规格、型号与数量		
2	控制器外观质量		
3	固定支架及线路连接		
4	安放地点及控制的子系统		
5	NCU 对 DDC 的监控功能		
6	NCU 的独立诊断功能		
7	后备电池的支持能力		
8	系统接口功能		
9	多用户使用功能		
10	密码与权限设定功能		
11	控制器网络联机功能		

其他：

记录人：　　　　　　　　时间：　　　　　　　　审核人：

（3）传感器的现场查验记录（表 8-4）

传感器的现场查验记录表

表 8-4

物业项目：_____ 查验日期：_____ 编号：_____

建设单位：_____ 参加人员：_____

物业服务企业：_____ 参加人员：_____

序号	测试项目	查验情况	备注
1	规格、型号与数量		
2	传感器的外观质量		
3	固定支架及线路标识		
4	安放地点		
5	够工作电压的检测		
6	输出电压和电流的检测		
7	传感器精度的检测		
8	采集数据准确性的检测		
9	采集数据稳定性的检测		
10	自动复位功能的检测		
11	响应时间的检测		
12	防水、抗震的检测		

记录人：_____ 时间：_____ 审核人：_____

（4）执行机构的现场查验记录（表 8-5）

执行机构的现场查验记录表

表 8-5

物业项目：_____ 查验日期：_____ 编号：_____

建设单位：_____ 参加人员：_____

物业服务企业：_____ 参加人员：_____

序号	查验项目	查验情况	备注
1	规格型号与数量		
2	安装质量		
3	安装位置		
4	机械部分		
5	被控设备、器件		
6	工作电压的检测		
7	组装质量的检测		
8	机械连接的检测		
9	动作精度性的检测		
10	动作准确性的检测		
11	自动复位功能的检测		
12	响应时间的检测		
13	防水、防震的检测		
14	随动设备的检测		
15	有无异常声音、气味		

其他：

记录人：_____ 时间：_____ 审核人：_____

（5）楼宇对讲系统现场查验记录（表8-6）

楼宇对讲系统现场查验记录表 表8-6

物业项目：_____ 查验日期：_____ 编号：_____

建设单位：_____ 参加人员：_____

物业服务企业：_____ 参加人员：_____

序号	查验项目	查验情况	备注
1	小区出入口管理副机对住户分机的选呼和回铃功能		
2	小区内出入口对讲主机对住户分机的选呼和回铃功能		
3	可视对讲系统的语音、图像、开锁及提示功能		
4	可视分机的图像与回放功能		
5	管理主机与管理副机、对讲主机及住户分机之间的双向选呼和通话功能		
6	管理计算机的记录、查询、声光显示和查询功能		

其他：

2. 安全技防系统现场查验记录

（1）周界防范系统现场查验记录（表8-7）

周界防范系统现场查验记录见表 表8-7

物业项目：_____ 查验日期：_____ 编号：_____

建设单位：_____ 参加人员：_____

物业服务企业：_____ 参加人员：_____

序号	查验项目	查验情况	备注
1	布防与撤防功能		
2	优先报警和延时报警功能		
3	系统自检和巡检功能		
4	报警信息的查询、打印、储存和显示功能		
5	报表统计和打印功能		
6	相关电视监控画面自动调入功能		
7	门禁系统关闭相关入口功能		

其他：

记录人：_____ 时间：_____ 审核人：_____

（2）电子巡更系统现场查验记录（表 8-8）

电子巡更系统现场查验记录表　　　　　　　　　　表 8-8

物业项目：＿＿＿＿＿＿＿＿＿＿＿＿　　查验日期：＿＿＿＿＿＿　　编号：＿＿＿＿＿＿

建设单位：＿＿＿＿＿＿＿＿＿＿＿＿　　参加人员：＿＿＿＿＿＿

物业服务企业：＿＿＿＿＿＿＿＿＿＿　　参加人员：＿＿＿＿＿＿

序号	查验项目	查验方法	查验情况
1	离线式	1. 检查巡检棒、下载器等巡更设备外观良好，实际操作检查他们的功能应正常。 2. 通过软件演示，检查巡更软件的各项功能，包括巡更班次、巡更路线的设置、软件启动密码保护、防止非法操作等。 3. 检查巡更记录、下载和报表生成功能，包括巡更人员、巡更路线、巡更时间等记录的存储和打印输出功能；检查巡更记录查询和统计功能，包括人名、时间、班次、路线等，应符合设计要求	
2	在线式	1. 检查管理计算机和读卡器之间惊醒的信息传输，包括巡更路线和巡更时间设置数据向现场读卡器的传输，现场读卡器向管理计算机的传输，应符合设计要求。 2. 在管理计算机上检查系统的编程和修改功能，进行和多条巡更路线和不同巡更时间间隔的设置、修改等，应符合设计要求。 3. 用管理计算机对声卡器进行授权、取消授权等操作，检查系统对读卡器的管理功能，应符合设计要求。 4. 人为使用无效卡、不按规定路线、不按规定时间巡更，检查系统故障报警情况，应符合设计要求。 5. 模拟读卡器通信线路的故障，检查系统对通信回路自动检测能力及报警情况	

备注：

记录人：　　　　　　　　时间：　　　　　　　　审核人：

3. 会议设备系统现场查验记录

（1）厅堂扩音系统现场查验记录（表 8-9）

厅堂扩音系统现场查验记录表　　　　　　　　　　表 8-9

物业项目：＿＿＿＿＿＿＿＿＿＿＿＿　　查验日期：＿＿＿＿＿＿　　编号：＿＿＿＿＿＿

建设单位：＿＿＿＿＿＿＿＿＿＿＿＿　　参加人员：＿＿＿＿＿＿

物业服务企业：＿＿＿＿＿＿＿＿＿＿　　参加人员：＿＿＿＿＿＿

序号	名称	规格型号	数量	安放地点	外观查验	备注
1	无线话筒					
2	有线话筒					
3	CD 机					
4	DVD 机					
5	监听音箱					

续表

序号	名称	规格型号	数量	安放地点	外观查验	备注
6	调音台					
7	均衡器					
8	压限器					
9	分频器					
10	效果器					
11	啸叫抑制器					
12	激励器					
13	延时器					
14	主功放					
15	低音功放					
16	高音功放					
17	主音箱					
18	低音箱					
19	高音音箱					
20	后场音箱					
21	返送音箱					
22	时序电源					

其他：

记录人：　　　　　　　时间：　　　　　　　审核人：

（2）数字会议系统现场查验记录（表8-10）

数字会议系统现场查验记录表 **表8-10**

物业项目：＿＿＿＿＿＿＿＿＿　　查验日期：＿＿＿＿＿＿　编号：＿＿＿＿＿＿

建设单位：＿＿＿＿＿＿＿＿＿　　参加人员：＿＿＿＿＿＿

物业服务企业：＿＿＿＿＿＿＿　　参加人员：＿＿＿＿＿＿

序号	名称	规格型号	数量	安放地点	外观查验	备注
1	中央控制机					
2	中控触摸屏					
3	控制模块					
4	音视频矩阵					
5	VGA矩阵					
6	矩阵切换器					
7	数字发言主机					
8	手拉手主席机					
9	代表机					
10	功率放大器					

续表

序号	名称	规格型号	数量	安放地点	外观查验	备注
11	专业音箱					
12	效果器					
13	调音台					
14	均衡器					
15	噪声抑制器					
16	混音台					
17	有线话筒					
18	无线话筒					
19	视频显示系统					
20	投影仪					
21	手写式触摸屏					
22	云台摄像机					
23	液晶电视					
24	LED 会标					

记录人： 　　　　　时间： 　　　　　审核人：

（3）同声传译系统现场查验记录（表 8-11）

同声传译系统现场查验记录表　　　　表 8-11

物业项目：_____ 查验日期：_____ 编号：_____

建设单位：_____ 参加人员：_____

物业服务企业：_____ 参加人员：_____

序号	名称	规格型号	数量	安放地点	外观查验	备注
1	同传主机					
2	译音分配放大器					
3	干线分离器					
4	多通道选择器					
5	红外发射机					
6	供电设备					
7	激励设备					
8	译音员用传声器					
9	操作人员传声器					
10	有线耳机					
11	红外线耳机					
12	红外线接收机					
13	红外辐射板					

其他：

记录人： 　　　　　时间： 　　　　　审核人：

（4）有线电视及卫星电视接收系统现场查验记录（表8-12）

有线电视及卫星电视接收系统现场查验记录表　　　　　　**表8-12**

物业项目：_____　　查验日期：_____　编号：_____

建设单位：_____　　参加人员：_____

物业服务企业：_____　　参加人员：_____

序号	名称	规格型号	数量	安放地点	外观查验	备注
1	网络机柜					
2	捷变频调制器					
3	C波段高频头					
4	Ku波段高频头					
5	C波段卫星天线					
6	Ku波段卫星天线					
7	卫星接收机					
8	光接收机					
9	光终端盒					
10	十六路混合器					
11	双向干线放大器					
12	电源供电器					
13	分支器、分配器					

其他：

记录人：　　　　　　　时间：　　　　　　　审核人：

4. 停车场管理系统现场查验记录（表8-13）

停车场管理系统现场查验记录表　　　　　　**表8-13**

物业项目：_____　　查验日期：_____　编号：_____

建设单位：_____　　参加人员：_____

物业服务企业：_____　　参加人员：_____

序号	名称	型号	规格	数量	安放地点	外观查验	备注
1	管理计算机						
2	出口管理站						
3	入口管理站						
4	摄像机						
5	发卡器						
6	读卡器						
7	挡车器						
8	信息显示屏						
9	寻车器						
10	车位占位器						
11	票据打印机						

其他：

记录人：　　　　　　　时间：　　　　　　　审核人：

8.2.6　问题的汇总与解决办法

详见 2.3.4 问题的汇总与解决办法。

小　　结

本章主要介绍了弱电系统的承接查验，包括楼宇自控系统、安全技术防范系统、广播会议设备系统、有线电视与卫星电视接收系统、停车场管理系统等承接查验工作的依据、准备工作的内容、查验范围、查验的方法及标准，现场查验记录和汇总以及遗留问题的解决等内容。

拓　展　阅　读

为了让读者更好地理解和掌握本章知识，下面附一个拓展阅读材料，读者可扫描下方二维码阅读。

楼宇智能化发展趋势

习　　题

一、单项选择题

1. (　　)是技防与人防的结合，在规定要巡逻的地点安装信息点，通过软件编程设定巡逻的路线和时间。

    A. 视频监控系统　　　　　　　　B. 周界防范系统

    C. 防盗报警系统　　　　　　　　D. 电子巡更系统

2. 下列哪项不是会议设备系统的组成部分(　　)。

    A. 空调系统　　　　　　　　　　B. 扩音音响系统

    C. 数字会议系统　　　　　　　　D. 视频会议系统

3. 下列对中央计算机的承接查验结果中，不符合要求的是(　　)。

    A. 中央计算机的硬件配置齐全、接线正确，包括打印机、显示器、鼠标键盘等

    B. 中央计算机未设定人员操作权限

    C. 中央计算机的软件系统安装完毕，包括系统软件、运行软件、数据库软件以及防病毒软件等

    D. UPS 电源不间断供电能力应大于 30 分钟，检查电压与容量应符合出厂要求

4. 对热力站子系统的承接查验应在系统试运行连续投运时间不少于（　　　）后进行。

A. 10 天 　　　　　　　　　　　　　　 B. 15 天

C. 1 个月 　　　　　　　　　　　　　　 D. 3 个月

5. 对空调子系统的承接查验检测方式描述错误的是（　　　）。

A. 检测数量按机组总数的 50％抽检

B. 机组不足 5 台时全部检测

C. 系统的检测应在系统试运行连续投运时间不少于 1 个月后进行

D. 被检测机组的合格率为 100％

二、多项选择题

1. 楼宇自控系统主要由（　　）、（　　）和（　　）等三层结构组成。

A. 电动阀门 　　　　　　　　　　　　 B. 工作站

C. 网络控制器 　　　　　　　　　　　 D. 直接数字控制器

E. 故障报警

2. 停车场管理由（　　）等几部分组成。

A. 内部停车系统 　　　　　　　　　　 B. 车位引导管理系统

C. 电子巡更系统 　　　　　　　　　　 D. 信息发布系统

E. 收费管理系统

3. 视频监控系统的功能检查标准描述正确的是（　　　）。

A. 设备的接入率和完好率：按照前端设备的 20％抽取，在监控中心进行操作，检查对摄像机和云台的所有控制功能，100％符合设计要求

B. 对前端设备的选配和使用功能：在监控主机进行各项操作，检查主机对前端设备的操作功能、图像切换功能，应全部符合设计要求

C. 图像清晰度和抗干扰能力：检测视频信号在监视器输入端的电平值，应达到 1Vp－p±3dBVBS；视频图像质量主观评价，不应低于 5 级标准

D. 布防设置功能：在监控主机进行布防设置，现场检查布防情况，符合设置要求

E. 系统联动功能：在现场人为设置 2～3 次不同的报警事件，检查系统联动，应符合设计要求

4. 停车场管理系统的查验外观检查的内容包括（　　　）。

A. 检查管理主机、出入口控制器、摄像机、发卡器、读卡机、栏杆以及应急电源符合设计要求

B. 检查车位信息显示屏（入口空位引导屏、路口空位引导屏、智能转向灯）状态正常，空位信息、转向信息显示清晰、准确

C. 检查指路寻车器工作正常，指路功能、反向寻车功能正常

D. 固定车位占位器工作显示正常，显示信息完整

E. 是否安装读卡机

5. 弱电系统承接查验中存在的问题处理方法正确的是（　　　）。

A. 查验结果由房地产主管部门进行复验

B. 查验人员将查验结果汇总填入《物业设施设备现场查验汇总表》

C. 将存在的问题填入《物业设施设备现场查验问题处理跟踪表》

D. 存在的问题由物业服务企业安排解决

E. 对于确实无法及时解决的问题，填入《物业设施设备查验最终遗留问题汇总表》

三、简答题

1. 常见的弱电系统包括哪些？

2. 安全技术防范系统主要由哪些系统组成？

3. 冷冻机子系统的承接查验常见的检测方法包括哪些？

4. 楼宇对讲系统的查验方式是什么？

5. 请简述弱电系统问题的汇总与解决办法。

四、实训题

【实训情境设计】

嘉城物业服务有限公司即将对某住宅小区的弱电系统承接查验，请你根据已学知识，编写一份弱电系统的承接查验方案并组织实施。

【实训任务要求】

1. 将全班同学分成若干小组，组建承接查验小组，每组选派组长一名，实训采用小组长负责制。

2. 各组成员到该住宅小区进行现场观察，记录小区弱电系统的组成部分。

3. 组长进行任务分解，确定分工，共同编写弱电系统的承接查验方案及组织实施。

4. 提交弱电系统的承接查验方案，小组长负责在课堂上汇报分析该物业承接查验方案及实施情况，每个小组汇报时间不超过10min。

【实训提示】

1. 参考本章教材内容。

2. 分析提纲

（1）弱电系统承接查验的依据和准备工作；

（2）弱电系统查验的内容、标准与方法；

（3）现场查验记录和遗留问题的解决。

【实训效果评价】

物业设施设备承接查验方案实训效果评价表　　　　　　　表 8-14

评价项目	分值	得分	备注
准备工作	20		
方案制定	30		
方案实施	30		
结果汇报	20		
实训效果总体评价	100		

参 考 文 献

[1] 中国物业管理协会设施设备技术委员会. 物业承接查验操作指南[M]. 北京：中国市场出版社，2013.

[2] 裴艳慧. 物业管理理论与实务[M]. 北京：北京大学出版社，2014.

[3] 刘忠和，李校生. 物业设备维护与管理[M]. 大连：东北财经大学出版社，2015.

[4] 中国物业管理协会. 物业管理基本制度与政策[M]. 北京：中国建筑工业出版社，2006.

[5] 鲁捷. 物业管理案例分析与技巧训练(第二版)[M]. 北京：电子工业出版社，2012.

[6] 谢家瑾. 物业设施设备管理指南[M]. 北京：中国市场出版社，2010.

[7] 中华人民共和国国家质量监督检验检疫总局. GB/T 22582—2008 电力电容器低压功率因数补偿装置[S]. 北京：中国标准出版社，2009.

[8] 中华人民共和国住房和城乡建设部. GB 50169—2016 电气装置安装工程　接地装置施工及验收规范[S]. 北京：中国标准出版社，2016.

[9] 中华人民共和国住房和城乡建设部. GB 50170—2006 电气装置安装工程旋转电机施工及验收规范[S]. 北京：中国标准出版社，2006.

[10] 中华人民共和国住房和城乡建设部. GB 50303—2015 建筑电气工程施工质量验收规范[S]. 北京：中国标准出版社，2016.

[11] 中华人民共和国住房和城乡建设部. GB 50617—2010 建筑电气照明装置施工与验收规范[S]. 北京：中国标准出版社，2010.

[12] 中华人民共和国住房和城乡建设部. GB 50034—2013 建筑照明设计标准[S]. 北京：中国标准出版社，2013.

[13] 中华人民共和国建设部. GB 50310—2002 电梯工程施工质量验收规范[S]. 北京：中国标准出版社，2002.

[14] 中华人民共和国国家质量监督检验检疫总局. 电梯监督检验规程[S]. 2002.

[15] 中华人民共和国国家质量监督检验检疫总局. 自动扶梯和自动人行道监督检验规程[S]. 2002.

[16] 中华人民共和国住房和城乡建设部. GB 50116—2013 火灾自动报警系统设计规范[S]. 北京：中国标准出版社，2014.

[17] 中华人民共和国建设部. GB 50166—2007 火灾自动报警系统施工及验收规范[S]. 北京：中国标准出版社，2008.

[18] 中华人民共和国住房和城乡建设部. GB 50444—2008 建筑灭火器配置验收及检查规范[S]. 北京：中国标准出版社，2008.

[19] 中华人民共和国建设部. GB 50281—2006 泡沫灭火系统施工及验收规范[S]. 北京：中国标准出版社，2006.

[20] 中华人民共和国建设部. GB 50263—2007 气体灭火系统施工及验收规范[S]. 北京：中国标准出版社，2007.

[21] 中华人民共和国住房和城乡建设部. GB 50974—2014 消防给水及消火栓系统技术规范[S]. 北京：中国标准出版社，2014.

[22] 中国工程建设标准化协会. CECS 222—2007 小区集中生活热水供应设计规程[S]. 北京：中国计划出版社，2007.

[23] 中华人民共和国建设部. GB 50334—2002 城市污水处理厂工程质量验收规范[S]. 北京：中国标准

出版社，2002.

[24] 中华人民共和国住房和城乡建设部.GB 50268—2008 给水排水管道工程施工及验收规范[S].北京：中国标准出版社，2008.

[25] 中华人民共和国建设部.GB 50242—2002 建筑给水排水及采暖工程施工质量验收规范[S].北京：中国标准出版社，2002.

[26] 中华人民共和国住房和城乡建设部.GB 50015—2009 建筑给水排水设计规范[S].北京：中国标准出版社，2009.

[27] 中华人民共和国住房和城乡建设部.CJ/T 265—2016 无负压给水设备[S].北京：中国标准出版社，2016.

[28] 中华人民共和国住房和城乡建设部.GB 50348—2004 安全防范工程技术规范[S].北京：中国标准出版社，2004.

[29] 中华人民共和国公安部.GA 308—2001 安全防范系统验收规则[S].北京：中国标准出版社，2001.

[30] 中华人民共和国公安部.GA/T 394—2002 出入口控制系统技术要求[S].北京：中国标准出版社，2002.

[31] 中华人民共和国住房和城乡建设部.GB 50799—2012 电子会议系统工程设计规范[S].北京：中国标准出版社，2012.

[32] 中华人民共和国住房和城乡建设部.GB 51043—2014 电子会议系统工程施工与质量验收规范[S].北京：中国标准出版社，2014.

[33] 中华人民共和国国家质量监督检验检疫总局.GB 12663—2001 防盗报警控制器通用技术条件[S].北京：中国标准出版社，2001.

[34] 中华人民共和国住房和城乡建设部.GB 50524—2010 红外线同声传译系统工程技术规范[S].北京：中国标准出版社，2010.

[35] 中华人民共和国住房和城乡建设部.GB 50635—2010 会议电视会场系统工程设计规范[S].北京：中国标准出版社，2010.

[36] 中华人民共和国住房和城乡建设部.GB 50198—2011 民用闭路监视电视系统工程技术规范[S].北京：中国标准出版社，2011.

[37] 中华人民共和国国家质量监督检验检疫总局.GB/T 4959—2011 厅堂扩声特性测量方法[S].北京：中国标准出版社，2012.

[38] 中华工程建设标准化协会.CECS 182—2005 智能建筑工程检测规程[S].北京：中国计划出版社，2005.

[39] 中华人民共和国住房和城乡建设部.GB 50339—2013 智能建筑工程质量验收规范[S].北京：中国标准出版社，2013.

[40] 中华人民共和国住房和城乡建设部.GB 50314—2015 智能建筑设计标准[S].北京：中国标准出版社，2015.

[41] 张岩.物业管理前期介入与承接查验[M].北京：机械工业出版社，2017.